CHAQUE JOUR

UN

NOUVEAU DÉPART

OUVRAGES
HAZELDEN / SCIENCES ET *CULTURE*

Collection Hazelden « Cheminement »

- *Vaincre la codépendance*
  par Melody Beattie

- *Maigrir, une affaire de famille*
  par Judi Hollis, Ph.D.

- *Grandir avec ses enfants*
  par Jean Illsley Clarke et Connie Dawson

- *Apprivoiser sa honte*
  par Ronald et Patricia Potter-Efron

- *Au-delà de la codépendance*
  par Melody Beattie (septembre 1994)

- *Douze Étapes vers le bonheur (Les)*
  par Joe Klaas (printemps 1995)

Collection Hazelden « Méditation »

- *Chaque jour un nouveau départ*
  Anonyme

- *Vingt-quatre heures à la fois*
  Anonyme (décembre 1994)

- *Titres à venir pour publication en 1995*

ANONYME

Chaque Jour

un

NOUVEAU DÉPART

Méditations quotidiennes
à l'intention des femmes

Traduit par Claire Stein

HAZELDEN®

SCIENCES ET *CULTURE*

L'édition originale de cet ouvrage a été publiée sous le titre

EACH DAY A NEW BEGINNING
Daily Meditations For Women
© 1982, 1991
Un livre Hazelden
ISBN 0-89486-161-1

Conception de la couverture : Zapp

Tous droits réservés pour l'édition française au Canada
© *Éditions Sciences et Culture Inc., 1994*

Dépôt légal : 3e trimestre 1994
Bibliothèque nationale du Québec
Bibliothèque nationale du Canada

ISBN 2-89092-156-5

Éditions Sciences et Culture
5090, rue de Bellechasse, Montréal
(Québec) Canada H1T 2A2
(514) 253-0403   Fax : (514) 256-5078

Imprimé au Canada

Note de l'éditeur français

Le « recovery »

Nous ne sommes pas parvenus à traduire, de façon satisfaisante, le mot américain « recovery ». Il nous est donc apparu nécessaire de le définir pour les lectrices qui ne sont pas familières avec les divers programmes en Douze Étapes dans les groupes de soutien. Nous en avons fait une utilisation restreinte.

Dans les livres en langue anglaise, on rencontre souvent l'expression « recovery is a process » (le « recovery » est un processus). La lecture d'ouvrages sur le *PEMS Addiction Model* nous a permis de préciser tout le champ notionnel du mot « recovery ».

> Le « recovery » est un lent et graduel processus de prise de conscience, d'acceptation et de changement qui amène une personne à améliorer sa santé physique, à rétablir sa vie émotionnelle, à réhabiliter son état mental et à reconnaître l'existence d'un pouvoir spirituel.
>
> L'individu, en se joignant à un groupe de soutien, adopte progressivement les principes d'un Programme en Douze Étapes pour restaurer sa dignité humaine et redevenir un être humain entier.

Les citations

Pour chacune des citations contenues dans cet ouvrage, nous avons fait une traduction libre de l'anglais au français. Nous pensons avoir réussi à rendre le plus précisément possible l'idée d'origine de chacun des auteurs cités.

Note de Hazelden

Hazelden Educational Materials publie divers documents sur la dépendance chimique et autres domaines connexes. Nos publications ne représentent pas nécessairement l'opinion officielle de *Hazelden* ou de ses programmes, ni ne prétendent parler officiellement au nom d'aucune des organisations qui utilisent les Douze Étapes.

Les Douzes Étapes sont réimprimées avec la permission de Alcoholics Anonymous World Services Inc. Cette permission ne signifie pas que les Alcooliques Anonymes ont examiné ou approuvé le contenu de la présente publication ou les opinions qui y sont formulées. Celles-ci ne doivent être attribuées qu'à leur auteur. Le mouvement des AA a pour but le rétablissement des alcooliques. Notre application des Douze Étapes à des programmes et à des activités qui s'inspirent des AA mais qui visent des problèmes différents ne doit pas être interprétée autrement.

Introduction

Pendant des années, je me suis battue pour croire en ma valeur, mes capacités, ma force. Et j'ai échoué à maintes reprises. Ne comprenant pas la source de toute force et de toute bonté, je me suis tournée d'abord vers les hommes, puis vers l'alcool et la drogue. Je m'attendais à y trouver ma sécurité, mais c'est plutôt un niveau encore plus profond de désespoir que j'ai atteint. Puis, il y a sept ans, j'ai découvert Al-Anon qui m'a entrouvert la porte d'un autre mode de vie. Un an plus tard, je découvrais les AA et la porte s'est ouverte toute grande.

Le programme m'a donné des racines là où il n'en existait aucune. Il m'a donné le courage d'oser entreprendre ce qui me faisait frémir auparavant. Il m'a donné un sentiment d'appartenance à la race humaine. Désormais, je ne me sens plus comme une simple spectatrice de ce qui se passe autour de moi.

Un autre des merveilleux cadeaux qui ont accompagné mon programme, c'est l'amitié que j'ai cultivée avec des femmes. Pendant des années, je m'étais méfiée des femmes, pensant qu'elles voulaient me voler mes amis, mon mari et mes amants. J'étais toujours à peu près certaine qu'on ne pouvait leur faire confiance. Quand je me suis retrouvée en réunion avec des femmes et que, en les écoutant, j'ai compris à quel point nous nous ressemblons toutes, mes craintes ont fondu comme neige au soleil. Mais qui plus est, le programme m'a offert l'occasion d'aimer des femmes comme des soeurs, comme des compagnes de route qui sont mes égales, engagées que nous sommes toutes sur nos parcours spirituels parallèles.

Ces dernières années, j'ai reçu de tant de femmes « juste le message qu'il me fallait à ce moment-là ». Plus j'ai appris à me tourner vers une femme quand elle parle, plus a grandi mon désir d'« entendre » ce qu'ont dit les femmes de tous les milieux, de toutes les expériences, de toutes les périodes de l'Histoire. C'est ainsi qu'il m'apparut naturel d'écrire ce livre pour laisser les mots sages de nombreuses femmes donner le ton à un livre qui nous parle, à nous toutes. Ces nombreuses femmes sont les unes proches, d'autres lointaines, les unes en phase de « recovery »*, d'autres qui souffrent encore ou qui sont libérées de certaines luttes, mais qui ont néanmoins lutté. Je me suis permis de citer des femmes qui représentent toute la gamme de la féminité, convaincue que les mots prononcés par l'une d'entre nous sont sacrés, éloquents et nécessaires au développement plus complet d'au moins une personne, quelque part dans le temps.

J'ai rédigé les méditations comme un complément à la citation choisie pour chaque jour. Il m'est arrivé si souvent d'avoir besoin d'entendre «le bon message» pour pouvoir avancer, alors qu'au fond de moi je n'étais qu'agitation — quelque chose sur lequel me concentrer qui inviterait mon Esprit intérieur à prendre la situation en main à ma place. J'espère que ces méditations combleront le fossé qui peut exister, un jour quelconque de votre vie, entre vous et votre Esprit. Leur seul but est de vous faciliter les choses, de vous donner de l'espoir quand tout semble perdu.

---

* Voir la « Note de l'éditeur français » au début du livre.

Veuillez accepter chaque méditation quotidienne comme une offrande de ma part. J'ai appris que lorsque l'on voyage ensemble, il n'est rien qu'on ne puisse supporter. Et chaque jour peut être un nouveau départ.

Je tiens à remercier toutes les femmes : elles ont rendu ce livre possible. Les efforts des femmes tout autour de moi pour vivre, survivre et réussir m'ont donné la force d'aller de l'avant, un jour à la fois.

Je tiens à remercier tout particulièrement une amie et excellente réviseure, qui a apporté à mes mots certains adoucissements pour leur permettre d'atteindre votre vie de façon plus certaine. À ma famille, à mes amis et à mon conjoint, je dis merci pour la patience qu'ils ont eue durant la période de temps où la rédaction de ce livre a pris le pas sur tout le reste. J'avais un grand besoin d'écrire un livre que je croyais nécessaire à mes compagnes de route dans ce voyage que nous partageons.

l'auteure

Janvier

Nous ne comprenons pas toujours les voies du Tout-Puissant, les croix qu'il faut porter, les sacrifices exigés...
Nous acceptons cependant la volonté divine avec foi et résignation, sans regarder en arrière, et nous vivons en paix.

— *Anonyme*

L'acceptation de notre passé, des conditions qui prévalent dans notre vie et que nous ne pouvons changer, apporte le soulagement. Elle nous apporte la paix que nous cherchons si souvent avec tant de frénésie.

Nous pouvons oublier le passé. Chaque jour est un nouveau départ. Chaque jour d'abstinence nous offre la possibilité de regarder devant nous avec espoir. Nous avons découvert ce programme grâce à une puissance supérieure. Cette puissance nous accompagne toujours. Quand de nouvelles situations nous effraient ou que des situations familières tournent mal, nous pouvons implorer cette puissance pour qu'elle nous aide à dire ce qui doit être dit et à faire ce qui doit être fait. Notre puissance supérieure est aussi proche de nous que notre propre respiration. La conscience de sa présence nous donne la force, instant après instant.

Le passé est révolu. Aujourd'hui est rempli de possibilités. Chaque respiration me rend consciente de la force à ma portée.

*Je crois que la véritable identité se trouve... dans
l'activité créatrice issue de l'intérieur. Paradoxale-
ment, elle émerge quand une personne se perd.
Une femme se retrouve encore mieux quand elle se
réfugie dans une de ses activités créatrices.*
— Anne Morrow Lindbergh

L'ornithologie, le tennis, le tissage, la cuisine, la pein-
ture et l'écriture sont des activités créatrices. L'activité
créatrice nous immerge totalement dans l'instant présent
et, par le fait même, nous libère. Nous ne faisons qu'une
avec elle, nous nous en nourrissons. Nous grandissons
avec l'activité. Nous apprenons à nous connaître dans la
même démarche qui nous fait oublier qui nous sommes.

La spiritualité s'apparente à la créativité. L'allégresse
profondément enracinée en nous est le lien qui nous unit
à Dieu. L'activité créatrice libère cette allégresse et l'énergie circule en nous et vers autrui. Nous nous trouvons
nous-mêmes comme nous trouvons notre puissance supérieure en oubliant notre moi conscient pour créer — une
image, une phrase ou un plat spécial.

*La créativité est un don. C'est une autre dimension de la
présence spirituelle qui nous guide toutes. Aujourd'hui, je
m'effacerai devant elle.*

Comme un vieux prospecteur d'or qui lave à la batée, vous devez vous résigner à pelleter des tonnes de sable, qu'il vous faudra ensuite laver patiemment pour obtenir quelques parcelles de minerai d'or.

— *Dorothy Bryant*

Nous avons parfois l'impression d'être ensevelies, bloquées, entravées, immobilisées. Il faut alors nous rappeler que nous ne sommes pas seules. L'aide est là, à notre portée ; il suffit de la demander. Si nous implorons notre puissance supérieure, notre source de force spirituelle peut nous aider à croire qu'il y a de l'or dans tout ce sable et que le sable lui-même est utile.

Rien, ni personne, n'est toujours bon. Il ne faut pas oublier que si nous cherchons uniquement de l'or, nous déformons la réalité, nous créons nos propres embûches. Nous ne voulons pas fausser la trame de notre vie ; la simplicité nous aide à apprécier l'or lorsqu'on le trouve.

Aujourd'hui, je trouverai de l'or dans le sable.

Dès que j'ai su que je voulais être une artiste, j'en suis devenue une. Je ne comprenais pas que la volonté seule ne mène pas toujours à l'action. De nombreuses femmes avaient été élevées sans comprendre qu'elles pouvaient façonner leur vie, c'est pourquoi leur volonté d'être des artistes (sans pouvoir réaliser leur désir) n'était, pour quelques-unes d'entre elles, qu'une fantaisie futile, au même titre qu'un voyage sur la lune.

— Judy Chicago

Il n'y en a probablement pas beaucoup parmi nous, dans ce groupe de soutien, qui se sont débattues dans la vie avec autant d'aplomb que Judy Chicago. Il est probable que nous n'avions pas compris que nous pouvions façonner notre vie. Nous avons la chance de l'apprendre maintenant, avec l'aide des Douze Étapes et des femmes qui nous entourent. Chaque jour nous sommes confrontées à des occasions de poser des choix sensés, de prendre des décisions raisonnables. Ces choix et ces décisions modèlent la personne que nous devenons. Notre identité de femmes est renforcée par chacun de nos choix réfléchis. L'action inhérente à chacun des choix donne plus de substance à notre identité — notre intégrité de femmes est assurée par ces choix.

Aujourd'hui, j'aurai de nombreuses occasions de faire des choix. Je peux réfléchir et faire des choix qui me mèneront à une plus grande intégrité.

*Au lieu de se concentrer sur l'impossibilité de réa-
liser une chose, il serait plus sage de modifier notre
« Oui, mais... » en une attitude positive. Dire
« oui » signifie que je veux vraiment changer ma
vie pour le mieux.*

— *Liane Cordes*

Nous pouvons réellement changer ces choses qui nous
tiennent vraiment à coeur. Toutefois, la plupart d'entre
nous voient l'ensemble de la tâche et se sentent dépassées.
Nous devons, plutôt, considérer les nombreuses parties de
la tâche. Une partie à la fois, un jour à la fois, nous
pouvons atteindre tous les buts que nous nous sommes
fixés. Je connais une femme qui a rédigé un essai de 300
pages, c'était l'étape finale pour obtenir son doctorat.
Quand on lui a demandé comment elle avait fait, elle a
répondu : « Un mot à la fois ». C'est un conseil extraordinaire. Peu importe le nombre d'objectifs ratés ou de plans
qui sont tombés à l'eau au moment où nous consommions
encore, maintenant que nous sommes en cours de réhabilitation, chacune de nous peut accomplir ce qui lui tient à
coeur — si aujourd'hui elle le fait petit à petit, et non pas
tout à la fois.

---

*Aujourd'hui, j'accomplirai une petite chose qui contribuera
à la réussite d'un objectif de vie.*

Il existe autant de façons de vivre et de grandir qu'il y a de personnes. Seule la nôtre doit avoir de l'importance à nos yeux.

— *Evelyn Mandel*

Le désir de contrôler les autres, de les voir vivre leur vie selon notre volonté, rend impossible l'atteinte de la sérénité. Et la sérénité est le but du programme en Douze Étapes, dans cette vie.

Nous n'avons aucun pouvoir sur les autres, cette vérité devrait nous soulager d'un grand poids. Le contrôle de soi est déjà un travail ardu. L'apprentissage de la responsabilité exige de la pratique. La plupart d'entre nous, adhérentes du programme, avons eu un comportement irresponsable presque toute notre vie. L'immaturité émotive est lente à disparaître, mais tout geste responsable nous donne le courage d'en poser un autre, puis un autre. Notre sentiment de plénitude est le sous-produit de l'accumulation de nos faits et gestes responsables. Les actions des autres ne nous regardent pas.

Aujourd'hui, j'évaluerai mon comportement soigneusement. Un comportement responsable apporte la joie du cœur.

• 7 janvier •

Le plus beau cadeau que l'on puisse offrir à l'autre est une attention profonde à l'égard de son existence.

— *Sue Atchley Ebaugh*

Nous voulons toutes avoir de l'importance aux yeux des autres. Très souvent dans le passé — et quelquefois dans le présent — notre comportement n'était qu'un vibrant appel à l'attention d'autrui. Peut-être devrions-nous accorder notre attention plutôt que de tenter d'obtenir celle des autres. Le programme nous apprend que nous devons donner de l'attention pour en obtenir. La sagesse des ans nous indique que la vie n'est pas faite d'accidents. Nos proches ainsi que les personnes qui ne font que passer dans notre vie ont leur raison d'être. Notre vocation est d'accorder de l'attention à l'humanité des autres.

Aujourd'hui, j'accorderai toute mon attention à une personne que je rencontrerai. Elle aura de l'importance pour moi et mon attention aura de l'importance à ses yeux.

Quand des personnes changent quelque chose
dans un certain domaine de leur vie, elles peuvent
commencer par modifier la manière dont elles en
parlent, leur façon d'agir, leur attitude ou une
décision sous-jacente se rapportant à ce domaine.
— Jean Illsley Clarke

Faire « comme si » est très efficace. C'est donner lieu à une nouvelle attitude, à une femme nouvelle. Si nous sommes intimidées par la foule et craintives à l'idée de faire de nouvelles connaissances, et que malgré tout nous restons calmes et tendons la main en toute amitié, non seulement aurons-nous une nouvelle attitude mais nous en serons fières. Chaque geste que nous posons nous rapproche de la femme à laquelle nous aimerions ressembler. Chaque changement positif accroît notre estime de soi. La constatation que nos propres gestes nous rendent de plus en plus semblables au genre de femme que nous admirons nous donne la force ; en fait, elle favorise l'excitation intérieure nécessaire à la poursuite du changement. Des changements positifs dans notre vie font partie de ces choses qui forment l'estime de soi. Chaque gain facilite l'atteinte du suivant.

Aujourd'hui, je saisirai l'occasion de faire « comme si »
j'étais à la hauteur d'une situation que j'évitais aupara-
vant.

• 9 janvier •

Les Chinois disent que l'eau est le plus puissant des éléments, parce qu'elle n'offre aucune résistance. Elle peut éroder le rocher ou tout balayer devant elle.

— *Florence Scovel Shinn*

Ironiquement, l'absence de résistance est une position contre laquelle nous luttons. L'absence de résistance, c'est le renoncement à son ego de façon absolue. Pour bon nombre d'entre nous, l'ego, sous le couvert de la vanité, nous incitait à livrer combat après combat. « Ne peuvent-ils voir que j'ai raison ? », disions-nous, et notre résistance s'en trouvait décuplée. Inversement, le fait de déborder de vie, de suivre la vague, de renoncer à notre ego libère une énergie intérieure qui guérit — qui atténue les vibrations négatives se trouvant sur notre parcours. La paix nous envahit. Nous trouverons la sérénité chaque fois que nous ferons volontairement preuve d'humilité.

La résistance est plus familière. L'absence de résistance entraîne la croissance et la paix. Aujourd'hui, je viserai la sérénité.

Une réévaluation complète se produit dans votre être physique et mental quand vous avez ri et que vous vous êtes amusées.

— *Catherine Ponder*

Dans son livre *Anatomy of an Illness*, Norman Cousins décrit comment le rire lui a permis de guérir d'une maladie mortelle. Le rire recharge tout notre être, active chaque cellule. Nous prenons vie et cette vitalité totale nous rétablit physiquement et émotivement. Bon nombre d'entre nous ont besoin d'une guérison émotionnelle et physique, mais peut-être avons-nous négligé les moments de rire parce que nous étions confinées dans une attitude négative.

Malheureusement, pour un grand nombre d'entre nous, la négativité est devenue une habitude. Toutefois, il n'est jamais trop tard pour reprendre notre vie en main et rire plutôt que se plaindre. Le fait de choisir de voir le bon côté de la vie, de rire de nos erreurs atténue la douleur émotionnelle et physique. Le rire favorise un état complet de bien-être. Il crée une habitude et, mieux encore, il est contagieux. Le rire qu'on apporte aux autres peut aussi les guérir.

Nous désirons toutes la santé et le bonheur, pour nous comme pour les autres, et nous pouvons trouver ces sentiments en les créant. La meilleure ordonnance pour ce dont nous souffrons est peut-être bien le rire.

Aujourd'hui, je chercherai les occasions d'administrer quelques remèdes.

La peur n'est qu'une illusion. C'est l'illusion qui crée le sentiment de rupture — la fausse sensation d'isolement qui n'existe que dans notre imagination.

— Jeraldine Saunders

Nous sommes une. Nous sommes liées, des parties interdépendantes d'un tout. Nous ne sommes pas séparées l'une de l'autre, sauf dans notre esprit, dans notre fausse conception de la réalité. Quand nous arriverons à comprendre les liens qui nous unissent, le besoin que nous avons l'une de l'autre afin de compléter l'intégrité de la création, nos craintes s'évanouiront.

On dit souvent que nous apprenons à nous connaître vraiment en observant de près notre comportement envers les personnes qui font partie de notre vie. Nous nous retrouvons dans ces personnes. Elles sont notre reflet. Elles sont peut-être des parties de nous-mêmes que nous n'avons pas encore appris à aimer. Le message du programme est d'avoir confiance, d'avoir la foi ; notre puissance supérieure maîtrise la situation. Nous pouvons faire face à toutes les personnes et à toutes les situations, si difficiles soient-elles, si nous faisons confiance au programme, si nous nous rappelons les liens qui existent entre nous.

Aujourd'hui, je regarderai les autres, avec la connaissance de notre union intime. Sans crainte, je sourirai à l'intégralité de la vie.

Il ne suffit pas de chercher l'intégralité à travers les hommes, cela n'a jamais suffi et ne suffira jamais pour toute femme, mariée ou célibataire.
— *Patricia O'Brien*

Dès l'enfance, nous avons presque toutes été encouragées à « trouver un mari ». Le message, souvent subtil, n'en était pas moins présent. Plusieurs d'entre nous se sont mariées. Cependant, aucune relation n'offre une garantie à vie. Faire porter nos espoirs sur une autre personne nous garde dépendantes ; c'est le maintien d'un « comportement d'attente ». Ce comportement nous empêche de faire des choix adaptés à la femme que nous sommes et que nous voulons être.

Notre processus de changement en tant que femmes suit de près notre maturité en matière de prise de décision, les comportements et les activités responsables que nous choisissons, et notre épanouissement personnel. Il faut que chacune de nous découvre sa propre intégralité. Nous devons célébrer notre personnalité. Nous devons nous féliciter réciproquement en tant que femmes qui ont surmonté un passé d'accoutumance et qui sont totalement dignes d'intérêt.

Aujourd'hui, je respecterai mon intégralité. J'aiderai une autre femme à nourrir la sienne.

Je veux comprendre les autres en me comprenant moi-même. Je veux être tout ce que je peux devenir... Cet objectif semble très ardu et très sérieux, mais après l'avoir débattu, je le trouve acceptable. Je me sens profondément heureuse. Tout est bien.
— Katherine Mansfield

Tout va bien. Au coeur du bouleversement, rappelons-nous que tout va bien ; au coeur de la douleur de la prise de conscience, tout va bien. La lutte qui accompagne le bouleversement, la douleur qui accompagne les leçons de la prise de conscience nous préparent à devenir celles que nous devons devenir. Nous avons toutes un don précieux à offrir dans la vie. Nous réussirons à comprendre ces dons et nous pourrons les offrir à mesure que nous grandirons dans la douleur de la compréhension de soi. Tout va bien. Au fond de nous, le bonheur ondule ; il monte à la surface de notre vie.

Aujourd'hui, ma leçon sera de me comprendre et de comprendre les autres. Le bonheur est la récompense quotidienne de mon « devenir ».

> *Dans une société où le jugement d'autrui est deve-*
> *nu la norme prédominante de nos efforts et de*
> *notre situation, supplantant souvent l'amour, nos*
> *libertés individuelles se dégradent.*
>
> — *Viola Spolin*

Vouloir que les autres approuvent nos efforts, notre apparence, nos aspirations et notre comportement est parfaitement normal et certes pas malsain. Toutefois, le besoin de cette approbation pour mener notre vie l'est.

Dans notre enfance, on nous a appris à obéir aux autres et à leur faire plaisir. Nous confondons amour et approbation, et commençons à nous laisser mener. L'approbation est alors plus manifeste. Mais nous ne marchons plus en cadence avec nous-mêmes ; nous négligeons nos besoins personnels et devenons des marionnettes.

Abandonner notre pouvoir au bon vouloir des autres affaiblit notre esprit. La liberté personnelle passe par le choix de notre propre comportement ; elle suppose d'agir au lieu de réagir. Cette liberté demande aussi de s'accorder de vivre pleinement l'aventure de la vie, de faire que chaque moment soit important, de répondre de manière pure, spontanée et honnête. Alors, nous pourrons donner à la vie ce que nous avons à lui donner.

Chacune de nous a un rôle unique à jouer dans la dramatique de la vie. Nous devons nous fier à notre puissance supérieure pour nous donner la réplique et non pas aux personnes dont l'approbation nous semble nécessaire. Quand nous chercherons en nous la voie à suivre, la seule approbation que nous pourrons espérer sera la nôtre.

Aujourd'hui, je serai libre. Je ne laisserai personne contrô-
ler mes gestes. J'alignerai ma volonté sur celle de Dieu.

*Tout est si dangereux que rien n'est vraiment ef-
frayant.*

> — *Gertrude Stein*

La vie est remplie de dangers, de risques et de défis.
Nous pouvons décider de les affronter avec crainte ou de
les accueillir avec calme. Opter pour la peur, dire « je ne
courrai pas ce risque de peur d'échouer », nous empêche
de réussir. Accueillir le danger, le risque ou le défi, c'est
reconnaître que la vie est faite d'échecs et de victoires, de
douleur et de gains.

La vie comporte des dangers tout comme des récompenses. Nous choisissons notre façon d'agir. Parfois nous
avons l'impression d'être prisonnières d'un cycle de peur.
Si nous nous examinons attentivement, découvrirons-
nous que nous négligeons de poser un regard équilibré sur
les choses ? Peut-être la peur de l'échec nous fait-elle rater
des occasions de satisfaction.

---

*Je dois me rappeler que j'ai le pouvoir de choisir mon
attitude devant ce que la vie m'offre aujourd'hui.*

J'ai l'impression que nous nous sommes toutes choisies parmi la foule comme compagnes de route, puisqu'aucune d'entre nous ne représente pour l'autre la fin des fins.

— *Joanna Field*

Nous devons regarder les personnes qui nous entourent aujourd'hui et prendre conscience que nous avons quelque chose de spécial à offrir à chacune, et vice versa. Nous voyageons ensemble par des chemins différents. Nous devons peut-être apprendre la tolérance ; le comportement d'une amie peut nous inciter à être plus tolérantes. L'impatience nous menace peut-être et partout où nous allons, il n'y a que longues files d'attente et embouteillages. Nos expériences avec les autres ne sont pas imputables à la chance. Notre moi intérieur, le guide spirituel qui comprend nos besoins dans cette vie, choisit avec soin nos compagnes de route.

Nous sommes à la fois le professeur et l'élève. Nous avons besoin de nos amies comme de celles que nous appelons nos ennemies parce qu'elles peuvent nous aider à apprendre.

Aujourd'hui, je prendrai beaucoup de soin et de joie à regarder les compagnes de route que j'ai choisies pour m'enseigner.

Elle manque d'assurance, elle a un besoin insatiable d'être admirée. Elle vit des reflets d'elle-même que lui renvoient les yeux des autres. Elle n'ose pas être elle-même.

—Anaïs Nin

Pour beaucoup d'entre nous, ces mots décrivent avec justesse les femmes que nous étions. Que d'activités auxquelles nous n'avons pas participé, de cours que nous n'avons pas suivis, de conversations que nous n'avons pas tenues par manque d'assurance. La douleur, la recherche constante de l'acceptation et de l'amour dans les yeux et le comportement des autres, nous hante toujours. Ces jours font désormais partie du passé. Nous osons maintenant être nous-mêmes, un jour à la fois.

L'assurance vacille encore parfois et nous avons peut-être besoin d'être rassurées sur notre amabilité. Avec reconnaissance, nous pouvons nous en remettre l'une à l'autre afin de puiser le réconfort moral nécessaire pour faire face à chaque journée. Être là l'une pour l'autre, savoir que, comme femmes, nous comprenons les craintes de l'autre, donne la force de poursuivre, force qui pourrait nous manquer aujourd'hui ou demain.

Aujourd'hui, une femme peut avoir besoin de moi pour oser être elle-même. Je l'aiderai.

Nous naissons dans l'innocence. La corruption vient plus tard. La première peur est une corruption, la première tentative pour atteindre quelque chose qui nous échappe. La première nuance de différence, le premier besoin d'être meilleure que l'autre, mieux aimée, plus forte, plus riche, plus heureuse — voilà des corruptions.

— Laura Z. Hobson

Nous sommes corrompues. Être humaine, c'est être corrompue. Les corruptions entravent notre bonheur au moment même où nous le cherchons. Quand nous croyons que plus de beauté, plus d'intelligence, un meilleur emploi nous rendraient plus heureuses, nous nous abandonnons à la corruption. Et la corruption étouffe notre croissance. Nous sommes celles que nous devons être. Nous jouons un rôle de soutien dans la vie des autres. Nous pouvons enseigner aux autres et elles peuvent nous apprendre.

Être en « recovery »[*], c'est choisir de nous aider mutuellement à être celles que nous sommes, de cesser de faire des comparaisons, de comprendre notre égalité en tant que femmes, de célébrer nos différences, en sachant qu'elles intensifient pour toutes les femmes les couleurs de la vie.

Je peux aujourd'hui célébrer nos dons particuliers et distincts. Mon coeur s'en trouvera plus léger.

---

[*] Voir la « Note de l'éditeur français » au début du livre.

Je crois que le génie particulier des femmes tient à l'électricité de leurs mouvements, à l'intuition de leur rôle et à la spiritualité de leur tendance.

— Margaret Fuller

Nous sommes femmes et nous avançons, ensemble et seules. Nous avançons vers de nouvelles images de nous-mêmes. Un pouvoir de guérison émane du mouvement, du partage des idées et du changement effectué en chacune de nous. C'est en ayant confiance en nous-mêmes et aux autres que nous faisons naître l'harmonie, la réflexion et le courage dans nos gestes.

La vie comporte de nombreuses possibilités et nous pouvons les réaliser quand nous prenons le risque de changer en posant des gestes. Celles d'entre nous qui se battent pour se réhabiliter posent des gestes et apportent des changements en elles-mêmes. En nous écoutant et nous soutenant l'une l'autre, nous favorisons les changements nécessaires chez nos sœurs. La guérison de l'une apporte la guérison de toutes les autres.

Aujourd'hui m'offre une promesse particulière. Je peux être en harmonie. Je peux partager avec les autres. Mon courage pourra fortifier les autres et en retour elles me fortifieront.

*La douleur de quitter les personnes qu'on a appris
à aimer n'est que le prélude à la compréhension de
soi-même et des autres.*

— Shirley MacLaine

La vie est faite de résignation, de résignation devant les conditions que nous ne pouvons contrôler, de résignation devant le départ des autres — les regarder quitter notre vie — de résignation devant le temps, les lieux et les expériences. Quitter des êtres ou des lieux qui nous sont chers peut nous attrister, mais c'est aussi une occasion de grandir que nous n'avions pas imaginée. Ces expériences nous aident à parvenir au-delà de ce que nous sommes, à une meilleure compréhension de nous-mêmes et des autres.

Très souvent ces expériences qui nous attristent, qui réveillent la douleur, font partie des meilleures leçons que la vie puisse nous offrir. Connaître la douleur, survivre à cette douleur qui déchire, nous fait connaître de nouveaux sommets. La douleur enrichit la vie. Nos expériences avec les autres s'en trouvent intensifiées. Plutôt que de craindre la fin d'une époque, le départ d'un être cher, nous devons tenter d'apprécier nos acquis et nous rendre compte que la vie n'en est que plus riche.

Aujourd'hui apportera son lot de départs et de retours. Je peux y faire face avec joie.

Trop d'activités, trop de personnes et trop de choses. Trop d'activités dignes de mention, de choses précieuses et de personnes intéressantes. En effet, il n'y a pas que les insignifiances qui encombrent notre vie, il y a aussi les choses importantes.
— *Anne Morrow Lindbergh*

Nous avons besoin des activités et de l'interaction avec les autres. Nous avons beaucoup de choses à offrir à celles qui croisent notre chemin et nous avons besoin des nombreux présents qu'elles ont pour nous. Très vite, il ne nous reste que peu à partager, à donner à autrui, si nous négligeons les moments privilégiés, les temps morts nécessaires à la nourriture de l'âme.

Un peu de temps passé loin des autres, des activités et des choses, un peu de temps consacré à la communion avec Dieu, à la recherche de la voie à suivre, de la sécurité dans sa plénitude, nous disposera à mieux offrir nos présents aux autres. Seul ce temps de pause nous prépare à accepter les présents des autres.

Il est vrai que nous trouvons le message de Dieu dans autrui. Toutefois, seul le temps passé avec Dieu ouvre les barrières qui, trop souvent, nous empêchent d'entendre un autre message divin, exprimé par la voix de ceux et celles, amis et, parfois même, ennemis qui croisent notre chemin.

Je me fais un don de solitude. J'ai besoin de ce don aujourd'hui et tous les autres jours.

Nul ne peut posséder la sagesse sans vivre sa vie.
— Dorothy McCall

Vivre sa vie, c'est réagir pleinement aux joies et aux embûches. C'est refuser de se dérober aux expériences et aux gestes qui nous effraient. C'est seulement dans la survie que nous parvenons à nous connaître vraiment, que nous arrivons à comprendre la force à notre portée, en tout temps. Voilà ce qui constitue la sagesse.

Quand nous vivons notre vie avec hésitation, nous ne récoltons qu'une partie de ce qu'elle a en réserve pour nous. C'est comme regarder en noir et blanc un film couleur. Notre vie est colorée, mais nous devons avoir le courage de laisser émerger la couleur, de la sentir, de l'assimiler, de la laisser nous changer. Nous trouverons notre moi réel au plus profond de nous-mêmes. Les complexités de la vie nous enseignent la sagesse. Et la sagesse rend les nombreuses embûches qui pavent notre chemin plus faciles à surmonter.

Vivre ma vie est beaucoup plus difficile que d'être simplement vivante. Je peux choisir de sauter à pieds joints dans la vie. La sagesse m'attend dans les profondeurs.

Elle éprouvait de la difficulté à se définir indépen-
damment de son mari, elle avait essayé de lui en
parler, mais il disait que ce n'était que sottises, lui
n'avait aucune difficulté à la définir, elle.
— *Cynthia Propper Seton*

Être en « recovery »* signifie apprendre qui nous sommes, indépendantes des amies, des enfants, des parents et des partenaires intimes. C'est connaître la façon dont nous voulons passer le temps, les livres que nous voulons lire, les loisirs qui nous attirent, nos plats préférés. C'est comprendre l'autodétermination. C'est établir son cheminement quotidien et s'y tenir. C'est définir nos responsabilités et les assumer.

Une identité indépendante n'empêche pas de se reposer sur les autres pour combler certains besoins. Peut-être que nous prenons plaisir aux massages — à les donner comme à les recevoir. Nous partageons peut-être les dépenses du foyer et les responsabilités inhérentes à l'éducation des enfants. S'en remettre aux autres pour qu'ils assument leurs responsabilités ne veut pas dire nier notre identité indépendante, mais plutôt la renforcer. Nous choisissons le lieu et le moment de notre dépendance. Une dépendance saine est le complément d'une indépendance saine.

Le « recovery » m'offre des choix. Chaque jour m'apporte de nouvelles occasions.*

* Voir la « Note de l'éditeur français » au début du livre.

Je regarde dans le miroir avec les yeux de l'enfant que j'étais.

— Judy Collins

L'enfant qui habite en chacune de nous est fragile, mais tout à fait vivante, elle interprète nos expériences avant même que nous en soyons conscientes. C'est l'enfant en nous qui peut craindre les endroits nouveaux, les inconnus, les situations étranges. Notre enfant a besoin de réconfort, un réconfort qui lui a peut-être fait défaut par le passé. Nous pouvons la prendre par la main, la cajoler, lui dire qu'on ne l'abandonnera pas. Elle n'a plus à craindre les endroits nouveaux, les inconnus et les situations étranges.

Il est étonnant de voir la force qui émane de nous quand nous nous occupons de nous-mêmes, quand nous reconnaissons l'enfant effrayée qui vit en nous et que nous la prenons dans nos bras, pour la protéger. Nous ne pouvons rien affronter seules. Ensemble, nous pouvons faire face à tout.

Aujourd'hui, je prendrai soin de mon enfant, je ne l'abandonnerai pas, seule, devant les expériences que cette journée peut comporter.

Le temps de la discipline était venu. Nous étions
toutes les élèves de celle qui, parmi nous, pouvait le
mieux nous enseigner ce que chacune d'entre nous
avait besoin d'apprendre.

— *Maria Isabel Barreno*

« Quand l'élève est prête, le professeur apparaît. » Les leçons de la vie sont souvent inattendues. Elles arrivent, néanmoins, conformes à un échéancier divin. À mesure que nous grandissons émotivement et spirituellement, nous nous préparons aux leçons que nous enseigneront d'autres professeurs. Peut-être qu'une relation amoureuse, une perte difficile ou un enfant instable nous donnera notre prochain enseignement. Le temps de l'apprentissage est rarement exempt de douleur et de questionnement. Nous sommes prêtes à apprendre de ces expériences et de leur enseignement. Elles arrivent quand nous sommes prêtes.

Nous apprécions toutes les moments sans problèmes, quand la mer est calme, quand tout va bien, quand nous ne ressentons pas de douleur. Ces périodes ont un but. Elles nous arment pour les leçons qui nous portent vers une réhabilitation plus importante, vers une conscience plus profonde de nous-mêmes. Comprendre que tout va bien, à travers la démarche d'apprentissage, est la leçon fondamentale qu'il nous faut apprendre. Tout va bien. Le professeur est le guide qui nous aide à gravir l'échelon suivant.

Faites que je sois reconnaissante de mes leçons d'aujour-
d'hui et que je sache que tout va bien.

Il faut vous réveiller tous les matins avec le sou-
rire,
Et faire part au monde de l'amour qui habite votre
cœur.
Alors les gens seront plus gentils avec vous.
Vous découvrirez, oui, bien sûr,
Que vous êtes aussi belle que vous le croyez.
— Carole King

Faire « comme si ». Il y de la magie à agir conformément à ce que nous voulons être, même si nous n'en
sommes pas encore là. Le comportement semble ouvrir la
voie. L'attitude, l'état mental, suit.

Bien des matins, nous ne nous réveillons pas avec de
l'amour au cœur pour notre famille, nos amis, nos collègues. Nous pouvons, en fait, souhaiter qu'ils nous manifestent leur amour en premier. Toutefois, si nous tendons
la main, aimons sans condition, portons attention aux
besoins des autres, l'amour nous sera rendu au centuple.
Et l'amour que nous leur donnons nous remontera le moral. Nous connaîtrons l'amour ; nous éprouverons de l'a-
mour pour nous-mêmes et pour tous les êtres qui nous
sont chers.

L'attitude que nous cultivons, qu'elle soit faite d'a-
mour ou d'égoïsme, d'infériorité ou de supériorité, détermine l'effet que les événements de notre vie ont sur nous.
Le principe est si simple. Si nous avançons dans la vie
avec amour, avec un sourire, nous trouverons l'amour et
une raison de sourire.

Mon attitude colorera cette journée. En partant du bon
pied, avec amour, je m'assure une journée agréable.

Survivre, c'est renaître jour après jour.

— Erica Jong

Nous avons décidé de vivre. Et c'est une décision de tous les jours. Chaque fois que nous appelons un ami, franchissons une Étape ou nous rendons à une réunion, nous renouvelons notre contrat avec la vie. Nous renaissons. Avant de souscrire à ce programme, nous sommes mortes plusieurs fois, émotivement et spirituellement. Quelques-unes d'entre nous ont frôlé la mort physique de près. Aujourd'hui, nous sommes ici, à l'aube d'un jour nouveau, cherchant les conseils les unes des autres. Nous sommes des survivantes. Et la survie est là, il suffit de la saisir.

Il y aura des jours où nous combattrons notre décision de vivre. Nous aurons envie d'abandonner la partie. Nous voudrons céder ou tout laisser tomber. Nous avons appris les unes des autres ce que sont les choix. Ainsi, la décision de survivre, sachant que nous ne sommes jamais seules, devient plus facile avec le temps.

Je suis une survivante. Aujourd'hui est mon jour de célébration.

*Je pense que la conscience de soi est probablement
la plus importante chose qui mène au championnat.*

— Billie Jean King

On crée les championnes. Quelle chance nous avons
d'avoir les Étapes pour nous guider vers le championnat.
Le programme nous promet la conscience de soi, mais
nous devons fournir un effort. Or, la démarche n'est pas
toujours facile. Nous avons toutes des handicaps et il est
généralement plus facile de les voir que de compter nos
atouts. La conscience de soi reconnaît les deux. Devenir
championne, que ce soit comme athlète, femme d'intérieur, enseignante, secrétaire ou avocate, c'est maximiser
les atouts et minimiser les handicaps, mais c'est aussi
accepter que les deux existent. Le programme que nous
partageons nous offre tous les jours des occasions de nous
connaître, d'aider les autres femmes à se connaître et de
renforcer nos atouts en même temps. Nous sentons nos
forces augmenter, et c'est agréable. Nous pouvons voir nos
faiblesses diminuer, et c'est bien. Le programme nous
offre un championnat.

---

*Je peux renforcer mes atouts, d'abord en les connaissant,
puis en les mettant en évidence constamment. Aujourd'hui,
je mettrai l'accent sur un de mes atouts.*

« Je n'y peux rien »... c'est ce que nous disons toutes
quand nous ne voulons pas nous donner du mal.
— Eva Lathbury

Le comportement irresponsable ne nous est pas étranger. La passivité est aussi familière. Par le passé, en nous dégageant de toute responsabilité nous avons évité le blâme. Nous avons aussi appris que les excuses nous empêchaient de nous sentir dignes, d'atteindre notre potentiel, de ressentir l'excitation qui vient avec la réussite.

Notre crainte de l'échec favorise notre irresponsabilité. Nous pouvons encore craindre l'échec, mais le programme nous offre un antidote. Nous ne pouvons échouer si nous mettons notre vie entre les mains de notre puissance supérieure. Elle nous montrera le chemin à suivre. Nos compagnes de voyage nous transmettent des messages qui nous facilitent le chemin.

J'ai choisi le processus de transformation que constitue le « recovery »*. J'ai déjà dit : « Je n'y peux rien ». Aujourd'hui, je célébrerai la prise en charge de ma vie.

---

*   Voir la « Note de l'éditeur français » au début du livre.

Heureusement, la [psycho]analyse ne constitue pas le seul moyen de résoudre les conflits intérieurs. La vie elle-même demeure une thérapeute très efficace.
— *Karen Horney*

Le passage du temps, jumelé à la largeur d'esprit à l'égard des messages glanés au cours de nos conversations, peut nous apporter les réponses dont nous avons besoin pour sortir des situations pénibles. La vie est faite de flux et de reflux, de sommets et de vallées, de luttes et de moments agréables. Ce que nous oublions trop souvent, c'est que les luttes rendent possibles les moments agréables.

Nos conflits constituent les leçons particulières de la vie. Nous pouvons apprendre à les surmonter, à les traverser, à reconnaître leur valeur pour nous en tant que femmes qui progressent et qui changent. Qu'il est bon de trouver la sécurité les unes avec les autres, de concert avec cette puissance supérieure qui nous dépasse et qui peut, si nous le voulons, nous indiquer le chemin de la résolution.

La vie sera toujours faite de conflits — et c'est ainsi que ce doit être. Nos leçons nous permettent d'atteindre de nouveaux seuils de conscience. Nous pouvons connaître la joie qui se cache dans le conflit. Nous pouvons nous aider mutuellement à comprendre que la douceur du moment est liée à la douleur d'un ancien moment oublié.

Toutes les expériences, tous les événements sont liés. Le chemin que je suis, seule ou avec d'autres, me conduit vers des jours meilleurs. Je ferai confiance à mon chemin, c'est le mien.

La femme ne doit pas accepter ; elle doit contester. Elle ne doit pas être intimidée par tout ce qui l'entoure ; elle doit vénérer la femme en elle qui lutte pour s'exprimer.

— *Margaret Sanger*

Notre désir de grandir, de nous tailler une place dans le monde de nos amies, de savoir que nous avons marqué la vie des autres, est sain et nécessaire à notre existence en tant que femmes à part entière. Le désir intérieur d'avancer, de tenter une démarche nouvelle devant un vieux problème, de chercher un nouvel emploi, d'apprendre une technique nouvelle, est la manifestation intérieure de l'Esprit du Dieu éternel.

On trouve un sens à notre vie en suivant les conseils qui nous mènent vers ces nouveaux horizons, ces nouvelles amies ou même ces nouveaux endroits. Nous pouvons avoir confiance en ce désir ardent. Nous pouvons le vénérer. Il ne nous détournera pas du droit chemin, à moins que nous ne tentions de le diriger. Nous avons toutes un don particulier à exprimer dans cette vie parmi les amies vers lesquelles on nous a menées.

Pendant des années, un grand nombre d'entre nous ont réprimé ce désir ardent par peur, mais heureusement, il ne nous a pas quittées. Désirer constamment s'améliorer est humain. Il y aura toujours des peurs, mais en les surmontant, avec l'aide d'autres femmes, d'autres amis, nous découvrons le plaisir de la réussite que nous assure le programme. Nous savons que notre vie a un sens.

Le besoin de grandir, de marquer le monde qui nous entoure fait partie des plans de Dieu pour chacune de nous. J'aurai confiance et laisserai mon désir guider mes pas.

Février

Vous étiez là quand j'ai eu besoin de vous. Vous dépassiez toutes les autres avec votre force et vous m'avez guidée. À chacune de vous, j'offre mon être, mon amour et tout ce que je suis.

— Deidra Sarault

Chacune de nous est guidée tandis qu'elle sert elle-même de guide, tout au long de la journée, toute la vie. Nous sommes interdépendantes. Où que nous posions le regard, une femme apprend de nous comme nous apprenons d'elle. Souvent nous ne savons pas ce que nous donnons au moment où nous le donnons. Ainsi, nous percevons rarement la valeur de ce qui nous est donné au moment où nous l'acceptons.

Nous manifestons spontanément de la résistance devant le don que nous fait une autre personne. Or, le passage du temps met en évidence la valeur de l'expérience. Nous pouvons chercher des consolations dans notre vie. Elles sont là, elles nous offrent suffisamment de force et d'espoir pour surmonter toutes les difficultés.

Nous avons besoin à la fois des moments difficiles et d'une épaule amie pour pleurer. Ils contribuent également à la trame de notre vie. Les moments difficiles nous incitent à la prière, à la recherche de réconfort auprès d'autrui. Ainsi notre douleur donne aux autres la chance de guérir nos blessures. Nous sommes toutes des guérisseuses, des pourvoyeuses de force. Nous avons toutes besoin de guérison.

Donner et recevoir la force, voilà un des plus grands cadeaux que m'offre mon programme en Douze Étapes.

Ce que la majorité d'entre nous voulons, c'est d'être entendues, c'est de communiquer.

— *Dory Previn*

Notre personnalité est niée, l'être que nous présentons au monde est nié chaque fois que nous parlons sans être entendues. « Le plus beau cadeau que l'on puisse se faire les unes aux autres, c'est une attention profonde. » Si nous voulons de l'attention, il nous faut aussi en donner. Il faut donc éliminer toutes les pensées inutiles de nos conversations. Nous ne pouvons attendre des autres ce que nous ne pouvons ou ne voulons pas leur donner.

Être entendue par une autre personne et entendre cette personne représente plus qu'écouter. C'est nous laisser toucher, profondément, par les paroles des autres. Nous ne voulons ni être jugées, ni porter la honte, ni être méconnues quand nous partageons notre moi avec quelqu'un d'autre. Nous voulons savoir qu'on nous a bien entendues. Quand nous avons la chance d'entendre une autre personne, nous écoutons attentivement les paroles qui nous sont destinées, paroles qui élargiront notre féminité et nous rendront plus près de notre moi intérieur.

La beauté de l'entente mutuelle, c'est qu'elle nous aide à nous entendre nous-mêmes. Nous nous connaissons mieux quand nous écoutons les autres. Chaque conversation nous permet d'être authentique et d'aider une autre personne à être authentique.

L'attention profonde représente mon plus beau présent. Si je veux la recevoir, je dois la donner.

Le jour où nous prenons nos échecs moins au sé-rieux, c'est le jour où nous cessons d'en avoir peur. Apprendre à rire de nous-mêmes est d'une impor-tance capitale.

— Katherine Mansfield

Le perfectionnisme et le contrôle qu'il exerce sur notre vie entrave lourdement notre croissance et notre bien-être affectif, spirituel et même physique. Les leçons de la vie, nous les tirons davantage de nos échecs que de nos succès. Nos échecs nous enseignent l'humilité. Nous apprenons à chercher de l'aide et des conseils auprès d'autrui. Nous apprenons à laisser les autres subir aussi des échecs. Nous échouons parce que nous sommes humaines.

Quand l'échec ne nous effraie plus, nous sommes li-bres de tenter d'accomplir de nouveaux exploits. Nous osons apprendre plus de choses et la vie n'en est que plus remplie — non seulement notre propre vie, mais toutes celles que nous touchons.

Savoir rire de nos erreurs, c'est diminuer le risque inhérent à un nouvel essai. Le rire nous garde jeunes et celles qui ont le coeur léger éprouvent plus de plaisir à vivre chaque journée.

Aujourd'hui, j'échouerai à quelque chose. Toutefois, je pourrai en rire. Mon rire ouvrira la porte à une autre tentative.

Le génie est le talent de bien voir les choses. C'est les voir en ligne droite, sans courbe, sans coupure et sans mirage, les voir telles qu'elles sont, sans distorsion.

— *Maude Adams*

Chaque jour d'abstinence nous apprend à voir plus clairement ce qui nous attend. Nous sommes de moins en moins entravées par nos besoins égoïstes, qui déforment la réalité devant nous. Nous avons en nous le talent de voir les choses telles qu'elles sont vraiment. C'est toutefois une démarche qui exige de la pratique, un processus d'examen en profondeur de ce talent inexploité qui est un des présents de la vie spirituelle.

Nous sommes des entités spirituelles, une et toutes. Le génie de voir ce que Dieu voit est à la portée de nous toutes. Ce programme nous indique le chemin. Chaque jour, il est plus facile de vivre une vie honnête. Chaque jour, nous accordons une confiance accrue aux personnes rencontrées. Chaque jour, nous prenons de plus grands risques pour devenir vraiment nous-mêmes.

Le besoin de déformer ce que nous voyons devant nous diminue dès que nous commençons à récolter les bénéfices d'une vie honnête, attentive et axée sur le courage. Auparavant, notre ego malsain nous bloquait le chemin. Il peut toujours nous mettre des bâtons dans les roues si nous oublions de regarder vers l'avant avec les yeux de notre génie intérieur.

Aujourd'hui, mon chemin est droit, clair et rempli d'amour, si je choisis de suivre mon génie.

Ne vous compromettez pas. Vous êtes tout ce que vous avez.

— *Janis Joplin*

Quand nous ne savons pas qui nous sommes, il est facile de nous compromettre nous-mêmes. Quand nous ne savons quelle position adopter sur un sujet, il est facile de se laisser influencer par une voix forte. Les valeurs peuvent être floues dans notre esprit ou peut-être n'avons-nous pas conscience qu'elles existent. C'est alors que nous sommes vulnérables à la persuasion d'autrui. Dans ce programme en Douze Étapes, on nous offre le moyen de nous connaître nous-mêmes. Nos efforts sont soutenus et nous comprenons que nous avons des amies qui ne veulent pas que nous nous compromettions — qui apprécient le combat que nous menons afin de nous connaître et d'être fidèles à nous-mêmes.

Un des plus beaux cadeaux du programme que nous suivons, c'est de nous faire découvrir que nous pouvons prendre des décisions à l'image de nous-mêmes, à celle de notre moi intérieur, des décisions qui nous plaisent. Nous connaissons toutes le petit pincement de honte qui se loge au creux de l'estomac. Quand nous « acceptons tout », quand nous « cédons » sur un point qui nous importe, nous devons en payer le prix. Nous perdons un peu de nous-mêmes. Au fil des ans, nous avons perdu de nombreux morceaux. Toutefois, nous avons le choix.

J'aurai bientôt une chance d'agir à mon gré. Je la saisirai.

*Je crois qu'accepter que la gratification soit remise
à plus tard est un signe de maturité.*

— *Peggy Cahn*

Il n'y a pas de mal à vouloir être bien en tout temps.
Nous méritons toutes d'être heureuses. Cependant, il faut
souvent franchir des étapes préparatoires, dont certaines
ne nous apporteront pas de joie, avant d'en arriver au
bonheur à long terme.

Notre douleur à certains moments nous a incitées à
chercher des bonheurs à court terme. Chaque fois que
nous tenterons de trouver une « solution miracle », nous
nous rappellerons que, comme dans le cas de nos tentatives précédentes, le plaisir est de bien courte durée.

Le bonheur à long terme n'est pas un sous-produit de
la gratification à court terme. Nous n'avons pas vraiment
à nous *mériter* le bonheur, mais nous devons découvrir où
il se trouve. Le programme guide notre recherche. Nous
trouverons le bonheur en apprenant à rester calmes et à
écouter notre moi intérieur. Nous trouverons le bonheur
quand nous accorderons moins d'attention à nos problèmes personnels et plus aux besoins des autres.

Bon nombre d'entre nous doivent redéfinir le bonheur.
La compréhension de notre valeur et de notre utilité au
sein de notre cercle de connaissances nous apportera le
bonheur, un bonheur qui nous soutiendra. La gratitude
envers nos amies, l'amélioration de notre santé et notre
abstinence nous soutiennent aussi. Toucher en toute sin-
cérité l'âme de quelqu'un peut nous aider à exploiter le
puits de bonheur qui nous habite.

---

*Je trouverai le bonheur. En cherchant en moi, patiemment
et avec confiance, je me partagerai avec les autres.*

Peu importe la confusion qui règne sur la scène de notre vie, peu importe notre déchirement face à cette scène, nous pouvons y faire face et continuer à être entières.

— *Muriel Rukeyser*

Nous devons nous attendre à éprouver de la peur, de la terreur même, à certains moments de notre vie. Il y aura toujours des situations qui, pour un temps du moins, sembleront au-delà de ce que nous pouvons supporter. Or, les nuages se dissiperont. On ne trouve sur son chemin que ce que l'on peut surmonter, et chaque jour qui passe nous rend plus à l'aise avec nous-mêmes et avec ce que la vie nous apporte. Nous apprenons que « cela aussi passera ». Notre confiance augmente au rythme de la force de notre programme spirituel.

Nos liens les unes avec les autres et avec le programme nous rendent entières. Quand nous réfléchissons à ce que nous étions et au chemin que nous avons parcouru, nous constatons que nous surmontons aujourd'hui, souvent même avec facilité, les problèmes qui nous incitaient à boire par le passé. La joie que nous partageons tient à ce qu'aucun problème n'est suffisamment grave pour qu'on s'y attarde plus longtemps. Nous n'aurons plus à affronter seules aucune situation, à moins de rejeter l'aide de Dieu.

Aujourd'hui, je serai reconnaissante de mon cheminement vers l'intégralité et des occasions qui me seront présentées. Ils me rendent en harmonie avec le dessein divin de ma vie.

La réaction n'est pas l'action — c'est-à-dire qu'elle n'est pas vraiment créatrice.

— Elizabeth Janeway

Nous devons apprendre à agir plutôt qu'à réagir. Malheureusement, nous avons une vaste formation en réaction. De plus, nous sommes toutes de bonnes imitatrices. Nous sommes une société d'êtres qui réagissent. Nous laissons tout naturellement le comportement, bon ou mauvais, d'une autre personne déterminer le nôtre. Les occasions sont toutefois illimitées de choisir notre propre comportement de manière responsable, indépendamment de celui des personnes qui gravitent autour de nous.

Il n'appartient qu'à nous de changer, si nous le souhaitons. La mauvaise humeur d'un conjoint ne doit pas nous faire sentir rejetées. Des critiques au travail n'ont pas à gâcher notre journée. Un conducteur d'autobus qui manque d'égards peut tout de même être remercié poliment. Quand nous décidons nous-mêmes comment agir et que nous nous y tenons, le respect de soi monte en flèche.

Si on nous humilie, nous aurons des doutes pendant un moment ; mais si nous nous rassurons nous-mêmes rapidement que tout va bien et que nous agissons avec respect, nous grandissons. Un sentiment de bien-être nous envahit toutes entières. La maîtrise de nos propres sentiments et actions empêche cette angoisse flottante de nous gagner. Nous sommes celles que nous choisissons d'être. De nouvelles aventures nous attendent.

Les occasions de réagir seront nombreuses aujourd'hui. Chaque fois je peux faire une pause, déterminer l'action qui me plaît et l'accomplir. Ma santé émotionnelle est stimulée lorsque je fais un choix responsable.

• 9 février •

*Nous avons vu trop de défaitisme, trop de pessi-
misme et trop de négativisme. La réponse est simple : quand vous souhaitez vraiment quelque
chose, vous pouvez réussir à l'obtenir. Il faudra
sans doute y mettre de la patience, beaucoup de
travail, une lutte de tous les instants et beaucoup
de temps ; mais c'est possible... toute entreprise
repose sur la foi...*

— *Margo Jones*

Combien de rêves avons-nous laissé s'envoler ? Combien de projets avons-nous mis sur pied pour les abandonner aussitôt ? Combien de fois nous sommes-nous promis :
« Cette fois, ce sera différent », sans jamais rien faire pour
que ce le soit ? La négativité entraîne la négativité. Heureusement, il en est de même du contraire. Notre attitude
nous mènera loin. Et une attitude positive rendra toutes
choses possibles.

Nous sommes faites pour une vie agréable. Nous devons cependant la chercher, accepter de répondre à son
invitation, être décidées à investir les efforts nécessaires.
Nos rêves sont nos invitations à aller plus loin, à faire
notre possible pour atteindre un objectif plus lointain. La
confiance en notre capacité de réaliser nos rêves rendra
plus faciles les étapes qu'il faudra franchir.

Nous toutes connaissons le bonheur d'avoir des rêves.
Ils sont les présents qui nous permettent de déployer nos
capacités.

---

*Je peux faire confiance à mes rêves et à mes aspirations. Ce
sont les miens, les miens seuls, et ils me sont précieux. Le
succès est possible ; la foi et une attitude positive facilite-
ront mes efforts.*

Dieu ne connaît pas l'éloignement.
— *Charleszetta Waddles*

La force dont nous avons besoin pour traverser les moments difficiles est à la portée de notre main. Or, notre mémoire nous fait souvent défaut. Nous tentons seules de résoudre nos problèmes, de modifier le cours normal des choses. Et nous trébuchons. Avec le temps, nous nous tournerons, automatiquement, vers cette puissance à notre disposition. Et quels que soient nos besoins, ils seront comblés.

S'en remettre à Dieu, peu importe notre compréhension de la présence divine, nous est trop souvent étranger. Depuis l'enfance, on nous incite à être autonomes. Même lorsque nous avions désespérément besoin de l'aide d'autrui, nous craignions de la demander. Quand notre confiance chancelait, comme c'est arrivé si souvent, nous dissimulions la peur — parfois sous l'alcool, parfois sous les comprimés. Parfois, nous nous cachions simplement à la maison. Nos peurs n'étaient jamais vraiment apaisées.

Nous avons mis du temps à comprendre, mais nous l'avons toutes compris, que nous n'avons pas à craindre quoi que ce soit, que Dieu n'est jamais loin. Lentement, avec la pratique, cela deviendra naturel de nous tourner vers l'intérieur, de nous reposer sur Dieu plutôt que sur nous-mêmes.

Quels que soient nos besoins aujourd'hui, Dieu est la réponse.

Il n'y a rien à craindre. Enfin, je connais Dieu. Tous les chemins s'aplaniront devant moi.

Il est étrange d'être si engourdies par notre propre douleur ou notre propre problème qu'il nous devient impossible de partager l'enfer d'un être cher.
— Lady Bird Johnson

La préoccupation de nous-mêmes peut être le fléau de notre existence. Elle ne permet que la vision la plus étroite des problèmes. Elle court-circuite tous les conseils que pourraient nous transmettre notre puissance supérieure par l'entremise d'une amie. Elle fait taire toutes les vérités qui tentent de nous atteindre. Le paradoxe, c'est que peu importe notre douleur, elle s'apaise lorsque nous portons notre attention sur autre chose, sur la douleur ou la joie d'autrui.

Quand nous nous ouvrons aux autres, nous trouvons la lumière. Nous avons besoin des images qu'elles tentent de nous transmettre. Car tout ce qui est dit dans un esprit d'amour revêt une importance pour notre vie.

Nous pouvons voir toutes les conversations que nous avons comme des conversations avec le Créateur. Il est assuré que tout ce que nous avons besoin de connaître, pour notre croissance personnelle, nous sera révélé par nos nombreuses conversations avec les autres. Nous ne pouvons toutefois entendre les pensées d'autrui sans nous dissocier des nôtres.

Aujourd'hui, une attention complète consacrée aux personnes qui m'abordent m'offrira exactement ce dont j'ai besoin. Mon guide intérieur leur a fait signe. Je peux être en éveil, m'attendre à des solutions et en célébrer les merveilles.

Il n'y a pas de nouvelles vérités, mais simplement
des vérités que n'ont pas reconnues ceux qui les ont
perçues sans s'en rendre compte.

— *Mary McCarthy*

Nous comprenons aujourd'hui des idées qui, hier, nous dépassaient. Cette année, nous avons connaissance de détails du passé qui nous avaient peut-être échappé autrefois. Nos oeillères tombent lentement, ce qui nous prépare aux vérités que nous ne pouvions assimiler auparavant.

« Quand l'élève est prête, le professeur apparaît ». Et le professeur apporte les vérités qu'il nous faut intégrer à notre savoir sans cesse croissant. Les vérités qui nous sont données aujourd'hui, ou un autre jour, ne nous rendront pas toujours heureuses sur le moment. Nous pouvons apprendre qu'un emploi ne nous convient plus ou qu'une relation arrive à son terme. Et les changements imminents nous troublent. Or dans la grande chaîne de la vie, les changements suscités par ces vérités sont bons et, avec le temps, ils contribueront à notre bonheur.

Célébrons les vérités au fur et à mesure qu'elles se présentent et confions-en l'issue à Dieu. Nous fréquentons un chemin très spécial. Il est accidenté. Les courbes restreignent notre vision, mais on nous donnera toute la direction dont nous avons besoin.

Les vérités que j'apprendrai aujourd'hui guideront mes pas. J'avancerai dans la paix.

J'ai sacrifié tout ce qui comptait dans ma vie pour promouvoir la carrière politique de mon mari.
— *Pat Nixon*

Tenir compte des besoins d'une autre personne avant les nôtres est ce que nous avons appris à faire quand nous étions jeunes. Nous étions rarement encouragées à nous lancer sur une voie qui nous était propre, et toutes ces années où nous nous sommes tenues à l'arrière-plan nous ont enseigné que nos espoirs comptaient pour peu.

Pour quelques-unes d'entre nous, le futur apparaît vide. Il est temps d'établir un plan pour nous seules. Mais comment décider où aller et comment s'y rendre ? Le programme nous dit de « vivre un jour à la fois ». Nos amies nous disent de « franchir une étape à la fois ».

Nous avons choisi de faire quelque chose à propos de la situation dans laquelle nous nous trouvions, sinon nous ne lirions pas ces mots. Nous pouvons nous arrêter un instant et réfléchir sur les changements que nous avons accomplis jusqu'à maintenant. Nous sommes sur la bonne voie. Nous avons déjà franchi plusieurs des étapes nécessaires. Nous nous sommes lancées dans une aventure excitante. Et nous trouverons de l'aide le long du chemin.

Nous pouvons faire confiance à nos aspirations intimes, à toutes celles que nous avons étouffées par le passé. Nous pouvons maintenant réaliser ce qui nous tient vraiment à coeur, si nous cherchons de l'aide.

Mon temps est venu. Je peux façonner mon avenir. Je prendrai chaque jour, chaque expérience, et les laisserai m'entraîner vers la prochaine étape importante.

L'amitié qu'on ne pourra briser facilement doit avoir sa source dans des intérêts communs et des croyances partagées.

— *Barbara W. Tuchman*

Chacune de nous qui partageons ce programme s'est vue offrir le don de l'amitié. Notre intérêt est commun : nous voulons rester sobres. Et nous croyons qu'une puissance qui nous est supérieure peut nous rendre à la raison. Nous faisons confiance à notre engagement mutuel. Nous apprenons à vivre selon les principes du programme dans toutes nos entreprises.

Par les années passées, l'amitié faisait souvent défaut dans notre vie. Nous avions une amie, ici et là, bien sûr, mais pouvait-on tout lui confier — nos secrets, notre conjoint ? Une peur transcendante qui avait sa raison d'être. Il est probable que nous n'avons pas toujours été, nous non plus, de bonnes amies. De tout temps, l'amitié entraîne le risque de la vulnérabilité. Elle implique une décision de confiance. Cela signifie en outre qu'il ne faut jamais prendre ses distances par rapport à l'une et à l'autre.

Les amitiés enrichissent tellement nos vies, elles nous rendent entières. Les expériences partagées entre amies nous permettent de l'emporter sur la vie. Ce n'est pas par hasard que nous avons été attirées ici, ensemble. Ce que nous avons sera utile aux autres.

Je dois consentir à me livrer à mes soeurs, en toute confiance. Ma force en tant que femme en processus de rétablissement augmentera au fil de mes liens d'amitié.

*Les circonstances fortuites constituent les moules
où se façonne la majorité des vies humaines.*
— *Augusta Evans*

On explique souvent notre bonne fortune ou celle
d'une amie comme étant le fait d'être au bon endroit, au
bon moment. Il est toutefois à notre avantage de comprendre comment nous nous sommes trouvées au bon endroit,
au bon moment.

Nous avons souvent entendu, au cours des réunions,
que l'échéancier de Dieu n'est pas nécessairement le
même que le nôtre, que les choses arrivent selon un cadre
qui dépasse celui de notre ego. Il arrive fréquemment que
notre patience a des limites parce que nous ne sommes
pas dans le secret de Dieu. Toutefois, nous pouvons avoir
confiance, aujourd'hui et toujours, que les portes s'ouvrent
à temps. Les occasions nous sont offertes quand nous
sommes prêtes à les recevoir. Jamais un moment ne passe
sans que nous soyons invitées à donner et à recevoir un
message spécial — une leçon particulière. Dieu prend
toujours soin de nous, et toutes les circonstances de notre
vie servent à modeler les femmes que nous sommes appelées à être.

---

*Je jetterai un long regard sur ma situation aujourd'hui et
je serai reconnaissante de la place que j'occupe. C'est celle
qui me convient en ce moment et elle me prépare pour
l'aventure qui m'attend.*

C'est dans nos rêves et nos aspirations que nous trouvons nos perspectives d'avenir.
— *Sue Atchley Ebaugh*

Nos rêves nous appellent vers de nouveaux sommets. Tout ce dont nous avons besoin est le courage de les atteindre, de franchir les étapes nécessaires pour réaliser ces rêves. Aujourd'hui, tout ce que nous avons à faire, c'est croire qu'on nous montrera les étapes, une à la fois, et attendre patiemment la bonne étape et le bon moment.

Nos rêves, quand ils sont pour notre bien et celui des autres, sont des invitations lancées par Dieu à ouvrir nos ailes et à atteindre de nouveaux sommets. Ces rêves font partie de la destinée qui nous est réservée. Ils ne sont pas fortuits. Nos dons sont uniques. Nos contributions nous appartiennent. Nos rêves reflètent les contributions que nous devons faire dans cette vie.

Les occasions d'accomplissement sont variées et on ne reconnaît pas toujours qu'elles visent notre bien. Encore et encore, il faut nous tourner vers Dieu, être patientes, et croire que nous serons appelées à offrir quelque chose de très spécial à celles qui nous entourent. Chacune de nous est inspirée de façon particulière, dotée de talents particuliers. La mise en pratique des principes de notre programme nous ouvre la voie afin que nous puissions faire jaillir nos talents.

Je serai reconnaissante de tout ce que je suis, de tout ce que j'ai. Et je me souviendrai : ce que je donne aujourd'hui à mes amies, il n'y a que moi qui puisse le donner.

On ne peut jamais payer en gratitude ; on peut seulement payer « en nature » à quelque moment de sa vie.

— *Anne Morrow Lindbergh*

La vie est une série de paiements. L'expression connue « ce qu'on fait pour autrui nous sera rendu » est une vérité qui gouverne chacune de nos vies. En tant que femmes et membres de la famille humaine, nous avons reçu des « paiements » inédits de la part d'autrui. Parfois, le paiement ne correspondait pas à ce que nous aurions choisi pour nous-mêmes. Il faut un certain recul pour se rendre compte que les paiements sont pour notre bien. Et nous pouvons partager la bonté ; en fait, nous devons partager la bonté l'une avec l'autre. Si nous donnons à quelqu'un d'autre la joie qui nous est offerte, si nous donnons à quelqu'un d'autre la compréhension qui nous est accordée, si nous donnons à quelqu'un d'autre l'amitié qui nous est prodiguée, nous serons tout à fait prêtes à recevoir ces mêmes dons en nature.

Nous nous rencontrerons aujourd'hui pour effectuer des paiements. Je recevrai les vôtres avec joie.

Si vous voulez préserver l'intégrité de votre carac-
tère, vous ne pouvez vous abaisser à aucune bas-
sesse. Ce ne serait que plus facile de vous abaisser
la fois suivante.

— Katharine Hepburn

Nous comporter conformément aux désirs de Dieu semble, à première vue, si facile. Nous ne blessons jamais autrui intentionnellement, n'est-ce pas ? Vraiment ?... À quand la dernière fois où nous étions consumées de jalousie devant la chance ou l'allure d'une autre ? Nous est-il arrivé récemment de bouder par manque d'attention... ou peut-être de chercher noise à quelqu'un ?

Nous pouvons à compter de maintenant simplifier notre vie. Il n'y a qu'une seule route à suivre, qu'une décision à prendre, pour toute chose, et toutes les barrières seront levées, toute notre anxiété s'évanouira. Nous pouvons décider d'agir de bonne foi. Nous pouvons faire le silence en nous et laisser notre puissance supérieure diriger notre comportement, nos paroles, nos pensées.

Nous savons toutes, quand nous osons laisser régner notre nature spirituelle, quel est le geste qu'il faut poser dans chaque cas. Laisser Dieu choisir nos actes facilitera notre vie. Il n'y aura plus ni confusion obsessionnelle ni regrets. Il n'y aura plus d'immobilité suscitée par la crainte de commettre des erreurs.

Ma liberté est assurée quand je compte sur Dieu pour diriger mon comportement. Les embûches de la vie disparaissent. Aujourd'hui, j'irai de l'avant, en suivant la volonté de Dieu, et mon esprit s'en trouvera allégé.

Le son des trompettes ne marque pas les décisions importantes de notre vie. La destinée se fait connaître silencieusement.

—Agnes DeMille

Le jour qui vient nous offre des choix de toutes sortes — quelques-uns sont importants, plusieurs affecteront nos proches, d'autres, peu nombreux, auront une incidence profonde sur notre destinée. Cependant, aucun choix, aucune décision que nous prendrons, ne sera mauvais. Une certaine décision peut nous faire dévier légèrement de notre chemin, peut-être nous mener vers une voie sans issue, mais nous pouvons toujours revenir sur nos pas et faire un nouveau choix.

Quand nous faisons un choix, nous connaissons rarement sa gravité. Seul le recul révèle la sagesse d'un choix important. Néanmoins, tous les choix revêtent une certaine importance dans l'ensemble de notre vie. Et, par le fait même, aucun choix n'est tout-puissant pour ce qui est de notre destinée. Nous avons cent fois la chance de faire les bons choix, ceux qui contribueront au grand dessein de nos vies.

Je n'ai pas à m'inquiéter des occasions de décider qu'aujourd'hui m'apportera. J'écouterai les personnes qui m'entourent. Je chercherai conseil dans les messages qui me seront adressés. Aujourd'hui, je ferai les choix qui s'imposent.

Vous devez accomplir la chose que vous pensiez ne jamais pouvoir accomplir.

— *Eleanor Roosevelt*

Comment pouvons-nous faire ce qui nous semble impossible ? Suivre un cours, quitter un emploi, abandonner une relation destructrice, lancer un appel à l'aide ; nous ne pouvons faire seules ni avec facilité aucune de ces choses. Elles deviennent toutes possibles quand nous nous reposons sur l'aide que nous offre le programme, l'aide d'autrui, l'aide promise par notre puissance supérieure. S'attaquer, avec l'aide de Dieu, à une chose qui semble impossible la rend plus abordable. Le pouvoir que nos craintes lui ont accordé s'en trouve diminué.

Ce que nous craignons augmente à la mesure de notre obsession. Plus nous craignons une chose, plus elle prend de l'importance, ce qui augmente en retour notre crainte. Nous avons la chance que Dieu attende notre appel pour nous donner le courage et la présence promise ! C'est un partenariat complet, quotidien, nous n'avons qu'à le reconnaître. Nous pouvons atteindre et surmonter n'importe quoi. La confiance en notre partenariat devient d'ailleurs un avantage supplémentaire. Nous constatons bientôt que l'on peut faire face à toutes les situations, survivre à toutes les expériences. L'évasion n'est plus notre technique de survie.

Une profonde inspiration invite ma force intérieure à me parcourir toute entière. Je sentirai l'euphorie inhérente à la puissance de Dieu. Et je connaîtrai l'exaltation de la croissance et de la paix.

Une chose est certaine, nous ne pouvons jamais revenir en arrière.

— *Daphné DuMaurier*

Hier n'est plus, mais ses expériences se refléteront dans celles d'aujourd'hui. Nous avons appris des situations d'hier, bonnes ou mauvaises. De la même manière, notre cheminement d'aujourd'hui influera sur la direction de demain. Nous ne pouvons refaire ce qui a déjà été fait, mais nous pouvons, dès maintenant, assimiler de façon positive tout ce que la vie nous offre.

Chaque expérience nous permet d'atteindre une meilleure compréhension des mystères de la vie. Au fil de la journée, nous serons touchées par diverses aventures. Ce que nous vivons nous appartient en propre et contribue au dévoilement du destin spécial qui nous est réservé. Nous marchons vers l'avant, uniquement vers l'avant. Les portes fermées derrière nous le sont pour toujours.

Affronter ce qui vient vers nous, avec courage, est un don que le programme nous fait partager. Lâcher prise sur les jours passés, les années passées, est un autre don du programme. Et croire que ce que nous affrontons, tout comme ce que nous abandonnons, tissera la trame de ce qui nous revient de droit — voilà le don ultime du programme.

Je n'ai plus jamais besoin de revenir en arrière. Cela m'est épargné. Mon destin repose dans l'avenir. Je peux être certaine qu'il m'apportera tout ce que je désire et même plus.

La tolérance est le plus grand don de l'esprit.
— *Helen Keller*

Affronter des conditions que nous voudrions modifier, quitter des personnes que nous souhaiterions différentes, cela demande de la maturité, de la patience et de la tolérance. Nous avons trop souvent tendance à penser que nous serions plus heureuses « s'il pouvait changer », ou « si j'avais un meilleur emploi », ou « si les enfants voulaient bien s'assagir ». Or, nous portons constamment en nous la semence du bonheur. Apprendre la tolérance en tout temps alimentera cette semence.

L'intolérance, l'impatience, la dépression — de fait toute attitude négative — créent une accoutumance. Nombre d'entre nous, dans ce groupe de soutien, continuent à se battre contre les habitudes qu'elles ont acquises. Les mauvaises habitudes doivent céder la place à des habitudes nouvelles et meilleures. Nous pouvons adopter un nouveau comportement, un qui nous fait plaisir, comme sourire à toutes les personnes inconnues dans une file d'attente. Nous pouvons le faire pour toutes les files d'attente. Nous en ferons une bonne habitude.

La tolérance envers les autres ouvre de nombreuses portes, pour elles et pour nous. Elle nourrit l'âme, la nôtre et la leur. Elle engendre le bonheur. Nous qui partageons ces Étapes avons beaucoup de chance. Nous apprenons l'amour, à le donner comme à le recevoir.

Il y a tant d'yeux dans lesquels je plongerai mon regard aujourd'hui qui ne connaissent pas l'amour. Je leur en donnerai avec une tolérance inconditionnelle. C'est un don que je me fais, à moi et aux autres.

Je veux danser toujours, faire le bien et non le mal, et quand tout sera terminé, ne pas avoir le sentiment que j'aurais pu faire mieux.

— *Ruth St-Denis*

Dans la vie, nos désirs peuvent être simples ou complexes. Ils peuvent encore être confus dans notre esprit, mais avec un peu de patience la clarté viendra. Dieu arrive à nous donner une « secousse intérieure » quand une certaine direction s'impose. Nous avons la responsabilité de suivre cette poussée et d'y faire entièrement confiance. Nous jetons trop souvent un regard rempli de regrets sur notre vie passée. Ce qui est fait est fait. Nous avons tiré des leçons de nos erreurs. Chaque jour est un nouveau départ. Et nous pouvons terminer chaque journée sans regrets quand nous avons agi selon notre conscience, cette « secousse intérieure » qui nous fait signe.

Des occasions se présenteront aujourd'hui. Des occasions qui seront bonnes ou mauvaises. Des occasions de faire des choix qui nous rendront heureuses ou malheureuses à la fin de la journée. Un grand nombre de nos choix nous rapprocheront de la satisfaction, du contentement que nous cherchons toutes en tant que femmes, en tant qu'êtres humains. Nous ne devrions pas craindre d'arriver à la fin de la vie et souhaiter avoir fait plus ou mieux. Si nous vivons chaque jour en bonne conscience, attendons la secousse et y répondons, nous sommes assurées de vivre une vie bien remplie.

Mon ego peut entraver la secousse, si je le laisse faire. Ou, je peux avoir confiance.

La beauté du monde comporte deux volets qui séparent le cœur en deux, un fait de rire et l'autre d'angoisse.

— Virginia Woolf

Nous sommes indubitablement plus familières avec l'angoisse qu'avec la beauté du rire. Nos échecs nous angoissent ; nos pertes nous angoissent ; nos tentatives de réussite nous angoissent.

L'angoisse surgit de la peur. Et nous souhaitons tellement y échapper. Toutefois, elle nous imprègne comme femmes. Elle nous enrichit même si elle semble nous diminuer momentanément. C'est une contribution importante à la somme et à la substance de notre vie. L'angoisse que nous vivons nous prépare à aider les autres à affronter leur propre angoisse.

Nous devons aussi savourer et partager notre rire. Et le rire entraîne le rire. Le rire donne une perspective à notre angoisse. La vie est rendue plus riche, plus pleine par le flux et le reflux, par le rire et l'angoisse à l'unisson.

Si seulement nous pouvions nous rappeler, quand l'angoisse est présente, qu'elle rend notre esprit entier. Qu'avec le rire, elle guérit l'âme. Qu'elle nous soulage de notre fardeau en même temps qu'elle nous afflige. Qu'elle nous prépare à mieux recevoir les autres présents de la vie.

Je peux aider une autre personne à affronter l'angoisse. Elle nous rapproche. Elle m'adoucit. Et elle fait place au rire qui viendra bientôt.

Il suffit de revendiquer les événements de votre vie pour vous rendre à vous-mêmes.
— *Florida Scott-Maxwell*

La recherche est en cours. Toutes, à un moment ou à un autre, nous nous demandons : « Qui suis-je ? » Des femmes comme nous-mêmes avons la chance d'avoir ce programme. Il nous indique la voie de la découverte de soi-même. Il mène nos pas vers la célébration de nous-mêmes, ce qui est un don du « recovery »*. Les événements de notre passé peuvent nous tourmenter, mais ils ont contribué à la plénitude que nous ressentons aujourd'hui. Et nous pouvons être reconnaissantes de leur contribution à la personne que nous sommes devenues.

Se revendiquer soi-même, le bon comme le mauvais, mène à la guérison. C'est assumer la responsabilité de ce que nous étions et de ce que nous voulons être. Nous assumer nous fait participer activement à notre vie. Les choix sont nombreux et variés. Nos pouvons aussi choisir de ne pas participer activement à notre vie. La passivité peut avoir été notre principal choix au cours des années passées. Or maintenant, aujourd'hui, nous choisissons de nous rétablir. Nous choisissons les gestes qui guérissent et, comme résultat, nous gagnons l'intégrité de notre personne.

Le fait de m'assumer me vivifiera. Il me rendra l'espoir. Il me préparera pour tout ce qui vient. Je connaîtrai une joie nouvelle.

---

* Voir la « Note de l'éditeur français » au début du livre.

Le bonheur est le sous-produit de l'effort que l'on consacre à rendre quelqu'un heureux.
— *Gretta Brooker Palmer*

Nous nous sommes évertuées à trouver le bonheur, généralement de manière égoïste. Nous attendions des autres qu'elles nous accordent leur attention, par exemple. Ou nous avons attendu les invitations ou les cadeaux. Nous avons tenté d'acheter le bonheur en nous procurant une nouvelle robe ou des nouveaux souliers. Nous avons obtenu quelques brefs moments de bonheur, sans plus. Nous avons été très tôt à nouveau insatisfaites. Alors nous avons repris la recherche.

Les choses ont changé pour certaines d'entre nous. Nous apprenons, lentement peut-être, comment trouver un bonheur plus permanent. Nous savons maintenant que le bonheur qui découle de l'acquisition nous échappe. *Donner* aux autres, accorder de l'attention, partager l'espoir, partager notre histoire, écouter la leur, voilà la clé de la découverte du bonheur que nous cherchons depuis si longtemps. Nous devons sortir de nous-mêmes et nous concentrer sur la joie ou la peine de quelqu'un d'autre. Alors seulement aurons-nous une idée claire de la personne que nous sommes et du rôle que nous devons jouer dans la vie des autres, de toutes ces personnes qui ont besoin de notre attention et dont nous devons aussi entendre le message.

La puissance créatrice que je ressens doit être reconnue. Me pencher attentivement sur une autre personne, écouter intensément le frémissement en elle fera naître la joie. Je serai en contact avec ma propre puissance créatrice, un plaisir durable et non un moment de bonheur passager.

Être seule et me sentir vulnérable. Comme deux thèmes distincts, ces deux parties de moi-même s'unissent en moi et ensemencent mon besoin d'amour inconditionnel.

— Mary Casey

Qu'il est facile de douter de soi-même, en croyant être incapable ou peu attachante. Qu'il est courant de chercher sur les visages de nos amies et de nos amants l'affirmation et l'amour.

L'aliénation de nous-mêmes, des unes des autres, de l'Esprit de Dieu qui existe partout, est la source de notre mécontentement. C'est notre mécontentement. Quand les âmes se touchent, l'amour naît, l'amour de soi et l'amour de l'autre. Notre solitude tient au fait que nous érigeons des barrières qui nous isolent de nos amies, de notre famille. Or, nous pouvons franchir ou contourner les barrières pour offrir de l'amour, pour recevoir de l'amour.

Le « recovery »[*] nous donne les outils pour aimer, mais nous devons oser les prendre en main. Écouter les autres et partager avec eux est la meilleure façon d'amorcer le processus d'amour. Risquer d'offrir de l'amour avant d'en recevoir nous libérera de la recherche continuelle de l'amour sur le visage des autres.

Je n'attendrai pas d'être aimée aujourd'hui. J'aimerai quelqu'un d'autre, pleinement. Je ne douterai pas que je suis aussi aimée. Je sentirai l'amour. Je trouverai l'amour inconditionnel.

---

[*] Voir la « Note de l'éditeur français » au début du livre.

La nuit la plus épuisante et le jour le plus long auront forcément une fin, tôt ou tard.
— *Baronne Orczy*

Les moments difficiles de notre vie ont une fin. Et peu importe la profondeur de notre agitation, nous survivrons. Nous avons tendance à oublier que les bas nous enseignent à mieux apprécier les hauts.

Le chagrin augmente la joie. La dépression accroît le rire. Nous ne connaîtrions ni la joie ni le rire sans le chagrin. C'est en eux que nous apprenons la patience, que nous attendons la sagesse qui éclairera notre chemin. C'est en eux que nous apprenons à écouter les conseils qui nous aident à aller de l'avant.

Nous devons réfléchir sur les expériences difficiles que nous avons traversées récemment. Elles nous ont assagies, elles nous ont donné du courage. Elles nous ont changées, nous ont rapprochées des femmes complètes et heureuses que nous souhaitons être.

Les difficultés précèdent souvent la lumière. Elles nous ramènent en nous-mêmes, nous poussent peut-être à chercher notre lien avec Dieu, un lien issu du coeur. Le paradoxe, c'est que ces moments difficiles renforcent notre unité avec l'Esprit.

Si le jour semble terne, je l'accepterai comme une main qui se tend vers moi, pour m'attirer, pour assurer ma place au sein de la famille spirituelle.

... On m'a enseigné que le chemin du progrès n'est ni rapide ni facile.

— *Marie Curie*

Nous cherchons le progrès et non pas la perfection ; toutefois, nous sommes souvent perdues entre les deux ou les confondons. S'attendre à la perfection, au moment même où nous commençons à apprendre, est une affliction familière. Quand nous acceptons notre humanité, nous faisons place aux erreurs qui font partie du processus normal de vie et d'apprentissage — un processus que nous appelons le progrès.

Notre besoin de perfection diminuera avec le temps. Et nous pouvons nous aider à perdre de vieilles habitudes. La perfection et l'estime de soi ne sont pas symbiotiques, sauf dans notre esprit. Et cette symbiose nous a causé un préjudice grave. Pour modifier les anciens schèmes de pensée, il faut un engagement. Nous devons d'abord décider et croire que nous sommes précieuses, simplement parce que nous le sommes. Il n'y a qu'une personne comme nous ; nous avons un don particulier à offrir au monde. Et notre être est parfait tel qu'il est. Répéter cette affirmation est un commencement. Toutefois, dans ce cas aussi, le progrès sera lent ; la perfection exige qu'on y travaille, non qu'on l'atteigne.

Les motifs que je tisse avec ma vie sont complexes, remplis de détails et de noeuds compliqués. Je dois progresser lentement, un point à la fois. Avec le recul, je verrai que peu importe le progrès, il convenait parfaitement au plan d'ensemble.

Mars

Quel curieux motif tisse la navette de la vie !
— *Frances Marion*

Chaque expérience vécue joue un rôle dans le portrait global de nos vies. Les étapes que nous avons franchies, le chemin que nous parcourons aujourd'hui et la direction de demain ne sont pas imputables à la chance. Il y a un modèle établi. Nous avons toutes une destinée. Nous avons sans doute quitté la route autrefois et nous le ferons peut-être encore, mais nous y serons toutefois ramenées. Nos chemins se croisent, aucune de nous ne voyage seule. Nous sommes entourées par les autres et par la force créatrice qui tient la barre.

Quand nous regardons autour de nous et réfléchissons à l'influence de nos proches sur notre vie, nous prenons conscience que notre présence affecte aussi leur vie. La plupart d'entre nous n'aurions jamais pu prédire les événements qui nous ont influencées. Pas plus que nous pourrions savoir ce que l'avenir nous réserve. Cependant, nous pouvons avoir la certitude que nous sommes en sécurité ; une puissance supérieure orchestre notre vie.

Nous avons parfois craint de ne pas survivre à une expérience. Peut-être avons-nous encore des craintes devant les nouvelles expériences. Pourtant toute expérience ajoute un fil indispensable au motif que tisse notre vie. Nous avons le don de la réflexion. Nous pouvons comprendre aujourd'hui l'importance de certains événements de notre passé. Le mois prochain, l'an prochain, nous comprendrons de quoi était fait aujourd'hui.

Je prendrai plaisir à la richesse d'aujourd'hui. Ma vie tisse un motif compliqué et nécessaire, qui m'appartient en propre.

Nous avons toutes du talent. Le courage de suivre
le talent jusqu'à l'inconnu est plus rare.

— *Erica Jong*

Il fut un temps où nous ne croyions pas posséder le moindre talent. Nous ne pouvions imaginer quelle utilité ou quel talent nous avions à offrir au monde. C'est pourtant vrai : nous avons toutes des talents et ils sont nombreux. Si nous n'avons pas encore découvert les nôtres, cela ne tardera pas. Avec le temps, l'aide des Étapes et celle des amies, nous serons encouragées à les reconnaître, à les célébrer, à les cultiver, à oser les distribuer.

L'exploitation maximale de nos talents, qui fait partie du vaste plan de la vie, peut nous mener vers de nouveaux emplois, de nouveaux amis, des lieux inconnus. La perspective de nouveaux horizons peut nous exciter. Elle peut aussi engendrer la peur. Nous pouvons compter que, comme nous ne rencontrerons jamais de problèmes trop difficiles pour être surmontés, nous n'avons pas reçu de talents qui ne puissent être développés. La force d'avancer sera toujours disponible si nous avons la foi. Et le programme nous offre la foi.

Aujourd'hui, je chercherai mes talents. Je chercherai aussi les talents chez mes amies. Je peux les célébrer et bientôt la façon de les exploiter deviendra claire.

La plupart des enfants entendent ce que vous dites ; quelques enfants font ce que vous dites ; mais tous les enfants font ce que vous faites.
— *Kathleen Casey Theisen*

Nous sommes des modèles pour de nombreuses personnes : nos enfants, nos collègues, les autres femmes du programme. Les Douze Étapes nous encouragent à donner le bon exemple à toute personne susceptible de nous regarder. Vivre une vie de principes demande de la pratique, il faut espérer le progrès et non la perfection.

L'abstinence nous offre un nouvel ensemble d'outils pour modeler notre comportement. Nous ne devons plus regretter les gestes posés hier ou la semaine dernière. Nous apprenons à contrôler nos actions et, ce qui est encore plus important, à définir nos valeurs. En retour, elles influencent nos faits et nos dires.

Pour donner des réponses réfléchies aux situations que nous rencontrons, il faut une attention consciente devant ces événements. Il faut peut-être nous rappeler que notre comportement reflète constamment la personne que nous sommes, nos valeurs et notre perception des personnes qui nous entourent. Nous toutes, consciemment ou non, imitons les modèles de comportement des personnes que nous admirons. Malheureusement, nous imitons parfois aussi des comportements inappropriés.

Il y a des personnes qui nous accordent leur attention. L'occasion d'imiter des comportements appropriés nous attend.

Certaines suivront mon exemple. Je dois avancer en douceur, humblement et avec amour.

Il est bon de cheminer vers un but ; mais c'est
souvent le cheminement qui compte, à la fin.
                              — Ursula K. LeGuin

Les objectifs donnent une orientation à notre vie.
Nous devons savoir qui nous sommes et où nous voulons
nous rendre. Or, le voyage même ainsi que les étapes que
nous franchissons nous apportent une satisfaction quotidienne, instant par instant — l'accomplissement, si seulement nous nous en rendions compte. Trop souvent nous
entrevoyons la fin, plutôt que la démarche — le quotidien
qui rend la fin possible.

Nous pensons souvent : « Quand j'aurai terminé mes
études, je me sentirai plus forte. » Ou : « Quand mon di-
vorce sera final, je pourrai retourner au travail. » Ou
même : « Quand j'obtiendrai cette promotion, mes problèmes seront réglés. » La vie commencera « quand », ou
du moins c'est ce qu'il nous semble. Et quand cette attitude contrôle notre pensée, nous laissons l'occasion de
vivre nous filer entre les doigts.

Lorsque nous revenons en arrière sur les objectifs que
nous avons déjà atteints, nous constatons qu'une décep-
tion suit aussitôt la fin d'un travail bien fait. Et comme il
est triste de voir que les heures, les jours, les semaines et
même les mois pendant lesquels nous avons tant travaillé
se sont écoulés sans avoir vraiment été tout ce qu'ils
auraient pu être.

Je n'oublierai pas que chaque jour, chaque instant, je peux
me centrer sur Dieu et être joyeuse. Le but que je m'efforce
d'atteindre comportera un bienfait spécial ; il offrira à la
personne qui grandit en moi un plaisir supplémentaire, si
je me suis consacrée autant au voyage qu'à sa fin.

L'amour, comme la prière, est un pouvoir aussi bien qu'une démarche. Il est curatif. Il est créateur.
— *Zona Gale*

L'expression de l'amour nous adoucit ainsi que ceux que nous aimons. Elle ouvre une voie de communication entre nous. Elle invite une réponse intime qui réduit l'écart entre nous.

Il est bon d'exprimer l'amour, que ce soit par un sourire, une caresse ou une prière. Il renforce notre sentiment d'être vivantes. Reconnaître la présence de l'autre signifie que nous aussi sommes reconnues. Chacune de nous connaît bien la sensation d'être oubliée, ou d'être tenue pour acquise, or la reconnaissance nous assure toutes qu'on ne nous a pas oubliées.

Savoir que nous sommes aimées peut nous porter à accomplir les choses qui nous font peur. L'amour nous incite à foncer et nous pouvons aussi soutenir les autres dans leur charge. Nous savons que si nous échouons, nous avons quelqu'un vers qui nous tourner.

L'amour guérit. Il renforce, nous rendant courageuses à la fois quand nous le recevons et quand nous le donnons. Savoir que nous sommes aimées confère à notre existence un caractère spécial. C'est affirmer que nous détenons une importance dans la vie d'une autre personne. Nous devons honorer nos amies en les assurant, elles aussi, de leur caractère spécial.

———

J'ai besoin des autres. J'ai besoin de renforcer mes appuis, mes liens avec les autres pour la sécurité, voire le succès de chacune de nous. Aujourd'hui, je peux exprimer mon amour et convaincre mes proches que j'ai besoin d'eux. Alors nous nous sentirons remplis d'une vie nouvelle.

La vie est faite de désirs qui semblent grands et essentiels à un certain moment, petits et absurdes l'instant d'après. À la fin, je crois que nous obtenons ce qui nous convient.

— Alice Caldwell Rice

On dit souvent que nous obtiendrons ce qui nous tient « vraiment » à coeur. Quand plusieurs de nos désirs ne sont pas réalisés, peut-être devrions-nous nous en féliciter. Les besoins qui en définitive ne sont pas pour notre bien peuvent ouvrir la voie à de nombreuses expériences inutiles et pénibles.

Combien de fois nous assoyons-nous, souhaitant un meilleur emploi, une relation amoureuse meilleure, des prévisions atmosphériques différentes. Nous tirons rarement avantage de ce qui est à notre portée, ne nous rendant pas compte que ce qui est en ce moment même, c'est le coup d'envoi du prochain acte de la dramatique de nos vies.

Nous n'avons devant nous qu'une image restreinte. Il ne nous est pas possible de connaître juste ce qu'il faut pour parcourir le chemin qui nous attend. Nos désirs, s'ils sont purs, nous mèneront à bon port. Ils sont inspirés. Cependant, les désirs motivés par notre égoïsme nous égareront. Souvent, par le passé, nous n'avons pas renoncé à ces désirs. Et nous en gardons des souvenirs pénibles.

Me conformer à la volonté de Dieu est mon désir le plus fécond. C'est aussi ce qui me convient le mieux ; par conséquent, c'est ce dont j'ai besoin. Tout fonctionne pour le mieux quand je laisse ma puissance supérieure déterminer mes désirs.

Les parents peuvent seulement donner de bons conseils à leurs enfants ou les mettre dans le droit chemin, mais chacun est responsable de la formation finale de son propre caractère.

— *Anne Frank*

Nous devons nous assumer nous-mêmes, assumer la personne que nous devenons et la manière dont nous vivons chaque journée. La tentation de rejeter le blâme sur les autres sera peut-être toujours présente. Et une grande partie de notre passé se calcule en journées, voire en années, perdues parce que nous tenions quelqu'un d'autre responsable du malheur de notre vie.

Nous avons peut-être blâmé nos parents de ne pas nous avoir aimées suffisamment. Nous avons peut-être fait porter la croix à nos maris. D'autres personnes ont eu un effet sur nous, c'est vrai. Pourtant, nous avons choisi, vous et moi, de les laisser nous contrôler, nous écraser, nous couvrir de honte. Nous avions toujours d'autres options, mais nous ne les avons pas choisies.

Aujourd'hui est un autre jour. Le processus de changement que nous avons entrepris a élargi nos options. Nous apprenons qui nous sommes et comment nous voulons vivre notre vie. Il est excitant de savoir que nous pouvons, vous et moi, donner une saveur spéciale au jour qui s'écoule. Nous pouvons répondre à nos propres besoins. Nous pouvons, maintenant, baliser le tracé de notre route. Les jours de passivité sont terminés si, à compter d'aujourd'hui, nous décidons d'aller de l'avant.

Je ferai attention à cette journée. Chaque jour est un nouveau départ.

Créer, c'est mystifier l'esprit et transformer l'humeur. Une fois que l'envie surgit, elle maintient sa propre allure. Nous pouvons suivre le mouvement, mais quand nous tentons de tenir la barre, la force d'impulsion s'éteint.

— *Sue Atchley Ebaugh*

Un sentiment de bien-être spirituel nous réchauffe quand nous pensons aux autres, quand nous nous écartons de notre ego obsessif, quand nous laissons nos désirs purs et sans entrave diriger nos pensées et nos pas. Notre ego nous emprisonne dans de vieux comportements, dans de vieilles craintes. L'ego lutte par pulsion d'autoconservation ; malheureusement, c'est notre moi ancien et malsain que notre ego tente de préserver.

Les Étapes nous permettent de nous débarrasser du bagage accumulé au fil du temps, bagage qui s'immisce dans notre perception des événements d'aujourd'hui. Les Étapes préparent le terrain afin que nous puissions avancer en toute responsabilité.

Vivre avec créativité, c'est vivre au plus fort du courant, en toute confiance, en se mouvant spontanément avec le courant, sans le contrôler. Nous sommes remplies de l'Esprit quand nous nous laissons emporter, sans résistance, sans doute. Et nous découvrirons nos plus grandes contributions quand notre ego prendra un peu de répit.

Ma créativité attend ma découverte. Elle est là. Je la libérerai de l'emprise de mon ego.

*Je veux que vous vous excitiez à la pensée de la
personne que vous êtes, de ce que vous êtes, de ce
que vous avez et de ce qui est encore possible. Je
veux vous insuffler la conviction que vous pouvez
vous rendre encore bien plus loin.*

— Virginia Satir

La décision d'entreprendre un programme de « recovery »* était la première étape. Cette décision signifiait
que nous voulions nous dépasser. Nous voulions quelque
chose de mieux pour nous. Et parfois, pendant des moments passagers, nous avons éprouvé de l'excitation devant ce que nous étions et devant notre perspective d'une
vie meilleure.

L'excitation et l'inspiration vont et viennent ; elles
sont rarement stationnaires. Nous pouvons activement
créer l'excitation et l'inspiration. Nous ne sommes pas
tenues d'attendre qu'elles se manifestent. C'est un des
choix que nous avons en tant qu'êtres humains, en tant
que femmes.

Attendre patiemment « la belle vie » fait partie du
comportement passé. Aujourd'hui et chaque jour, nous
pouvons viser un but à atteindre — nous pouvons franchir
une étape, ou deux, vers ce but. Le progrès est là, il suffit
de le réaliser — le succès est là, il suffit de le saisir.

Peu importe ce que notre coeur désire, nous pouvons
viser ce but. Nous sommes ce qu'il nous faut être. Nous
avons ce qui nous est nécessaire pour progresser.

*Aujourd'hui, je me laisserai encourager par mon excitation
devant les possibilités que m'offre la vie.*

---

* Voir la « Note de l'éditeur français » au début du livre.

*Il est plus sain de voir les qualités des autres que
d'analyser nos propres défauts.*

— *Françoise Sagan*

Chercher le bien chez les autres est bon pour l'âme.
L'estime de soi et l'amour de soi grandissent chaque fois
que nous reconnaissons ouvertement les admirables qualités d'autrui. Nous sommes toutes habituées à nous com-
parer aux autres, nous attardant sur le fait que nous ne
sommes pas à la hauteur (telle femme est plus jolie, plus
mince, plus intelligente, a un plus grand sens de l'humour, attire davantage les gens et ainsi de suite). Et nous
subissons la comparaison avec un sentiment d'insuffi-
sance générale et de froideur envers l'autre femme.

C'est une vérité spirituelle que notre propre image se
trouvera améliorée par l'amour que nous portons aux autres et les éloges que nous leur faisons. Ils déteindront sur
nous pour ainsi dire. Une image améliorée dissipe tous les
défauts qu'on peut avoir imaginés.

Les louanges adoucissent. Les critiques endurcissent.
Nous pouvons toutes devenir ce que nous voulons devenir.
Nous attirons plus facilement l'amour d'autrui lorsque
nous distribuons volontiers l'amour et les louanges. Nous
avons l'occasion d'aider les autres en nous aidant nous-
mêmes à grandir dans l'amour de soi, qui est essentiel
pour nous permettre de bien vivre chaque jour.

---

*Aujourd'hui, je verrai les qualités des autres. Et je leur
distribuerai des louanges.*

L'influence d'un caractère empreint de beauté, de serviabilité et d'espoir est contagieuse et peut révolutionner toute une ville.

— Eleanor H. Porter

Nous avons rencontré certaines personnes qui suscitaient le rire, l'espoir ou le changement en nous ou chez nos proches. Nous avons hâte de les revoir. Nous les quittons en croyant en nous-mêmes, conscientes de pouvoir nous attaquer à tous les problèmes qui nous immobilisaient. Nous n'avons qu'à nous donner la peine de prendre, nous aussi, ce don spécial d'inspiration. L'inspiration vient de Dieu.

Nous pouvons compter sur Dieu pour nous accorder la force dont nous avons besoin. Elle viendra. Nous pouvons aussi Lui demander de nous indiquer le chemin, les étapes qu'il faut franchir aujourd'hui. Et puis attendre. Ces personnes qui nous inspirent ont établi un lien solide avec Dieu. Et c'est ce lien émanant d'eux qui nous inspire.

Nous pouvons prendre quelques minutes aujourd'hui, avant d'être débordées, pour tisser notre lien avec notre puissance supérieure. Quand ce lien sera solide, nous n'aurons pas à attendre l'inspiration des autres pour mettre nos plans à exécution. L'inspiration vivra en nous et nous incitera à avancer. Notre chemin sera éclairé.

Je méditerai sur cette pensée. Le contact conscient avec Dieu est à une prière près. Ma vie en sera plus éclairée. Mon fardeau sera allégé. Mes espoirs deviendront des réalités, chaque fois que je m'en remettrai à Dieu pour trouver le don d'inspiration.

L'amour n'est pas de s'approprier, mais de donner.
C'est un sacrifice. Et le sacrifice est merveilleux.
— Joanna Field

Comme nous confondons facilement attention et amour. Il est encore plus facile de se faire croire que notre habileté à contrôler l'autre correspond à de l'amour — particulièrement au sien envers nous. Or, l'amour est très différent de l'attention ou du contrôle. Très différent.

L'amour libère les autres de notre emprise et les laisse revenir de leur plein gré. L'amour, c'est faire passer les besoins de l'autre avant les nôtres, sans regret. L'amour est désintéressé et, pourtant, il vivifie le moi. Le don d'amour nous adoucit, nous rend complètes et nous lie aux personnes avec lesquelles nous accomplissons notre destinée.

Le désir d'amour est humain, il ne faut pas le renier. Nous recevrons assurément de l'amour et ce, moins nous chercherons à l'obtenir et plus nous chercherons à le donner. Nous invitons l'amour quand nous le donnons librement et honnêtement. Une autre invitation à l'amour vient de notre amour pour nous-mêmes ; la haine de soi, qui nous a emprisonnées pendant des années, ne nous entrave plus.

L'amour nous inspire — nous-mêmes ainsi que les personnes à qui nous le donnons. Il éclaire notre chemin, allège notre fardeau et rend possible notre juste épanouissement.

Aujourd'hui, je ne chercherai pas l'amour. Je le donnerai seulement. Il me sera rendu au centuple.

Les humains ont besoin de joie. Presque autant que de vêtements. Pour quelques-uns d'entre eux, c'est même encore plus nécessaire.
— *Margaret Collier Graham*

La vie n'est pas sans douleur ni labeur. L'une comme l'autre sont nécessaires à la nouvelle prise de conscience qui stimule la croissance. Et le don de la croissance est joie. La douleur et la joie sont donc intimement liées. Toutefois, il est possible de ne ressentir que le fardeau de la douleur et pas l'euphorie de la joie.

Avant de demander de l'aide pour changer notre vie, nombre d'entre nous étaient lourdement accablées de douleur. Nous n'étions cependant pas en mesure de nous ouvrir à la connaissance que cette douleur rendait possible. Nous étions emportées par la routine, accumulant les expériences difficiles à chaque pas, incapables de saisir la joie pourtant toujours présente.

Nous pouvons espérer. La joie nous attend chaque jour. Nous devons lui ouvrir nos yeux, comme nous devons ouvrir nos coeurs les unes aux autres. Nous devons souhaiter détacher les couches de douleur pour en exposer le coeur, la semence de joie. Et la joie est nécessaire dans nos vies, aussi sûrement que le sont le repos et une bonne alimentation. Nous avons besoin du coeur léger qu'engendre la joie pour avoir une meilleure perspective sur les nombreuses expériences que nous allons vivre aujourd'hui et chaque jour.

La mise en application des principes du programme m'a donné ce nouveau choix. Il m'assure que chaque fardeau sera moins lourd. Je sais maintenant et je saurai pour toujours que la joie est inhérente à chaque expérience.

L'enfant est presque un symbole universel de la
transformation de l'âme. L'enfant est entier, sans
partage... quand nous voudrons guérir l'esprit...
demandons à cet enfant de nous parler.

— *Susan Griffin*

Y a-t-il déjà eu un temps où nous ne nous sentions pas séparées de nous-mêmes ? Parfois, nous avons un aperçu de ce que serait cette intégralité spirituelle, mais la plupart du temps nous luttons contre des sentiments de conflit, d'inégalité, de division du coeur. « L'enfant » est peut-être une métaphore pour un guide spirituel, comme notre propre puissance supérieure, qui peut nous aider sur le chemin de l'acceptation de soi.

L'auteure Ashleigh Brilliant écrit « je ne suis pas parfaite, mais certaines parties de moi sont excellentes ». Si cette fière et amusante fanfaronnade peut nous rendre heureuses alors, peut-être, pouvons-nous cesser de faire le procès de nos imperfections. Si nous nous arrêtons sur nos impulsions contradictoires, nous leur accordons trop d'importance, trop de pouvoir.

Laissez-moi m'en remettre à mes visions momentanées
d'harmonie et d'intégralité, reconnaissante de la richesse
de mon esprit.

La flatterie nous est si nécessaire que nous la se-
mons à tout vent pour la récolter en retour.
— *Marjorie Bowen*

Nous méritons toutes l'amour inconditionnel et l'acceptation. Et toutes les personnes de notre vie, passée et présente, méritent aussi notre amour inconditionnel et notre acceptation. Toutefois, il est douteux que nous éprouvions ces sentiments en permanence, qu'ils proviennent des autres ou que nous les donnions nous-mêmes.

Il est humain de chercher l'erreur, d'avoir des attentes qui sont trop élevées. Nous en payons toutefois le prix. Plutôt que de vivre notre vie avec sérénité et contentement, en appréciant ce qu'elle nous offre, nous émettons des critiques, des jugements et nous ressentons souvent du mécontentement tout au long de la journée. Quel gaspillage ! Heureusement, nous avons d'autres choix. Nous pouvons lâcher prise et laisser faire Dieu, vivre et laisser vivre. Nous pouvons aussi nous rappeler, aujourd'hui et tous les jours, que, dans ce monde, nous sommes des personnes spéciales que le Créateur aime sans détour.

La plus grande contribution que nous puissions faire à la vie d'autrui est l'affirmation de nos sentiments. Nous pouvons faire savoir à notre conjoint, à nos enfants et à nos amies que nous nous soucions d'eux, que nous les aimons et les acceptons. L'amour que nous désirons ardemment nous reviendra. Nous tressaillons de joie quand on nous affirme des sentiments. Et nous tressaillirons en affirmant les nôtres.

Il est bon d'aider autrui à se sentir apprécié. L'amour et l'acceptation sont ma ligne de sauvetage, que Dieu tend à nous toutes.

On ne peut connaître d'intimité véritable avec un autre être humain que si on a d'abord trouvé la véritable paix intérieure.

— Angela L. Wozniak

Intimité veut dire divulgation, la révélation complète de nous-mêmes à une autre personne. Sans retenue. La mise à nu. Il y a, bien sûr, des risques : le rejet, la critique, peut-être le ridicule. Mais le bien-être que nous ressentons en nous-mêmes est directement proportionnel à la paix que nous connaissons maintenant.

Chaque jour où nous nous engageons dans le programme en Douze Étapes, nous trouvons un peu plus de paix. Chaque conversation avec notre puissance supérieure nous apporte un peu plus de sécurité. Chaque fois que nous concentrons notre attention sur les besoins d'autrui, nous sentons notre fardeau s'alléger.

La paix vient par étapes. À mesure que nous acceptons notre impuissance, ainsi notre paix s'approfondit. Nous tourner plus souvent vers une puissance supérieure fait fondre notre résistance devant la situation du moment. Nous pardonner quotidiennement, à nous-mêmes et aux autres, c'est augmenter notre appréciation de toute vie et mettre en valeur notre humilité. C'est là que se trouve la paix.

Nous sommes toutes une partie nécessaire de l'esprit créateur qui prédomine en ce monde. Nous avons les détails de notre vie bien en main. Nous pouvons être en paix. La femme que nous sommes est celle qu'il nous faut être.

L'intimité me permet d'aider quelqu'un d'autre à vivre une vie remplie et paisible. Aujourd'hui, je tendrai la main à quelqu'un.

La femme aimée a toujours du succès.

— *Vicki Baum*

Le fait d'être aimée et de le savoir nous assure de notre lien avec le monde extérieur, confirmant notre participation à un ensemble plus vaste. Et toutes, nous avons besoin de sentir que nous faisons le poids — que ce que nous disons ou faisons revêt une importance pour les autres — que nous apportons une contribution importante.

Toutefois, il nous arrive souvent de nous sentir rejetées. Et nous cherchons l'amour. Nous pouvons avoir quémandé l'amour sans jamais le ressentir. Nous avons probablement fait une recherche égoïste. Heureusement, le programme nous aide à aimer notre prochain ; le paradoxe tient à ce que l'amour nous est retourné au centuple.

Les merveilles de l'amour sont multiples. L'amour est un baume qui guérit les blessures. Il nourrit, tant la personne qui aime que celle qui est aimée. L'amour est un activiste : il nous incite à réussir au travail et au jeu. L'amour multiplie. Si nous ne nous sentons pas aimées, nous pouvons aimer quelqu'un d'autre — et l'amour viendra nous visiter aussi.

Nous pouvons aider les femmes de notre vie à trouver le succès qu'elles méritent. La confiance qui permet de s'attaquer aux nouvelles situations fait partie du don d'amour. Nous devons aider les autres à avoir de l'importance.

Mon amour pour l'autre est un facteur important de sa réussite. Sa gratitude aimante mettra en valeur mes propres entreprises. Aujourd'hui, je consacrerai un moment à une amie qui a besoin de mon amour.

Les gestes nobles et les bains chauds sont les meilleurs remèdes contre la dépression.

— Dodie Smith

La dépression se nourrit d'elle-même. Elle s'aggrave avec l'attention qu'on y porte, alors c'est à nous de choisir où diriger notre attention. Nous pouvons la porter sur une femme qui est près de nous, une femme qui lutte pour déterminer le cours de sa vie. Prêtons une oreille attentive. Ou, aujourd'hui, faisons l'exercice d'observer attentivement tous ceux que nous voyons sur la rue, hommes, femmes et enfants. En voyant leur expression, nous nous rendrons compte qu'ils souffrent sans doute, eux aussi.

Faire quelque chose pour quelqu'un d'autre atténuera nos problèmes, peu importe leur cause, et nous remontera effectivement le moral. La dépression devient une habitude, et il est difficile de se débarrasser des habitudes, si nuisibles soient-elles. Quand nous posons un geste, même infime, nous pouvons percevoir le changement : le geste qui profite à quelqu'un d'autre nous est aussi profitable.

La dépression s'aggrave avec l'apitoiement sur soi-même ; toutefois, il y a une place pour l'attention que nous nous consacrons et qui nous nourrit. Nous pouvons nous dorloter, mais il ne faut pas nous apitoyer sur notre sort. Le dorlotement reflète l'approbation, la tendresse et le respect de soi, trois attitudes incompatibles avec la dépression. Les soins attentifs et la dépression sont plus qu'incompatibles, ils sont incongruents.

La dépression doit être dorlotée pour se maintenir. Je peux la surmonter en tout temps. Aujourd'hui, je peux mettre autre chose que mes problèmes au centre de mes préoccupations et apprécier les résultats.

J'ai compris, il y a bien longtemps, qu'une conviction qui n'est pas issue d'émotions profondes n'est pas une véritable conviction.

— *Evelyn Scott*

Nous avons erré à droite et à gauche, sans trop savoir, pour la plupart, ce que nous croyions au sujet d'à peu près n'importe quelle situation, avant d'en arriver à ce programme. Peut-être croyions-nous ce qui nous convenait le mieux à l'époque, en raison des personnes qui nous entouraient. Et peut-être franchissions-nous la barrière en vitesse quand la situation changeait. On parlait parfois des valeurs, sans les définir et certainement sans y adhérer.

Il est difficile de développer un fort sentiment intérieur, d'avoir une image de soi sûre quand les paramètres offerts par un système de valeurs présentent des lacunes. Nos valeurs nous définissent. Elles nous guident au moment de faire des choix. Elles exigent discrètement que nous nous conduisions de manière responsable. Vivre de concert avec nos valeurs apporte la paix à notre âme.

Les jours où nous avons tenté de ménager la chèvre et le chou, sans jamais savoir de quel côté nous penchions vraiment, sont révolus. Le programme nous offre un plan de vie, un plan qui efface les nombreuses incertitudes, le tourment intérieur des années passées.

Aujourd'hui sera fait d'une clarté que je peux apprécier. Je sais qui je suis. Je sais ce que je crois. Tout ce que j'ai à faire, c'est de m'y conformer.

Il y a une période dans la vie où nous absorbons une connaissance de nous-mêmes qui, avec le temps, s'améliore ou tourne au vinaigre.
— *Pearl Bailey*

Pour un trop grand nombre d'entre nous, le sentiment de honte, même de haine de soi, est ce qui compte le plus. Aucune de nous n'a un passé complètement sans tache. Chaque homme, chaque femme, chaque enfant éprouve des regrets à propos de quelque chose. Nous ne sommes pas parfaits. La perfection ne fait pas partie du plan divin. Il faut cependant que nous acceptions nos expériences et en tirions profit ; nous devons surmonter la honte qu'elles nous ont attirée et célébrer ce qu'elles nous ont enseigné.

Chaque jour nous permet de recommencer à zéro et d'assimiler tout ce que nous avons été. Ce qui s'est passé enrichit la personne que nous sommes maintenant ; toutes les expériences que nous avons traversées nous ont préparées à aider les autres, à peut-être aplanir le chemin pour une autre femme qui cherche une nouvelle voie.

Nous pouvons renoncer à notre honte et savoir plutôt qu'elle assainit les bribes de sagesse que nous pouvons offrir aux autres. Nous sommes semblables. Nous ne sommes pas sans faille. Nos épreuves aident l'autre à naviguer en douceur.

***

Je peux savourer la joie à portée de la main. Je peux partager ma sagesse. Un passé difficile éclaire toujours l'avenir, lorsqu'il est partagé ouvertement.

Les enfants sont sûrement un des plus grands dons de Dieu et un des plus grands défis. Partager votre vie avec un enfant, c'est vous humilier dans le but d'apprendre de lui et de découvrir avec lui les secrets magnifiques qui ne se découvrent que dans la recherche.

— *Kathleen Tierney Crilly*

L'humilité accompagne toute expérience par laquelle nous prenons le temps d'écouter les autres, d'apprendre d'eux, d'être transformées par leurs paroles, par leur présence. Chaque occasion où nous décidons d'être présentes aux autres, entièrement en intention et en esprit, nous rendra heureuses tout en les rendant heureuses. Offrir et recevoir le don de l'attention authentique est essentiel à la croissance affective de chaque être humain.

Avant d'entreprendre notre cheminement, nous étions nombreuses à souffrir tellement de pitié obsessionnelle égocentrique que nous portions rarement attention aux besoins réels ou à la douleur de nos proches. Nous nous étions fermées, nous complaisant dans nos soucis égoïstes, et notre croissance s'en trouvait retardée.

Mais un jour nouveau s'est levé. Les Étapes nous offrent une compréhension nouvelle. Elles nous aident à regarder au-delà de nous-mêmes, vers tous les enfants de Dieu qui gravitent dans notre vie de tous les jours. Chacun d'eux a de nombreux secrets à nous apprendre.

Aujourd'hui, je serai joyeuse. Je peux apprendre de nombreux secrets sur la vie si je sais rester près des personnes qui croisent mon chemin. Je porterai attention au fait qu'elles sont là parce qu'elles ont quelque chose à me donner. Je serai prête à le recevoir.

> *Éduquées comme nous l'étions dans une société axée sur la beauté et la jeunesse, nous nous mesurions à notre valeur ornementale.*
>
> — *Janet Harris*

Rare est la femme qui ne rêve pas d'un corps svelte, d'une poitrine ferme, de belles dents, d'un teint de pêche. Rare est la femme qui est contente, vraiment satisfaite de toute sa personne. Nous sommes souvent déchirées entre le désir d'être remarquées et la volonté de ne pas être examinées des pieds à la tête.

Nous sommes toutes ce qu'il nous faut être aujourd'hui, en ce moment. Et nous possédons une beauté intérieure, chacune de nous, c'est notre vraie bénédiction dans la vie des autres. Notre beauté intérieure brillera si nous l'invitons à le faire. Peu importe notre apparence extérieure, elle ne touche pas discrètement ni ne soulage — comme le font les paroles qui viennent du coeur, le foyer de notre beauté intérieure.

La présence ou l'absence d'amies dans notre vie est peut-être un meilleur miroir pour réfléchir notre vraie beauté. Nous avons toutes connu des femmes sensationnelles qui semblaient nous jeter un regard de glace et de beaux hommes qui rabaissaient les autres avec arrogance. C'est notre beauté intérieure qui a de la valeur aux yeux des autres. La surprise qui nous attend toutes est la découverte que le rayonnement de notre beauté intérieure transforme aussi notre apparence extérieure.

Aujourd'hui, ma beauté sera rehaussée par ma gentillesse envers les personnes qui partagent mes expériences.

Je me suis rendu compte, à l'occasion, qu'il est plus facile de réciter la prière de la sérénité et faire cette profession de foi que de poursuivre ce que je fais.

— S. H.

La douleur du changement est réelle, comme l'est celle de l'immobilisme — quand le changement s'impose. En dépit de nos désirs, changer les autres ne sera jamais une option, alors que nous changer nous-mêmes exige simplement une décision et est toujours un choix possible.

Nous pouvons prendre quelques instants pour dresser un inventaire. Que faisons-nous en ce moment qui nous fait éprouver de la honte, de la colère ou de la crainte ? Nous pouvons renoncer à ce comportement et choisir une nouvelle tactique de façon responsable. Si la force est nécessaire, ou la confiance en soi pour adopter un nouveau comportement, nous n'avons qu'à la demander. La troisième Étape promet que Dieu prend soin de notre vie et qu'Il répond toujours à nos besoins — pas toujours à nos caprices, mais à nos besoins en tout temps.

La plupart de nos luttes, aujourd'hui comme hier, sont liées aux personnes et aux situations que nous tentons de contrôler par la force. Comme nos attitudes sont vertueuses en général ! Et notre comportement est si directif que nous rencontrons une résistance pénible. Maintenant notre recours est d'accepter les choses que nous ne pouvons changer et de changer volontiers celles que nous pouvons. Nos combats personnels prendront fin quand nous croirons vraiment à la prière de la sérénité.

Aujourd'hui, la sagesse de « connaître la différence » m'appartient.

L'amour est fait de cent aboutissements modérés.
— Leonora Speyer

Lâcher prise est une démarche rarement facile. Sa signification échappe à un grand nombre d'entre nous. Comment « lâcher prise » ? Lâcher prise signifie cesser de porter attention à une expérience ou à une personne particulière et nous concentrer sur l'ici et le maintenant. Nous nous accrochons au passé, aux blessures comme aux joies. Nous devons laisser le passé s'effacer. La lutte pour s'y accrocher, quel qu'en soit l'aspect, assombrit le présent. Vous ne pouvez voir les possibilités qu'aujourd'hui vous offre si votre esprit est toujours attiré par ce qui était.

Lâcher prise peut être un processus modéré. La confiance en notre puissance supérieure et la foi qui nous permet de croire que le bien l'emportera, en dépit des apparences, facilitent le processus. Et nous devons laisser toute expérience avoir une fin, suivre son cours, qu'elle soit bonne ou mauvaise, porteuse d'amour ou de chagrin. C'est utile de se rappeler que toutes les expériences contribuent à notre croissance et à notre intégralité. Notre moi intérieur, qui détermine notre parcours, tiendra compte de toutes les expériences. Toutes font partie du périple. Chaque moment a un aboutissement modéré, mais aucun n'est oublié.

Mon cheminement d'aujourd'hui s'apparente à celui d'hier et aussi à celui de demain. Je savourerai chaque moment et serai prête pour le suivant.

Quand je m'arrête assez longtemps pour sentir le
parfum des roses, je vois généralement la beauté et
toutes ces choses que nous pouvons partager.
— Morgan Jennings

Nous laissons passer tant de joies, tant de trésors cachés, quand nous volons de place en place, de personne en personne, d'expérience en expérience, sans fixer notre attention. Tout ce qui importe défile devant nous en ce moment. Et assurément, nous ne prendrons pas à nouveau ce même chemin.

On a dit que le plus grand don que nous puissions faire les unes aux autres est une attention sans bornes. De plus, vivre sa vie en portant une attention totale à la brise, aux couleurs, aux chagrins comme aux plaisirs, est la réaction la plus fervente que nous puissions avoir dans cette vie. On ne nous demande rien de plus. On ne s'attend à rien de moins.

Nous n'avons que cette vie à vivre et chaque jour est une bénédiction. Nous verrons les épreuves comme des bénédictions au cours des mois ou des années qui viennent, car nous pouvons comprendre maintenant le rôle qu'ont joué les moments difficiles du passé. Notre attitude envers les leçons de la vie fait toute la différence au monde.

Aujourd'hui, je jetterai un regard attentif à tout ce que je rencontrerai sur mon chemin. Les femmes et les enfants, les arbres et les écureuils, les voisins silencieux. Je ne les verrai jamais plus comme je les vois aujourd'hui. Je serai attentive.

Croire en une chose qui n'a pas encore été mise à l'épreuve et la soutenir de notre vie même, c'est le seul moyen de laisser l'avenir ouvert à tout.
— *Lillian Smith*

Aujourd'hui est devant nous, attendant qu'on s'y attaque. Il nous offrira des occasions de croissance personnelle et des occasions d'aider une autre personne à faire des progrès dans sa marche vers l'avenir. Il faut s'attendre à des défis. Ils rehaussent notre but dans la vie. Ils favorisent notre maturité.

Qu'il est différent, pour un grand nombre d'entre nous, de regarder devant, aujourd'hui, avec une saine impatience, d'avoir confiance en l'avenir ! Nous pouvons encore nous rappeler, peut-être même trop clairement, les périodes sombres de notre vie, les moments qui semblaient vides de promesses ; c'était un temps où l'avenir nous faisait peur, où nous craignions qu'il ne fasse qu'aggraver ces moments atroces.

La peur et l'effroi ne sont pas tout à fait disparus. Ils planent parfois au-dessus de nous. Cependant, ils ne doivent plus assombrir des journées entières. Nous pouvons reconnaître leur présence comme des parties d'un tout, et non pas comme le tout. Comme nous sommes libres, aujourd'hui ! Nos choix sont multiples.

Aujourd'hui, je peux avancer avec assurance, tendre la main aux autres le long du chemin, en croyant que tous les pas accomplis ajoutent à la stabilité de mon avenir.

Trouver la paix avec l'âme qui est inquiète demande du temps, de l'amour et du soutien.
— *Deidra Sarault*

L'inquiétude est issue de la frustration. Peut-être voulons-nous avancer trop vite dans la vie. Sommes-nous prisonnières d'un emploi ? Sommes-nous toujours hantées par les difficultés passées ? Peut-être notre perfectionnisme ternit-il toute tentative de réussite. Nous pouvons apprendre de notre inquiétude, si nous la laissons nous guider vers notre réservoir intérieur de paix et de soutien spirituel.

La recherche de la sérénité nous en éloigne souvent. Nous faisons l'erreur de penser qu'un autre emploi, une autre maison ou une relation différente sera la réponse à tous nos besoins. Nous découvrons que notre inquiétude nous a suivies dans notre nouveau décor. La paix est intérieure. Et la prière lui ouvre la porte. Dans le calme de notre patience, nous perçons le secret de sa bénédiction.

L'inquiétude est la preuve de notre éloignement de notre puissance supérieure. Il est peut-être temps d'apporter des changements dans notre vie. Le changement est bon ; toutefois, c'est notre relation avec Dieu qui apportera tous les changements nécessaires. L'inquiétude est égocentrique et ne fait qu'entraver les étapes que nous devons franchir.

L'inquiétude est un baromètre qui révèle ma santé spirituelle. Peut-être dois-je prier aujourd'hui.

N'existe-t-il jamais un moment particulier qu'on puisse pointer du doigt en disant : « C'est là que tout a commencé, à ce moment, à cet endroit, avec tel incident » ?

— *Agatha Christie*

Aucune expérience de notre vie n'est pure, naturelle, isolée de toutes les autres. Notre vie est faite d'un courant sans fin. Il nous porte d'un moment, d'une expérience, à l'autre. Le point où nous en sommes aujourd'hui, la croissance que nous avons atteinte comme femmes en voie de réhabilitation et les plans de changement que nous avons dressés sont animés par les mêmes désirs pressants qui ont contribué à nos nombreuses actions des années passées.

Nous pouvons réfléchir à une expérience particulière et en faire un point tournant. Toutefois, il n'y avait ni ordonnance, ni martini pour ouvrir la porte par laquelle nous sommes passées quand nous avons choisi le « recovery »*. Chacune de nos expériences peut cependant avoir joué un rôle et tous ces rôles de notre vie, passée et présente, assurent les points tournants qui nous poussent à gravir la montagne. Nous arriverons au sommet. Et nous comprendrons que chaque fois que nous avons trébuché, nous avons gagné une force nouvelle.

Chaque jour est un camp d'entraînement. Et toute expérience m'entraîne à reconnaître la valeur des expériences à venir. Je grandis avec diversité, un moment à la fois.

---

* Voir la « Note de l'éditeur français » au début du livre.

L'amour est l'expression et l'affirmation de l'estime de soi, une réponse à ses propres valeurs par l'entremise d'une autre personne.

— *Ayn Rand*

L'amour réciproque peut être pour nous une lutte de tous les jours, rendue plus difficile parce que nous trébuchons encore dans nos tentatives d'amour de soi. Un grand nombre d'entre nous avons vécu toute notre vie d'adulte en nous sentant inadaptées, ternes, peu attrayantes, craignant le pire dans nos relations avec les autres.

Cette étape, cette lutte est passagère. Chaque matin, dans le miroir, nous voyons une femme que nous aimons. Hier, nous avons accompli une tâche ou rendu une faveur et nous en sommes contentes. Et quand nous sommes fières de nos accomplissements, nous jetons un regard aimant sur les personnes qui nous entourent. L'amour de soi encourage les autres formes d'amour.

L'amour de soi vient avec la pratique. C'est un comportement nouveau. Nous pouvons commencer à évaluer ce que nous avons accompli plutôt que ce que nous n'avons pas encore réussi, et vanter nos mérites. Nourrir notre moi intérieur invite à une expression plus poussée des valeurs en puissance, valeurs qui nous mèneront à des situations et à des occasions nouvelles d'accomplissement et, finalement, à aimer la femme qui nous regarde chaque matin dans le miroir.

L'amour de soi me rend vulnérable et compatissante envers les autres. C'est le baume qui guérit toutes les blessures ; il se multiplie au fil de son expression. Il peut commencer avec un sourire.

Que la relation pure est belle ! Qu'il est facile de la briser ou de l'alourdir de détails superflus — pas même de détails superflus, mais juste de la vie elle-même, de la vie et du temps cumulés.

— Anne Morrow Lindbergh

Un grand nombre d'entre nous tentons de reconstruire de vieilles relations et d'en chercher de nouvelles, relations que nous espérons être en mesure de protéger. Nous ne pouvons survivre sans relations avec les autres, qu'elles soient intimes, proches ou fortuites. Et nous nous découvrons à travers nos relations avec les autres.

La pureté d'une relation est directement proportionnelle à l'attention soutenue que deux personnes accordent à ces moments, ces heures et ces expériences partagés, à la présence auprès de l'autre. Cette communion avec l'autre est la célébration de la vie et de Dieu, qui fait battre les coeurs plus vite et atteindre la sérénité.

Chaque jour, je peux chercher les chances de me donner entièrement. Et les dons seront abondants.

*La colère empoisonne une relation aussi sûrement
que les mots les plus cruels.*

— *Joyce Brothers*

La colère nous est à toutes familière. Nous la ressentons envers les autres et la percevons chez les autres. L'expression et l'acceptation de la colère sont souvent à la source de nos échecs. Quand nous étions très jeunes, on nous disait qu'il ne fallait pas nous mettre en colère, mais nous l'étions. Nous le sommes, encore aujourd'hui. Or, nous nous sentons encore comme des petites filles devant la colère.

Nous devons apprendre à accepter la colère et à l'exprimer, honnêtement, ouvertement, avec assurance et sans agressivité. Nous ne pouvons nous permettre de nous accrocher à la colère. Elle augmente, puis elle couve et ensuite elle éclate. Bientôt, elle entrave toutes nos relations et constitue une excuse toute faite à un ancien modèle autodestructeur, que nous ne voulons plus revoir, pas même un seul instant.

Rien de ce que nous accomplirons aujourd'hui n'aura de bons résultats si nous portons la colère en nous. Notre façon d'interpréter la vie, de traiter nos amies, de saisir les occasions, de relever les défis, toutes ces choses sont déterminées par notre attitude. La colère refoulée bloque toujours le chemin vers une attitude positive.

Chaque expérience peut me faire grandir si la colère ne m'accable pas.

Avril

L'enthousiasme débridé ou le sérieux implacable — les deux sont à éviter. Ils ne durent pas. Il faut toujours conserver un sens de l'humour.

— Katherine Mansfield

L'enthousiasme débridé et le sérieux implacable sont familiers à la plupart d'entre nous. Notre vie est faite d'extrêmes. Nous essayons de retenir la sensation que provoque l'enthousiasme débridé, de le contrôler. Nous sommes euphoriques, nous nous sentons bien. Notre côté sérieux nous prend au piège, nous contrôle, jette un voile sur toutes nos activités. Ces deux états d'esprit nous immobilisent ; ni l'un ni l'autre ne nous permet la spontanéité si nécessaire à une vie pleine et saine.

Par notre addiction — à l'alcool, au stimulant, à la personne, à la nourriture — nous étions à la recherche d'un sentiment que nous n'éprouvions pas. Nous cherchions un état de bonheur contre nature, peut-être même un enthousiasme débridé, parce que nous ressentions si peu d'enthousiasme à l'égard de la vie. Notre recherche a échoué. Nous l'« attrapions » maintes et maintes fois, seulement pour le voir nous échapper.

Nous n'avons peut-être pas renoncé à notre quête, mais nous en viendrons à accepter les deux états d'esprit comme étant provisoires et à rechercher plutôt le juste milieu. Le sens de l'humour rendra les tracas de la vie plus faciles à supporter. Le sens de l'humour nous offrira l'équilibre qui nous a manqué pendant toutes ces années.

Aujourd'hui m'offrira l'occasion de faire preuve d'un enthousiasme débridé et d'un sérieux implacable. Je vais essayer de me concentrer sur le juste milieu et de cultiver mon sens de l'humour.

Le courage est le prix qu'exige la vie pour accorder la paix.

— *Amelia Earhart*

L'expérience nous a appris qu'une vague de calme nous submerge après avoir réussi à terminer une tâche à laquelle il nous paraissait difficile de faire face. Le courage comporte sa récompense. Cependant, de temps à autre et d'une tâche à l'autre, nous avons besoin de nous rappeler que la paix viendra une fois que nous aurons réglé tous les détails qui restent.

Notre recherche de la paix était, par les années passées, désespérée et interminable. Plus souvent qu'autrement, nous étions envahies par la peur. Nous faisions rarement montre de courage. Nous laissions souvent des tâches à moitié achevées ou pas accomplies du tout. Nous ne relevions pas les défis. Et la paix nous échappait.

Nous sommes si chanceuses que le programme nous ait découvertes et que nous ayons découvert le programme ! Nous regardons devant nous, enfin, avec le courage que nous a donné la confiance en une puissance supérieure. La paix est nôtre alors que nous allons de l'avant, soutenues par la force du programme. De nouveaux emplois, de nouveaux amis, de nouvelles situations pourront encore provoquer nos vieilles peurs. Mais elles ont perdu leur emprise sur nous. Nous avons appris que nous ne sommes jamais seules devant un défi. Quel soulagement apporte cette simple vérité.

Le courage est un des cadeaux du programme. J'aurai le courage d'aller de l'avant : pour faire face à la journée qui commence, pour passer au travers de tout ce que je dois affronter. La paix est maintenant associée au courage.

*Ceux qui ne savent pas pleurer de tout leur coeur
ne savent pas rire non plus.*

— *Golda Meir*

Nous connaissons toutes des personnes qui vivent en marge de la vie. Elles ne semblent pas participer à l'activité autour d'elles, comme si une paroi de verre les séparait de nous. Et il y a des moments où nous rejoignons les personnes qui se tiennent seules, à l'écart de la vivacité de la vie. Les peurs éloignent les gens, particulièrement la peur de lâcher prise sur le moi vulnérable et de participer aux émotions du moment.

Pour récolter pleinement la moisson de la vie, il faut risquer de s'exposer totalement les unes aux autres et à l'expérience passagère. Une participation entière au flux et au reflux de la vie suscitera les larmes qui accompagnent à la fois la douleur et la joie de vivre. Elle apportera aussi les fruits du rire.

Tant le rire que les larmes nous purifient. Tous deux signifient la fin d'une expérience. Ils permettent de lâcher prise. Et il faut lâcher prise sur la douleur, tout comme sur la joie, pour nous préparer à la prochaine bénédiction que nous réserve la vie.

Lorsque nous demeurons à l'écart, lorsque nous retenons nos larmes ou notre rire, nous nous privons des richesses de la vie. Il faut vivre pleinement une expérience pour apprendre tout ce qu'elle a à nous enseigner, puis nous en libérer.

Les expériences passées restent en moi jusqu'à ce que j'aie pleuré jusqu'au bout celles qui devaient être pleurées ou ri de celles qui méritent une touche légère. Le présent est déformé quand le passé l'ombrage.

Tout ce qu'on nous demande d'assumer, nous pou-
vons l'assumer. C'est une loi de la vie spirituelle.
Le seul obstacle à l'application de cette loi, comme
de toutes les lois bienveillantes, c'est la peur.
— *Elizabeth Goudge*

Il n'existe aucun problème trop difficile à résoudre avec toute l'aide que nous avons à notre disposition. Ne nous laissons pas accabler. Devant un problème, le programme nous dit : « Lâche prise et laisse faire Dieu ». Et c'est là que se trouve la solution.

Nos défis, les pierres d'achoppement sur notre chemin, nous indiquent la solution finale du problème, qui nous rapproche des femmes que nous sommes destinées à être. Notre peur vient du fait que nous n'avons pas confiance que la puissance qui nous est supérieure va nous montrer le chemin, nous faire connaître la solution.

Chaque jour, nous aurons des défis à relever. Nous avons des leçons à tirer, ce qui entraîne inévitablement des douleurs de croissance. Si nous pouvions seulement nous rappeler que nos défis sont des cadeaux qui nous permettent de grandir et qu'au sein de chaque problème se trouve la solution.

Je n'aurai pas à supporter plus que ce que ma puissance
supérieure et moi pouvons assumer aujourd'hui ou n'im-
porte quel jour.

J'en suis alors venue à la conclusion qu'une « conscience soutenue » ... doit vouloir dire non pas des exercices intellectuels enrégimentés, mais un empressement continu à considérer et à accepter ce qui se présente.

— *Joanna Field*

La résistance aux événements, aux situations, aux nombreuses personnes qui passent dans notre vie entrave les occasions de croissance qui nous sont offertes chaque jour. Chaque moment de chaque jour a pour nous un présent : celui de notre conscience des autres personnes, de la conscience que nous avons de notre propre incidence sur la création. Et de la conscience vient notre croissance en tant que femmes.

Vivre dans le présent, être présentes dans l'instant, voilà qui nous garantit la protection de Dieu. Dans les moments où nous appréhendons anxieusement les événements futurs, nous nous privons de la sécurité que Dieu nous offre à l'instant même.

On prend toujours soin de nous, ici, maintenant. Être attentives, en cette minute même, à ce qui se passe, et seulement à cela, atténue toute anxiété, efface toute peur. C'est seulement lorsque nous avons déplacé nos visées hors du moment présent que nous luttons. Toute paix repose dans le maintenant.

La plus importante leçon que je doive apprendre, la leçon qui éliminera toute ma douleur et toutes mes luttes, consiste à recevoir pleinement ce qui m'est offert à chaque moment de ma vie.

Traitez vos amis comme vous traitez vos tableaux,
et placez-les sous le meilleur éclairage.
— Jennie Jerome Churchill

Tenir nos amis et les êtres qui nous sont chers pour acquis et attendre d'eux la perfection en tout, voilà qui diminue grandement la valeur que nous attribuons à la vie les uns des autres. Être dures avec nos proches peut nous aider à éliminer un peu de la tension que nous ressentons quant à nos propres imperfections, mais cela crée une autre tension, qui peut entraîner l'abandon de nos amies.

Nous avons besoin de nous rappeler, peut-être, que nos amies jouent un rôle particulier dans notre croissance. Ce n'est pas par hasard que nos chemins se sont croisés. Nous complétons une partie du plan de vie les unes des autres. Et pour de tels cadeaux, nous devons éprouver de la gratitude.

Chacune de nous est dotée de nombreuses qualités, certaines plus valorisantes que d'autres ; nous espérons, bien sûr, que nos qualités moins évidentes seront passées sous silence. Nous devons faire de même pour nos amies. Nous pouvons porter notre attention sur le bien et il prospérera — en elles, en nous, quelle que soit la situation. Une attitude positive nourrit tout le monde. Cherchons donc le bien et, peu à peu, c'est tout ce qui retiendra notre attention.

Je peux faire de cette journée un moment dont je me rappellerai avec tendresse. Je vais apprécier une amie. Je vais lui laisser savoir qu'elle occupe une place importante dans ma vie. Sa vie sera renforcée par l'attention que je lui accorderai.

C'est seulement lorsque les gens commencent à se départir de leurs préconceptions, des idées qui les ont dominés, que nous commençons à percevoir un sentiment d'ouverture, un sentiment de prévoyance.

— *Barbara Ward*

Avoir un sentiment de prévoyance, une vision de la personne que nous pouvons oser être et de ce que nous pouvons oser accomplir, cela est possible si nous portons notre attention intensément sur le présent et toujours sur le présent. Nous sommes tout ce que nous devons être, à l'instant même. Nous pouvons en être convaincues. Et on nous montrera le chemin pour devenir la personne que nous devons devenir, étape par étape, d'un moment présent à l'autre moment présent. Nous pouvons être convaincues de cela aussi.

Le passé auquel nous nous accrochons nous barre la route. Beaucoup d'entre nous passons inutilement une grande partie de nos vies à combattre une image de soi négative. Mais nous pouvons surmonter cet obstacle. Nous pouvons choisir de croire que nous sommes capables et compétentes. Nous pouvons être spontanées, et notre vision de tout ce que la vie peut offrir va changer — nous exciter, cultiver notre confiance.

Nous pouvons réagir à la vie pleinement. Nous pouvons avoir confiance dans nos instincts. Et nous deviendrons tout ce que nous oserons devenir.

Chaque jour est un nouveau départ. Chaque moment est une nouvelle occasion de lâcher prise sur tout ce qui m'a immobilisée dans le passé. Je suis libre. Dans le présent, je suis libre.

La vie est un patchwork — ici et là, des bouts de plaisir et de désespoir. Réunis ensemble, au petit bonheur.

— Anne Bronaugh

Lorsque vous regardez vers l'avenir, à ce jour, vous pouvez vous attendre à des expériences imprévues. Vous pouvez compter sur des moments de rire. Et vous pouvez compter sur certaines peurs. La vie apporte rarement ce à quoi nous nous attendons, mais nous pouvons être convaincues que nous allons passer au travers des moments difficiles. Ces moments vont, de fait, arrondir nos coins. Le plaisir et la douleur occupent une part égale du tissu de nos vies.

Nous oublions si facilement que notre croissance est tributaire des défis que nous appelons « problèmes ». Nous avons les outils en main pour récolter les bienfaits inhérents aux problèmes auxquels nous sommes confrontées aujourd'hui. Avançons doucement, programme en main, et voyons les obstacles disparaître.

Il n'y a aucune situation qu'une Étape ne puisse nous aider à traverser. Peut-être devrons-nous aujourd'hui « confier » un dilemme. Accepter notre impuissance devant nos enfants, notre conjoint ou notre collègue de travail peut nous libérer d'un fardeau aujourd'hui. Ou peut-être que faire amende honorable ouvrira la communication que nous cherchons avec un de nos proches. Le programme tissera en un tout les événements de notre journée. Il leur donnera un sens.

Aujourd'hui, je vis ma journée pleinement, et je me prépare ainsi au plaisir comme à la douleur de demain.

Car n'est-il pas vrai que le progrès humain n'est qu'un motif qui croît sans cesse, tissé de fils ténus unis dans un commun effort ?

— *Soong Mei-ling*
(Madame Chiang Kai-shek)

Nous tissons toutes nos fils individuels, donnant texture, couleur et motif au « grand dessein » qui nous dessert toutes. Personne par personne, nos actions, nos pensées, nos valeurs complètent celles de nos soeurs, celles de toute la race humaine. Nous nous dirigeons toutes vers la même destination ; nos chemins courent en parallèle par moments, s'entrecroisent périodiquement, puis bifurquent vers une unité d'intention au gré de l'inspiration.

C'est rassurant de se rappeler que nos vies ont un but précis. Ce que nous faisons en ce moment, nos interactions avec autrui, nos objectifs ont une incidence qui est ressentie par de nombreuses autres personnes. Nous sommes interdépendantes. Notre comportement déclenche d'importantes pensées et réactions chez quelqu'un d'autre, immanquablement et méthodiquement. Il n'y en a pas une parmi nous qui n'ait de contribution à faire. Chacune d'entre nous donne ce qu'elle a été invitée à donner lorsqu'elle vit une bonne relation avec Dieu, qui est l'artiste maître de ce dessein que nous créons.

Aujourd'hui, la prière et la méditation vont diriger mes efforts. Ainsi, j'atteindrai mon but.

Même si je ne peux pas résoudre vos problèmes, je serai là pour vous servir d'abat-voix lorsque vous aurez besoin de moi.

— *Sandra K. Lamberson*

Le lot que nous avons toutes reçu est notre capacité d'offrir notre attention entière et désintéressée aux personnes qui nous demandent conseil. Et il se passe rarement une journée sans que nous ayons l'occasion d'écouter, de servir de modèle, d'offrir de l'espoir là où il a été anéanti.

Nous ne sommes pas distinctes les unes des autres. L'interdépendance est notre bénédiction ; nous ne la reconnaissons cependant pas aux importantes croisées des chemins. Nous réfléchissons seules et d'autres souffrent aussi en silence. Ces Étapes qui guident nos vies nous forcent à briser le silence. Les secrets que nous gardons nous coupent de la santé que nous méritons.

Notre bien-être émotionnel est rehaussé chaque fois que nous partageons ce que nous sommes — nos histoires ou nos oreilles attentives. Nous avons besoin de faire partie de la douleur et de la croissance d'une autre personne pour nous faire utiliser la douleur que nous avons réussi à surmonter. La douleur a un but dans notre vie. Et dans la vie de nos amies aussi. C'est ce qui nous unit les unes aux autres, le pont qui établit un rapprochement.

Nous appréhendons notre douleur. Nous détestons la souffrance que nos amis doivent endurer. Mais chacune de nous y gagne lorsque nous acceptons ces défis comme des invitations à grandir et à nous rapprocher d'autrui.

Les secrets nous maintiennent dans la maladie. Je vais écouter et partager, et être bien.

*Apprendre que nous méritons le succès, les belles
choses qui nous arrivent, et aussi que la douleur
est une réalité, voilà un élément du programme.
Nous avons la force de composer avec cette douleur
sans prendre de médicaments, et elle passera.*

— *Dudley Martineau*

Plusieurs n'ont pas compris les variables de notre état
d'être humain. Nos aptitudes à nous débrouiller étaient
minimes jusqu'à ce que nous ayons découvert ce que l'alcool, les pilules ou la nourriture peuvent faire pour nous.
Puis un verre ou deux — ou six, peut-être — nous ont
permis de passer au travers de plus d'une soirée solitaire.

Le désir d'une solution facile peut encore nous hanter,
mais le temps, les nouvelles expériences et les amies qui
sont aussi inscrites au programme nous ont appris que
nos habitudes passées n'étaient pas des solutions faciles.
En réalité, elles ont accentué nos problèmes. Les Étapes
et les principes du programme, lorsqu'on les applique,
sont une garantie de succès, un succès de vie. Nous en
venons à croire qu'il suffit de demander la force dont nous
avons besoin pour faire face à n'importe quelle situation.
Et l'expérience que nous avons de ces principes nous démontre qu'en vivant selon notre conscience, les récompenses sont multiples. Chaque jour, nos décisions et nos
choix seront nombreux. Mais la seule solution à tout problème est celle vers laquelle nous guide notre puissance
supérieure. La réponse, le choix, nous appartient, et une
vie vertueuse accompagnera nos choix réfléchis.

*Je n'ai qu'à me donner la peine de m'approprier la force du
programme. Tous les problèmes de la journée peuvent être
atténués, si je choisis de le faire.*

Soyez une bénédiction pour quelqu'un. Votre sou-
rire aimable ou votre compliment peut très bien
ramener une personne des bords du précipice.
— *Carmelia Elliott*

Nous viendrons en aide à quelqu'un aujourd'hui par notre bonté. L'attention pleine de compassion assure les autres qu'ils ont une importance pour nous, et chacune de nous a besoin d'être ainsi rassurée à l'occasion. Le programme nous a fourni le moyen de donner et de rechercher de l'aide — c'est une forme de parrainage.

Ce ne sont cependant pas toutes les personnes que nous rencontrons qui partagent notre programme. Le parrainage tel que nous le connaissons n'est pas une réalité dans leurs vies. Leur offrir un mot d'encouragement ou une oreille attentive peut être un cadeau inattendu, qui sera grandement apprécié.

Le vrai cadeau, toutefois, est pour nous. Aider quelqu'un dans le besoin bénéficie encore plus à l'aidant. Notre propre intimité avec Dieu et l'assurance qui en découle au sujet de notre être sont renforcées chaque fois que nous accomplissons l'oeuvre de Dieu — chaque fois que nous suivons les dictées de notre coeur.

Nous sommes guéries par la guérison des autres. Dieu nous parle par l'entremise des mots que nous adressons à autrui. Notre propre bien-être s'accroît chaque fois que nous privilégions le bien-être d'une autre personne.

Nous sommes toutes en voyage, suivant des cartes rou-
tières différentes, mais vers la même destination. Aujour-
d'hui, je serai disposée à prêter main forte à une voyageuse
en difficulté. Cela va insuffler une vie nouvelle à mon
propre voyage.

Le monde est une roue qui tourne sans arrêt. Ceux qui sont au sommet descendent en bas tandis que ceux qui étaient en bas montent au sommet.
— *Anzia Yezierska*

Tout change. Rien n'est immuable. Lorsque nous lâchons prise sur les choses telles qu'elles sont, allant plutôt au devant de ce qu'elles pourraient être, cela nous permet de vivre plus intensément chaque moment.

La marche du temps est inexorable et, avec elle, celle de notre destinée. Tout ce qui se passe dans notre vie a une raison d'être; les hauts et les bas nous aident à grandir. Nous ne devons ni être contrariées par les moments de cafard ni savourer trop longtemps l'allégresse. Si nous accordons trop d'importance à l'un comme à l'autre état, nous entravons notre prise de conscience du présent. Et le présent est là pour nous enseigner.

Nous devons évoluer avec le temps. Nous devons concentrer notre attention sur le moment et accepter les sentiments que chaque expérience suscite. La maturité émotionnelle, c'est accepter nos sentiments, lâcher prise et attendre le moment suivant avec une réceptivité toute neuve. Les leçons que nous tirons sont nombreuses et elles accompagnent tout autant les hauts que les bas.

Le programme nous a enseigné à nous libérer des bas qui persistent. Il nous a donné les outils nécessaires pour aller de l'avant en toute confiance, convaincues que tout va bien. Tout a une fin et chaque lutte recèle la possibilité d'une véritable croissance.

Les hauts vont passer, tout comme les bas. Ils passent dans nos vies pour une raison précise. Je les laisserai libres et trouverai ma liberté par la même occasion.

Seuls ceux qui osent vivent vraiment.
— *Ruth P. Freedman*

Nous recevons de la vie, de chaque expérience, de chaque interaction selon ce que nous avons donné. Lorsque nous nous engageons pleinement dans une expérience, elle nous apporte une bénédiction. Quand nous nous consacrons pleinement à un moment, notre conscience de la réalité en est rehaussée. C'est lorsque nous oserons connaître les autres, les connaître vraiment, que nous nous trouverons nous-mêmes.

Comme c'est fréquent et comme c'est malheureux que tant d'entre nous « s'évadent » de la vie. Nous nous évadons en nous cachant, de nous-mêmes comme des autres. Nous craignons la mise à nu, la nôtre et celle d'autrui. Avant de choisir l'abstinence, notre évasion était plus facile. Maintenant, les Étapes rendent l'évasion difficile, heureusement.

Le fait d'avoir une marraine — et d'en être une — y est pour beaucoup. Passer par la cinquième Étape et mettre la douzième en pratique, voilà de quoi nous venir en aide. La participation aux réunions et le partage nous sont utiles. Nos expériences d'aujourd'hui ne reviendront pas — du moins pas de façon identique. Les personnes qui nous entourent ne répéteront pas exactement ce qu'elles diront aujourd'hui. Nous ne devons pas passer à côté de ce que la vie a à nous offrir. Nous pouvons prendre le risque de tout ressentir, de tout voir.

Les richesses d'une vie pleine sont si facilement miennes et à juste titre.

Il me semble que j'ai toujours attendu quelque chose de meilleur — quelquefois pour voir le meilleur m'échapper.

— *Dorothy Reed Mendenhall*

La reconnaissance envers ce qui est nous prépare aux bénédictions qui nous attendent au détour du chemin. Ce qu'il importe tant de comprendre, c'est que notre attente de ce qui se trouve au détour du chemin nous ferme les yeux aux joies du moment présent.

Nous n'avons que les 24 heures qui se trouvent devant nous. De fait, tout ce dont nous pouvons être assurées, c'est du moment que nous vivons présentement. Et c'est un présent dont il faut profiter. Il n'y a pas de cadeau qui nous soit plus approprié que celui du moment présent, en cet instant.

Chacune d'entre nous, nous pouvons revenir en pensée aux jours anciens, et constater que nous avons appris trop tard la valeur d'une amie, d'une expérience. L'une comme l'autre est maintenant chose du passé. Avec un peu de pratique et grâce à un engagement ferme envers nous-mêmes, nous pouvons apprendre à récolter les bienfaits d'aujourd'hui, heure après heure. Lorsque nous nous détachons du présent et attendons demain, ou la semaine prochaine, ou l'année prochaine, nous retardons notre croissance spirituelle. La vie peut seulement nous bénir maintenant, une respiration à la fois.

Je peux vivre dans le présent si je le veux bien. Des rappels discrets sont souvent nécessaires, toutefois. Aujourd'hui, je vais entrer de plein pied dans ma vie. Je peux même en faire une habitude, avec laquelle je ne voudrai jamais rompre.

*Face à un obstacle impossible à surmonter, l'entê-
tement est stupide.*

— *Simone de Beauvoir*

Des obstacles soudains, des barrières stoppant notre
évolution, des portes qui se ferment subitement peuvent
nous déconcerter, nous frustrer, voire nous déprimer.
Prendre conscience que nous comprenons rarement ce qui
est meilleur pour nous est un processus lent. Et nous le
combattons généralement, même après que nous ayons
commencé à comprendre. Heureusement, le meilleur chemin continue de nous y attirer.

Nous pouvons nous étonner de voir une porte se refermer. Nos voies sont confondues seulement lorsque nos pas
se sont écartés du droit chemin. Les portes ne se ferment
pas à moins qu'il ne faille envisager une nouvelle direction. Nous devons apprendre à croire que tout obstacle a
un but, aussi déconcertant qu'il soit.

Le programme peut nous aider à comprendre l'inattendu. Nous avons peut-être besoin de nous concentrer
sur les trois premières Étapes lorsqu'un obstacle surgit. Il
faut sans doute accepter notre impuissance, croire qu'une
puissance supérieure contrôle la situation et s'en remettre
à elle. Nous devons peut-être aussi nous rappeler que la
lutte contre un obstacle, l'acharnement contre une porte
fermée, ne fait qu'augmenter notre frustration. L'acceptation de ce qui est ouvrira nos esprits et nos coeurs au
meilleur chemin à fréquenter en ce moment.

---

*Les obstacles auxquels je dois faire face m'invitent à gran-
dir, à aller au-delà de mon moi présent. Ils m'offrent l'occasion d'être la femme que j'ai toujours rêvé d'être. Je serai
courageuse. Je ne suis pas seule.*

Je peux accepter ce que je sais. C'est ce que je ne sais pas qui m'effraie.

— *Frances Newton*

Nous sommes parfois gagnées par la peur de l'inconnu, qu'on appelle souvent angoisse flottante. Mais il ne doit pas en être ainsi. Le programme nous donne la force chaque fois que nous en avons besoin et la foi diminue toute peur. On dit que la peur ne peut exister là où il y a la foi.

Certains jours, nous nous sentons fortes, en communion avec notre puissance supérieure, capables d'affronter toutes les situations. Ces jours-là, nous avons rarement conscience de la façon dont notre foi nous guide. Mais les moments de crainte que nous vivons d'autres jours nous font prendre conscience de l'absence de foi. Il y a une solution toute simple : tendre la main vers une amie. Si nous sommes attentives à ses besoins, le lien avec Dieu s'établira.

Faire porter notre attention non vers des peurs centrées sur nous-mêmes, mais vers les besoins d'une autre personne, c'est acquérir une perspective nouvelle sur notre propre vie. C'est aussi une occasion de laisser Dieu oeuvrer par notre entremise. Notre propre foi est renforcée chaque fois que nous nous mettons à la disposition de Dieu et d'une amie dans le besoin. Ce qui nous effraie nous paraît moins important lorsque nous nous rapprochons des êtres qui nous sont chers.

Lorsque je touche une autre personne, Dieu me touche à son tour.

S'opposer à une chose, c'est en assurer le maintien.
— Ursula K. LeGuin

La plupart de nos luttes sont dirigées vers autrui ou, peut-être, vers des situations que nous voulons changer. Nous découvrons que notre constante opposition alimente les feux (à tout le moins nos feux intérieurs). Mais pouvons-nous tourner le dos quand nous sentons notre opposition justifiée ? Il n'y a sans doute pas d'attitude plus difficile à adopter que de s'éloigner de ces situations qui nous tiennent tant à coeur, mais la sagesse du programme dit : « Lâche prise et laisse faire Dieu ». Et quand nous lâchons prise, comme par magie, c'est le soulagement. Le feu s'éteint de lui-même. Ce sur quoi portait notre opposition nous trouble moins, est peut-être même disparu. Nous ne sentons plus le besoin de nous battre, aujourd'hui. Le besoin se fera peut-être encore sentir, mais encore une fois nous pourrons nous en remettre à notre puissance supérieure. Convaincues que le soulagement nous attend, nous veillons à ce qu'il se produise.

Comme femmes, nous découvrons de nombreuses occasions de nous opposer à toutes ces personnes et ces situations qui rendent difficiles nos rôles en pleine évolution — à toutes ces personnes qui n'acceptent pas le changement que subissent nos caractères. Nous devons partager les unes avec les autres la force de lâcher prise et de laisser faire Dieu.

J'entretiens mes luttes par mon comportement vertueux. Elles perdent de leur intensité lorsque je renonce à ma combativité. Je vais m'écarter et laisser faire Dieu.

Dans le processus de définition de moi-même, j'ai tendance à établir des règles et des limites, puis à oublier que les règles sont faites pour être brisées, comme les limites sont faites pour être repoussées et franchies.

— *Kathleen Casey Theisen*

Le « recovery »* nous a donné la liberté de faire face à la vie avec honnêteté, avec prévoyance et une certitude quant à la droiture de nos actions. Nous devons porter attention au fait que ce qui est bien aujourd'hui ne le sera peut-être pas demain ou par la suite. Au fur et à mesure de nos expériences, nous changeons, puis nous regardons avec des yeux neufs les anciennes conditions. Notre nouvelle perspective aiguise nos systèmes de valeurs ; les règles et les limites d'hier ne s'appliquent plus aux situations de ce jour.

Notre croissance en tant que femmes est un processus sans fin. Ce que nous affrontons aujourd'hui avec assurance, nous nous y étions préparées hier. Et demain sera facilité par notre définition d'aujourd'hui. Le programme nous fait cadeau de la clarté — clarté au sujet de nous-mêmes, clarté au sujet des autres et clarté quant à la façon de poursuivre notre croissance.

Mon système de valeurs attend que je le définisse de façon plus raffinée ; aujourd'hui, chaque expérience m'offre une occasion de procéder à cette définition.

---

* Voir la « Note de l'éditeur français » au début du livre.

Il faut grandir entouré de bonnes paroles pour en prendre l'habitude.

— *Helen Hayes*

Nos habitudes, quelles qu'elles soient, ont été grandement marquées, si ce n'est totalement formées, par notre enfance. Nous avons appris nos comportements par l'imitation — imitation de nos parents, de nos frères et soeurs, de nos pairs. Mais il ne faut pas nous enfermer dans des habitudes qui sont malsaines. Le choix de créer de nouveaux modèles de comportement nous appartient — chaque moment, chaque heure, chaque jour. Toutefois, la prière, l'engagement et la détermination sont indispensables pour nous aider à nous départir de nos vieux modèles et faire place aux nouveaux.

Nous toutes qui partageons ces Étapes avons abandonné les vieux modèles. Nous avons choisi de laisser de côté l'alcool et les pilules. Nous avons peut-être choisi de rompre des relations malsaines. Et nous choisissons tous les jours d'aller au-delà de nos défauts. Mais chaque journée n'est pas une réussite. Nos défauts se sont enracinés. Des années de bouderie, de mensonge, de sentiments d'appréhension, d'excès de table ou de tendance à remettre au lendemain nous font signe ; l'habitude est invitante.

Nous pouvons trouver, dans le programme et les unes dans les autres, la force d'abandonner le comportement qui fait obstacle au bonheur d'aujourd'hui. Et nous pouvons trouver les unes dans les autres un comportement à imiter qui soit meilleur, plus sain.

Le programme m'aide à savoir qu'il y a, chaque jour, une meilleure façon d'aller de l'avant. Je grandis à nouveau au milieu des bonnes habitudes d'autrui et des miennes.

Regarder en arrière pour quelques instants permet de rafraîchir l'oeil, de le restaurer et de le rendre plus apte à sa fonction première, qui est de regarder en avant.

— *Margaret Fairless Barber*

Lorsque nous nous remémorons le mois dernier, l'année dernière, la période qui a précédé notre adhésion au programme des Douze Étapes, nous constatons sans peine que de nombreux changements ont pris place, de bons changements. Mais il nous arrive parfois de tenir ces changements pour acquis. Ou peut-être oublions-nous de nous y arrêter un tant soit peu. Nous sommes emportées par l'agitation du présent, croyant qu'elle durera toujours, oubliant que l'agitation d'hier nous a appris beaucoup de choses qu'il nous fallait savoir.

Le passé, pour la majorité d'entre nous, était imprégné de douleur. Mais nous avons maintenant l'espoir. Nous avons réalisé des gains sur la vie. Nous sommes peut-être revenues dans les bonnes grâces de notre famille. Peut-être avons nous raccommodé des relations abîmées. Une carrière nous a souri. Nous avons connu de bonnes expériences. Si nous ne sommes pas à l'abri des difficultés, elles ne doivent cependant pas nous abattre à nouveau. La sagesse rétrospective nous enseigne qu'elles aussi vont passer. Elle nous garantit aussi que nous allons aller de l'avant, tout comme nous l'avons fait tant de fois, si seulement nous avons la foi.

Je prendrai ce moment pour revenir sur l'année dernière ou sur la dernière beuverie. Je veux être sûre que je vais de l'avant. Je vais continuer à le faire.

Les aspérités de notre caractère s'adoucissent lorsque nous aidons une personne à polir les siennes.
— *Sue Atchley Ebaugh*

Se concentrer sur une qualité chez chaque personne que nous rencontrerons aujourd'hui nous apportera des bénéfices. Notre attitude aplanira notre relation avec cette personne, l'invitant elle aussi à réagir avec bonté. Cela augmentera notre conscience de la bonté qui existe autour de nous. Cela nous aidera à nous rendre compte que si chaque personne autour de nous a des traits positifs, nous devons en avoir nous aussi. Mais peut-être que le plus grand bienfait de cet exercice est notre mise en valeur en tant que femmes ; nous pouvons cultiver une attitude positive et saine. Plusieurs d'entre nous ont peu connu les sentiments positifs avant le point tournant, le programme en Douze Étapes. Il nous offre un regain de vie à chaque instant. Nous apprenons de nouveaux comportements et nous découvrons qu'avec l'aide d'une puissance supérieure et les unes des autres, toutes les choses qui sont bonnes pour nous sont possibles. C'est stimulant de porter notre attention sur les qualités d'autrui, de savoir que leurs qualités ne diminuent pas les nôtres.

Par le passé, nous avons peut-être détesté secrètement les forces d'autres femmes parce que nous nous sentions inférieures. Nous sommes libérées de cette haine maintenant, si nous le voulons bien. Une force dont nous pouvons toutes nous nourrir, c'est la gratitude d'être aidées par les forces de nos amies et connaissances, et la certitude de participer à ces forces.

Les défauts s'accentuent avec l'attention qu'on leur porte. Mes qualités prendront de l'importance.

Lorsque vous cessez d'apporter votre contribution, vous commencez à mourir.

— *Eleanor Roosevelt*

Nous devons prendre note, aujourd'hui, de toutes les occasions qui s'offrent à nous de donner un coup de main à une autre personne. Nous pouvons aussi remarquer les nombreuses fois où une amie, ou même une étrangère, fait un effort pour nous venir en aide. Les occasions de contribuer au flot de la vie sont illimitées.

Notre propre vivacité vient de notre engagement envers autrui, de la mise à profit de nos talents et de nos cœurs, dans les allées et venues quotidiennes d'autrui. Le programme nous aide à savoir que Dieu vit en nous, parmi nous. Lorsque nous nous coupons de nos amies, de nos compagnes de voyage, nous faisons obstruction au chemin de Dieu vers nous et à travers nous.

Vivre signifie partager l'espace, les rêves, les peines d'autrui ; mettre nos oreilles à contribution pour entendre, nos yeux pour voir, nos bras pour tenir, nos cœurs pour aimer. Lorsque nous nous fermons les unes aux autres, nous avons détruit la contribution vitale que chacune de nous doit faire et recevoir afin d'alimenter la vie.

Nous n'avons besoin que de ce que l'autre peut nous donner. Chaque personne que nous rencontrons aujourd'hui a besoin de notre contribution spéciale.

Quelle merveilleuse collection d'invitations m'attend aujourd'hui !

Elle sait que la toute-puissance a entendu sa prière et s'écrie : « Ce sera fait — un jour ou l'autre, quelque part. »

— *Ophelia Guyon Browning*

La patience est une qualité qui nous échappe souvent. Nous voulons que nos désirs se réalisent au moment qui nous convient. Heureusement, nous n'obtenons l'objet de nos désirs qu'au moment opportun, mais l'attente nous convainc que nos prières n'ont pas été exaucées. Nous devons croire que la réponse vient au moment et au lieu appropriés. La frustration vient du fait que notre échéancier est rarement identique à celui de Dieu.

Lorsque nous revenons sur les dernières semaines, les derniers mois ou même les dernières années, nous pouvons nous rappeler nos prières passées. Si elles avaient toutes été exaucées au moment même où nous les avons exprimées, comme nos vies auraient été différentes. Notre chemin nous est unique et nous offre des leçons spéciales à apprendre. Tout comme un enfant doit ramper avant de marcher, ainsi devons-nous nous déplacer lentement, en prenant les étapes de notre croissance l'une après l'autre.

Nos prières seront exaucées, un jour ou l'autre, quelque part. Nous pouvons en être sûres. Elles seront exaucées pour notre plus grand bien. Et elles seront exaucées au bon moment, au bon endroit, de la bonne façon.

Je participe à un tableau de beaucoup plus grande envergure que celui qui correspond à mes prières individuelles. Et ce plus grand tableau est en voie d'être soigneusement orchestré. J'aurai confiance dans le rôle que je suis appelée à jouer. Et je peux être patiente.

Chaque chose renferme ses merveilles, même l'obscurité et le silence, et j'apprends, quel que soit mon état, à m'en satisfaire.

— *Helen Keller*

Chaque moment cache une merveille, si nous savons la chercher, si nous la laissons nous toucher, si nous y croyons. De la reconnaissance et de la célébration de la merveille naît la joie que nous désirons et attendons.

Le fait d'être pleinement en harmonie avec le moment présent nous fera connaître l'essence spirituelle qui unit tout ce qui vit. Nous cherchons la paix, le bonheur et le contentement à l'extérieur de nous-mêmes. C'est plutôt à l'intérieur de nous-mêmes que nous devons le découvrir, maintenant et toujours, dans tout ce que nous vivons.

Nous pouvons laisser nos expériences nous balayer. Désirer ardemment un autre moment, un endroit lointain, une nouvelle situation, apporte le mécontentement. Cela nous empêche de goûter le plaisir, les cadeaux que renferme le moment présent. Mais ils sont là.

Nous pouvons nous entraîner aux sentiments de joie face au présent, à l'excitation face à la constatation qu'en ce moment même, tout va bien. Tout va toujours bien. La vie est remplie de mystères et de merveilles et chaque moment de notre prise de conscience ajoute à l'émerveillement.

Je vais de l'avant ; nous le faisons toutes. Je suis la trajectoire prévue. Je participe à un sensationnel et merveilleux drame. Laissez-moi sauter de joie. J'ai été particulièrement bénie.

... la douleur est à l'origine de la connaissance.
— *Simone Weil*

Nous ne voulons pas la douleur dans nos vies. Nous appréhendons les situations qui, nous le savons, seront douloureuses. Nous prions même sans doute pour que les expériences douloureuses nous soient épargnées. Mais elles se produisent quand même, parfois à profusion. Et non seulement survivons-nous à la douleur, mais nous en tirons profit.

Il semble que la douleur nous amène à dépasser nos limites, nous forçant généralement à chercher conseil auprès d'autrui, et elle nous pousse à examiner de nouveaux choix dans notre situation présente. Comme femmes, comme membres de la famille humaine, la douleur est notre dénominateur commun. Elle nous adoucit l'une face à l'autre. Elle favorise la sympathie. Elle nous aide à tendre la main et à constater le besoin que nous avons les unes des autres.

De nouvelles connaissances, de nouvelles prises de conscience, voilà les bienfaits qui s'ajoutent à l'acceptation, plutôt qu'à la négation, de la douleur qui accompagne la vie. Ce voyage que nous avons entrepris nous amène toujours plus avant sur le chemin de l'édification. Nous pouvons considérer que chaque problème, chaque crise est notre préparation indispensable pour faire un pas de plus sur ce chemin.

J'apprends par la force des choses. Et lorsque l'élève est prête, le professeur apparaît.

Il y a tant à dire. Et tant à ne pas dire ! Il vaut mieux passer certaines choses sous silence. Mais tant de choses non dites deviennent un fardeau.
— *Virginia Mae Axline*

Les occasions sont nombreuses où nous aimerions partager un sentiment, une observation, peut-être même une critique avec quelqu'un. Le risque est énorme, toutefois. Elle pourrait être blessée, il pourrait s'éloigner, nous laissant seules.

Bien des fois, il n'est pas nécessaire de partager nos mots directement. En évaluant et mesurant le résultat probable et en cherchant conseil dans notre for intérieur, nous serons en mesure de décider quand parler et quand passer les choses sous silence. Mais si nos pensées entravent sérieusement nos relations, nous ne pouvons les taire bien longtemps.

Il faut parfois détendre l'atmosphère, cela rafraîchit toute relation. Décider du moment opportun pour prendre ce risque engendre la consternation. Mais dans notre for intérieur, nous savons toujours quand il faut parler franchement. L'orientation à privilégier nous sera fournie. Le bon moment se présentera. Et dans ce for intérieur, nous trouverons les mots pour le dire.

Si je suis mal à l'aise avec certaines personnes et que ce sentiment persiste, je songerai à ce qui pourrait devoir être dit. Je m'ouvrirai au chemin à suivre et demanderai qu'on m'indique les mesures à prendre. Puis je serai patiente.

... la souffrance... même multipliée... est toujours individuelle.

— *Anne Morrow Lindbergh*

Le fait de savoir que d'autres ont survécu à des expériences aussi dévastatrices que les nôtres nous donne de l'espoir, mais il ne diminue pas pour autant notre souffrance personnelle. Et il ne le faudrait pas ; de notre souffrance découle une connaissance nouvelle. La souffrance nous permet aussi de mieux apprécier les moments plus légers, plus faciles. La douleur vécue pleinement rehausse les moments de plaisir.

Nos souffrances sont singulières, individuelles et solitaires. Mais nos expériences avec la souffrance peuvent être partagées, diminuant ainsi le pouvoir qu'elles ont sur nous. Partager notre douleur avec une autre femme lui aide également à se rappeler qu'elle aussi peut survivre à sa douleur.

La souffrance rend plus indulgent, stimule la compassion et l'amour envers autrui. Notre sentiment d'appartenance à la race humaine, notre reconnaissance de l'interdépendance et de la parenté qui nous lient toutes sont les plus précieuces conséquences du don de la douleur.

Chacune de nos souffrances partagées me renforce et guérit mes blessures d'égarement d'esprit.

L'amour qui unit deux personnes est une chose précieuse. Ce n'est pas une possession. Je n'ai plus besoin de posséder pour être complète. L'amour véritable devient ma liberté.

— *Angela L. Wozniak*

Le fait de douter de soi-même engendre la possessivité. Lorsque nous manquons de confiance dans nos propres capacités ou craignons de ne pas être à la hauteur en tant que femmes, mères, amantes, employées, nous nous accrochons à nos vieux comportements, peut-être à des habitudes malsaines ou encore à une autre personne. Nous ne pouvons nous compléter en une autre personne parce que cette dernière évolue et s'éloigne de notre centre.

L'épanouissement de soi accompagne notre évolution spirituelle. À mesure que nous prenons conscience de la réalité du rôle bienveillant de notre puissance supérieure, nous trouvons la paix. Nous sommes confiantes d'être en voie de devenir tout ce que nous avons besoin d'être. Il suffit d'avoir foi en notre lien avec cette puissance supérieure. Si nous laissons cette foi nous posséder, nous n'aurons jamais besoin de posséder une autre personne.

L'amour de Dieu est nôtre, à chaque instant. Tout ce que nous devons faire, c'est le reconnaître. Si nous acceptons cet amour constant, nous serons entières et nous cesserons de douter de nous-mêmes. Le fait de nous accrocher à d'autres nous immobilise tout autant qu'eux, toute croissance étant dès lors entravée, la nôtre comme la leur.

La liberté de vivre, de grandir, d'éprouver toutes mes capacités m'est aussi proche que ma foi. Je m'y accrocherai et découvrirai l'amour réel qui se trouve dans mon coeur et dans celui des personnes qui me sont chères.

Habituées que nous sommes au changement, ou
non habituées, nous voyons un changement d'avis,
de vêtements, de vie avec une certaine incertitude.
— *Josephine Miles*

Être habitué à une situation, même douloureuse, apporte un certain degré de confort. S'écarter de la douleur, changer la situation, qu'il s'agisse d'un emploi, d'un foyer ou d'un mariage, demande du courage et le soutien d'autres personnes. Mais qui plus est, cela demande de croire que le changement nous sera bénéfique. Pour la plupart d'entre nous, la douleur devra d'abord empirer.

Après coup, nous nous étonnons du temps que nous y avons mis. Nous oublions, d'une fois à l'autre, qu'une porte ne peut s'ouvrir tant que nous n'en avons pas fermé une derrière nous. Le fait le plus important, c'est qu'une nouvelle porte s'ouvrira toujours, immanquablement. La douleur de la vieille expérience essaie de nous pousser vers de nouveaux défis, de nouvelles possibilités, une nouvelle croissance. Nous pouvons composer avec le changement ; nous pouvons composer avec la croissance. Nous ne devons jamais supporter plus que nous n'en sommes capables, et on nous donne que ce dont nous avons besoin.

L'expérience ne peut nous préparer aux ramifications d'un nouveau changement. Mais la confiance que nous mettons en nos amies et notre foi dans le processus spirituel de la vie peuvent nous aider et nous aident à traverser tout ce qui nous arrive.

Aujourd'hui, si j'ai à faire face à un quelconque changement, je saurai que je ne suis pas seule. Ce que j'affronte est approprié pour moi et nécessaire à mon bien-être. La vie est croissance. La prochaine phase de ma vie m'attend.

Mai

La perspicacité est bon marché.

— *Martha Roth*

Pendant des années, nous nous sommes maintenues dans un état à deux volets ; une partie de notre esprit nous regardait et disait : « Je fais des choses autodestructrices parce que je ne crois pas que je mérite l'amour. » Lorsque nous nous engagions dans une relation avec des personnes non convenables ou lorsque nous abusions de notre corps, nous disions : « Je me punis moi-même — j'en attends trop — je néglige mes propres besoins. »

Nous voyons sans doute clairement comment et pourquoi nous nous nuisons. Mais à moins de croire en une puissance qui nous est supérieure, nous ne nous écarterons pas. Nous ne lâcherons pas prise. Nous répéterons les mêmes comportements et nous nous « comprendrons » nous-mêmes de semblable manière. Nous utiliserons peut-être même notre « perspicacité » pour demeurer immobilisées — pour nous protéger du risque du changement.

Maintenant, ayant fait l'objet d'un réveil spirituel, nous en sommes venues à croire qu'une puissance supérieure peut nous restaurer ; nous possédons un don plus puissant que la perspicacité la plus vive — la foi en notre capacité de grandir et de changer. Nous sommes des enfants de Dieu. Toute la puissance créatrice de l'univers coule en nous, si nous n'en bloquons pas le flot.

Aujourd'hui, j'aurai la foi et tout ira bien.

Il faut se méfier des mots car ils se transforment en cages.

— *Viola Spolin*

Nous nous détruisons avec des étiquettes. Nous nous écrasons ; nous réduisons notre vision ; nous tuons dans l'oeuf les occasions en gestation. Nous influençons également ce que les autres pensent de nous. Un sage a dit que nous apprenons aux autres comment nous traiter. Apprenons-nous aux gens à ne rien attendre de grand de nous — parce que nous avons toujours peur ? Est-ce que nous brisons leur vision de notre potentiel — en ne pensant jamais que nous pouvons composer avec ce qui peut survenir ?

Nous devenons les personnes que nous nous sommes programmées à devenir. Nous pouvons retoucher le programme, n'importe quand. Et c'est maintenant le bon temps de commencer. Nous sommes entourées de personnes qui ont fait cela, justement.

C'est le temps des louanges. Nous sommes tout ce que nous avons besoin d'être, et plus. Nous aurons de l'aide pour accomplir ce qu'on nous demande de faire. Nous possédons une beauté intérieure qui ne demande qu'à être encouragée pour briller davantage. Si nous sourions de l'intérieur aujourd'hui, nous nous libérerons de nos cages négatives. Une nouvelle vie nous attend.

Ce sera un défi que de me reprendre chaque fois que je m'insulte, mais c'est un défi qui vaut la peine. Et c'est un défi que je peux relever haut la main !

... l'amour est un grand embellisseur.
— *Louisa May Alcott*

Lorsque nous attaquons la vie de front, avec un sourire, nous attirons à nous les gens et les situations. Nos attitudes colorent notre monde — ce qui ne veut pas dire que les problèmes ne surviennent pas. On peut toutefois voir ces problèmes comme des occasions spéciales de croissance — comme des cadeaux, ni plus ni moins, que nous sommes prêtes à recevoir. Lorsque l'élève est prête, le professeur apparaît. Les pierres d'achoppement que nous rencontrons sur notre route nous poussent au-delà de notre conscience actuelle. Elles nous apprennent que nous sommes plus fortes et plus créatives que nous le pensions. La résolution de problèmes est une façon de bâtir l'estime de soi.

Si nous affrontons la journée de façon négative, nous compliquons toute expérience. Un simple malentendu peut rapidement devenir une situation grave, qui requiert l'énergie de plusieurs personnes pour être résolue. D'un autre côté, une attitude patiente, confiante et aimante peut transformer une situation grave en une expérience positive d'apprentissage pour toutes les personnes concernées. Nous pouvons embellir la journée en gardant le sourire dans toutes les situations qui se présentent. En exprimant de l'amour à toutes les personnes que nous rencontrons, nous nous assurons d'être plus aimables à notre tour.

Comme j'ai de l'influence aujourd'hui ! Je peux aller de l'avant avec amour, si je le veux bien — ce qui me garantit une journée agréable pour moi et pour toutes les personnes que je rencontre.

Les rares et magnifiques expériences de révélation divine sont des moments de dons spéciaux. Chaque journée, nous vivons cependant toutes avec des dons particuliers qui font partie intégrante de notre être ; la vie est un processus de découverte et d'exploitation de ces dons que Dieu dépose en chacune de nous.

— Jeane Dixon

Avons-nous découvert quels sont nos dons ? Certes nous les possédons, et maintenant que nous sommes sobres, chaque jour nous offre des occasions de les partager. Ce partage conscient nous apporte la joie et augmente notre estime de soi. Nous devons prendre conscience de l'importance que nous avons pour les autres.

Un grand nombre d'entre nous ont adhéré à ce programme pour ainsi dire les pieds devant. Presque toutes, nous étions remplies de fureur, de honte, ou des deux. La vie nous avait fait faux bond. Nous avions tout juste survécu. Nous ne savions pas encore que nous avions quelque chose à offrir à la race humaine. Cette conscience nous échappe peut-être encore, de temps en temps. Mais nous pouvons apprendre à l'accueillir.

Nous possédons des talents que nous sommes seules à pouvoir offrir au monde. Peut-être avons-nous de la facilité à nous exprimer ou avons-nous une belle plume. Prêter une oreille attentive à une amie qui en a bien besoin peut être notre talent le plus précieux aujourd'hui. Notre moi intérieur connaît nos forces. Nous pouvons l'écouter.

Aujourd'hui, Dieu essaie d'attirer mon attention pour que je dirige mes énergies vers la mise à profit de mes talents particuliers. Je serai ouverte.

... le succès engendre la paix.

— *Gertrude Stein*

Le succès est à la portée de la main. Pendant que nous lisons ces mots, nous connaissons le succès. En cet instant même, notre engagement dans le processus de changement est une preuve de succès, et nous ressentons de la paix chaque fois que nous renonçons à notre lutte, nous tournant plutôt vers l'aide et les conseils d'autrui. Comme nous recherchons seulement la perfection, nous ne reconnaissons rien de moins ; nous fermons notre conscience à tous les succès ordinaires qui sont nôtres, jour après jour. Ainsi, la sérénité que nous promet le programme nous échappe. Mais nous connaissons le succès. Chaque jour où nous demeurons sobres, nous réussissons.

Pensons au temps — peut-être n'était-ce qu'hier — où nous écoutions une amie dans le besoin ou finissions une tâche qui nous pesait. Peut-être avons-nous pris rendez-vous pour commencer un projet que nous repoussions. Le succès, c'est d'adopter une mesure concrète, sans plus.

Un grand nombre d'entre nous ont appris, dans leur enfance, que le succès ne venait que sous une certaine variété de formes et de tailles. Et nous avions l'impression d'être des échecs. Il nous faut de nouvelles définitions ; c'est le temps de mettre les anciennes au rebut. Heureusement pour nous, le programme nous en offre de nouvelles.

Aujourd'hui, chaque personne, chaque situation peut ajouter à mon succès. Mon attitude peut aussi aider quelqu'un d'autre à réussir.

Me voici devant vous, ferme comme un roc, portant sur mes épaules tout le poids du monde. Tandis que vous passez dans ma vie, regardez, mais pas de trop près, car je crains de mettre à jour mon moi vulnérable.

— Deidra Sarault

La vulnérabilité fait autant partie de l'être humain que la force. Notre vulnérabilité empêche notre force de devenir dure, cassante, égoïste. Nos coins arrondis invitent l'ouverture des autres et l'expression de leur amour.

Nous avons appris il y a longtemps à être « fortes ». On nous encourageait à ne pas avoir besoin d'aide, à n'avoir besoin de personne. Maintenant, nous nous battons pour demander de l'aide. À mesure qu'augmente notre compréhension de nos besoins humains et que nous devenons de plus en plus conscientes de l'aide spirituelle qui est à notre disposition, il devient plus facile de nous tourner vers les autres.

Nous n'avons plus besoin de chercher la force dans les pilules, l'alcool, la nourriture ou des amants. Toute la force dont nous aurons jamais besoin se trouve aussi proche de nous que nos pensées. En ce moment, nous sommes comme des rocs, nullement accablées de fardeaux. Au contraire, notre force est un bienfait du lien que nous avons établi avec une puissance spirituelle qui peut nous libérer de tous les soucis que nous portons sur nos épaules. Nos moi vulnérables ouvriront nos âmes au flot de force qui n'attend que nos prières.

Je serai aussi forte que je dois l'être lorsque je ferai appel à ma source spirituelle qui m'attend. Aujourd'hui, je risquerai mon moi vulnérable.

Nous avons tendance à considérer le rationnel comme étant l'ordre supérieur, mais c'est l'émotionnel qui marque nos vies. Dix jours d'angoisse nous en apprennent souvent davantage que dix ans de satisfaction.

— *Merle Shain*

La douleur nous met à rude épreuve. Elle nous pousse vers les autres, nous encourage à prier et nous invite à nous reposer sur nos ressources intérieures. Nous formons notre caractère tout en négociant les virages difficiles. La douleur apporte souvent la sagesse. Elle nous prépare à aider d'autres femmes dont les expériences sont le reflet des nôtres. Notre propre douleur nous fournit les histoires destinées à une autre qui se sent perdue.

Quand nous réfléchissons un moment à notre passé, nous nous rappelons la douleur que nous ressentions le mois ou l'an dernier ; la douleur d'un amour perdu, ou celle d'une perte d'emploi et des factures qui s'accumulent ; la douleur du départ des enfants ou celle de la mort d'une personne qui nous était chère. Il nous a semblé que nous ne pourrions surmonter cette douleur. Mais nous l'avons fait, on ne sait trop comment, et nous en sommes fières. En être venues à bout nous a renforcées. Ce que nous oublions, c'est que nous n'aurons plus jamais à connaître seules des moments difficiles. L'angoisse qui accompagne une situation déchirante se dissipe aussi rapidement et silencieusement que l'entrée en jeu de notre puissance supérieure, lorsque nous faisons appel à elle.

J'ai très envie de satisfaction. Et je mérite ces moments. Mais sans la douleur que renferme la vie, je ne reconnaîtrais pas la valeur du contentement.

La lutte pour vainement sauver les apparences, le masque — quel que soit le nom du perfectionnisme rampant — nous prive de nos énergies.
— Robin Worthington

Comme nous sommes habituées à essayer d'être des femmes autres que nous-mêmes, des femmes plus excitantes, pensons-nous, ou plus sexy, ou plus intelligentes ! Nous avons sans doute consacré beaucoup d'énergie à cette tâche au fil des ans. Il est probable que nous devenons peu à peu plus satisfaites de nous-mêmes. N'y a-t-il toutefois pas encore des situations qui nous mettent au supplice, tant parce que nous voulons projeter une image différente que parce que nous ne pouvons admettre notre désir de le faire ?

Nous avons toutes le bonheur de posséder des qualités uniques. Il n'y a aucune autre femme comme nous-mêmes. Nous avons toutes des caractéristiques particulières qui sont projetées d'une manière seulement, de la manière dont nous seules les projetons. Le fait de savoir que nous sommes parfaites telles que nous sommes est une connaissance qui accompagne le processus de changement. Comme la vie est plus facile, comme nous pouvons mieux tirer parti de chaque instant lorsque nous accueillons chaque expérience dans le confort de notre moi réel. Le fait d'être nous-mêmes nous permet aussi, comme bénéfice supplémentaire, d'entendre, de voir et de comprendre les autres pour la première fois de notre vie.

Je peux porter toute mon attention sur une seule chose, une seule personne à la fois. Aujourd'hui, je vais détourner mon attention de moi-même et me laisserai remplir par mes expériences avec autrui.

Avoir de trop grandes attentes est une forme de sentimentalisme, et c'est une faiblesse qui conduit à l'amertume.

— Flannery O'Connor

Avoir de trop grandes attentes, c'est ouvrir la voie à des déceptions. De telles attentes se prêtent à une vie fantaisiste, et la réalité ne correspond jamais à la fantaisie. Lorsque nous nous accrochons à des idées fantasques, les prenant en quelque sorte pour la réalité, nous nous exposons à la peine qui accompagne l'émergence de ce qui est « vrai ». Nous nous sentons alors trahies — amères : « Pourquoi est-ce que cela m'arrive à moi ? »

Avant d'entreprendre le processus de changement, nous avions très souvent des attentes beaucoup trop grandes. Et nous en avons encore souvent, même maintenant. Les rêves et les aspirations ne sont pas mauvais en soi. De fait, ils nous poussent vers des choses plus grandes et meilleures. Mais les rêves de ce que nous pouvons devenir par nos choix responsables sont très différents des attentes futiles de ce qui pourrait ou devrait être.

Chaque moment de chaque journée ouvre la voie à mes aspirations qui rehaussent la réalité. Je serai ouverte et réceptive à la réalité et à ses présents.

Attendre quelqu'un ou attendre que quelqu'un rende ma vie plus riche ou plus pleine ou plus satisfaisante, c'est vivre dans un état constant de suspension ; et je manque tous ces autres moments qui passent. Ils ne reviendront jamais pour me permettre de les vivre à nouveau.

— Kathleen Tierney Crilly

Nous ne reprendrons jamais exactement de la même manière les mesures que nous prenons aujourd'hui. Les pensées qui nous passent par l'esprit sont neuves, elles ne se répéteront jamais. Tout ce que ces moments nous offrent ne repassera jamais.

Nous devons toutes saisir notre propre bonheur, créer notre propre richesse par l'entremise des expériences que nous vivons. Nous pouvons partager ce que nous saisissons avec nos êtres chers, mais tout comme nous, ils doivent eux aussi chercher leurs propres avenues vers la satisfaction durable. Nous ne pouvons donner le bonheur à un autre, comme un présent, ni l'attendre en retour.

La plénitude de la vie que nous désirons toutes découle naturellement du fait de vivre chaque moment de sa vie aussi pleinement que possible. Notre puissance supérieure ne nous mènera jamais vers des eaux trop profondes. Lorsque nous lui aurons volontairement remis nos vies et nos volontés, nous trouverons la richesse, la plénitude, la satisfaction en abondance. La foi en Dieu répond à toutes les questions, résout tous les problèmes.

Aujourd'hui, je vais caresser tous les moments. Chacun est spécial et ne repassera pas par mon chemin.

Les moments difficiles, comme les bons moments,
ont tendance à venir plusieurs à la fois.
— *Edna O'Brien*

Les coups durs pleuvent peut-être sur nous ces temps-ci et paraissent sans fin. Les difficultés semblent en attirer d'autres, des problèmes avec nos êtres chers, des problèmes au travail, des problèmes avec notre apparence. La coupable, c'est une attitude négative, une chose qui nous donne toutes du fil à retordre à un moment ou l'autre (à certaines d'entre nous plus qu'à d'autres).

Lorsque les bons moments se présentent, comme ils le font toujours, ils s'accompagnent d'une attitude positive. Nous trouvons effectivement ce que nous cherchons.

Notre attitude est primordiale. Elle détermine nos expériences. Nous pouvons tolérer avec une certaine facilité une situation éprouvante grâce à une attitude positive, confiante. Nous oublions généralement que nous possédons, au plus profond de nous-mêmes, la force qui nous permet de faire face à chaque situation. Nous oublions la vérité toute simple — tout va bien en ce moment, et à chaque moment. Lorsque les moments sont agréables, notre présence est légère, joyeuse. Lorsque les moments sont pénibles, nous le sommes également.

Je peux changer l'allure de ma journée. Je peux changer la saveur des expériences d'aujourd'hui. Je peux me remonter le moral et savoir que tout va bien.

Chaque être humain a, comme Socrate, un ange gardien ; et sages sont ceux qui obéissent à ses signaux. S'il ne nous dit pas toujours ce qu'il faut faire, il nous met toujours en garde contre ce qu'il ne faut pas faire.

— Lydia M. Child

Notre Esprit est notre guide intérieur. Et notre Esprit ne nous donne jamais, jamais, de mauvaises directions. Parce que nous sommes humaines, c'est trop facile de nier la voix intérieure. Certains l'appellent conscience. Et notre comportement, parfois fréquemment, parfois à l'occasion, dément ce que notre conscience sait être bien. Et nous en payons le prix.

Nous essayons d'être saines — sur les plans émotionnel, spirituel et physique. Nous pouvons faire des progrès chaque jour. Dans chaque geste que nous posons, il y a un choix à faire. Nous devons consulter notre Esprit, notre conscience. Les bons choix conduisent à de bonnes actions qui profitent à nous ainsi qu'à nos proches, sur les plans émotionnel et spirituel.

C'est rassurant de se fier à la voix intérieure. Nous savons ainsi que nous ne sommes jamais seules. Nous n'avons à prendre aucune décision seules. Nous ne devons poser aucun mauvais geste. Un sentiment de sécurité accompagne le partenariat entre chacune de nous et notre Esprit.

Je laisserai le partenariat oeuvrer pour moi aujourd'hui.

Votre perception de ce qui apporte le bonheur est tellement rudimentaire et maladroite. Essayez autre chose comme boussole. Les moralistes ont peut-être raison, le bonheur ne vient sans doute pas de la recherche du plaisir et du confort.

— Joanna Field

Nous pensons savoir ce qui nous rendra heureuses. Nous n'acceptons pas facilement le fait que les moments pénibles sont souvent le prix à payer pour les moments paisibles et heureux. Nous ne sommes pas conscientes non plus que le bonheur vit au fond de chacune d'entre nous ; il n'est jamais intrinsèque aux événements que nous vivons. Parce que nous cherchons le bonheur « là-bas » et que nous nous attendons à le trouver sous tel emballage-cadeau, nous ne voyons pas la joie qui consiste à être pleinement en vie à chaque moment qui passe. Comme notre sentiment du bonheur était déformé avant que nous nous acheminions vers ce programme ! Comme notre recherche était futile !

Le chemin n'est toujours pas facile à chaque pas que nous faisons, mais nous trouverons le bonheur dans ces moments éphémères où nous réussissons à sortir de nous-mêmes assez longtemps pour être tout à fait attentives aux personnes qui nous entourent. Nous le trouverons parce qu'il était là tout ce temps. Il coule entre nous lorsque nous ouvrons nos coeurs pour donner et recevoir de la compassion. Être vraiment là pour une autre personne, c'est la clé qui déverrouille la barrière qui retient le bonheur.

Aujourd'hui, je laisserai entrer quelqu'un et sentirai le bonheur jaillir.

Les miracles sont instantanés, on ne peut les commander, ils arrivent d'eux-mêmes, habituellement à des moments improbables et aux personnes qui les attendent le moins.

— Katherine Anne Porter

Chacune de nous a miraculeusement été appelée sur la route de la réhabilitation. Nous nous sommes sans aucun doute senties impuissantes bien des fois. Nous avons sans doute imploré de l'aide, en vain et de personne en particulier. Puis l'aide est venue. Plusieurs d'entre nous ne savent pas au juste comment elle est venue. Mais nous pouvons jeter un coup d'oeil autour de nous et apprécier le miracle dans nos vies.

Nous avons encore des jours gris. Des jours où nous nous sentons comme si nous avions douze ans, incapables d'assumer la responsabilité de nos vies, ayant besoin d'une mère pour nous nourrir et nous assurer que la douleur va passer. Nous pouvons chercher une marraine ces jours-là. Nous pouvons chercher quelqu'un d'autre à aider. Nous pouvons aussi réfléchir au chemin que nous avons parcouru. Au beau milieu de notre détresse, un peu de reconnaissance envers tous les présents que nous offrent le « recovery »* peut atténuer la douleur, la peur, le stress du moment.

Les miracles continuent dans ma vie. Chaque jour m'offre un miracle. Aujourd'hui, la gratitude m'aidera à voir les miracles à l'oeuvre dans ma vie et dans celle d'autres femmes qui sont sur le chemin de la réhabilitation.

---

* Voir la « Note de l'éditeur français » au début du livre.

Difficultés, opposition, critiques — ces choses sont faites pour être surmontées, et il y a une joie toute particulière à les affronter, puis à avoir le dessus. C'est seulement lorsque la vie n'est plus que louanges qu'elle perd son charme, et je me demande ce que je dois faire à ce propos.
— Vijaya Lakshmi Pandit

Être vivante signifie connaître des difficultés, des conflits, des défis de toutes parts. Notre façon de composer avec des circonstances défavorables détermine qui nous sommes et est déterminée par qui nous sommes. La résistance, comme beaucoup d'entre nous l'ont appris, intensifie l'adversité. Si nous acceptons les circonstances, confiantes que la leçon qu'elles portent nous profitera, nous sommes assurées de l'emporter.

Les difficultés sont autant d'occasions d'avancement, d'augmentation de la conscience de soi, d'accomplissement de soi. Nous entendons souvent, et nous nous le rappelons les unes aux autres, que la douleur fait grandir. Nous pouvons faire face à n'importe quelle situation sachant que nous pouvons nous appuyer sur la force que nous donne le programme. Fait étrange, nous avons besoin de défis pour grandir ; sans croissance, nous nous étiolons. Le bonheur est la prime pour avoir fait face aux circonstances malheureuses provisoires.

Aujourd'hui, toutes les difficultés que je rencontrerai m'offriront l'occasion d'un bonheur plus grand encore ; cela garantit ma croissance.

Seules les femmes dont les yeux ont été délavés par les larmes ont cette vision libérale qui en fait de petites soeurs du monde entier.

— *Dorothy Dix*

Les tempêtes qui bouleversent nos vies nous font du bien, tout comme les tempêtes qui frappent nos villes et nos maisons nettoient l'air que nous respirons. Nos tempêtes font émerger les problèmes qui nous accablent. Peut-être craignons-nous encore un emploi qui comporte des responsabilités. Peut-être sommes-nous encore en lutte avec les personnes qui nous sont proches. La possessivité est une tempête d'un genre particulier qui nuit à notre progrès. Les tempêtes nous forcent à reconnaître ces faiblesses qui continuent à nous barrer la route, et la reconnaissance est l'étape nécessaire au lâcher prise.

Le chemin vers un rétablissement est parsemé d'une série de tempêtes, des tempêtes qui aident à faire surgir de nouvelles pousses, des tempêtes qui nettoient à grande eau nos canalisations obstruées. La paix qui suit une tempête mérite qu'on la chante.

Chaque tempête peut être comparée à un barreau de l'échelle qui mène à l'intégralité, à une participation totale à la race humaine en santé. Les tempêtes rendent l'ascension difficile, mais nous acquérons un peu de force à chaque échelon. Nous surmonterons plus facilement la prochaine tempête.

Si aujourd'hui est une journée orageuse, je dois me rappeler que l'air que je respire en sera vivifié.

L'amour nous permet de vivre et en vivant, notre capacité d'aimer grandit.

— *Evelyn Mandel*

Certains jours, cela semble trop facile d'être centrées sur nous-mêmes, de nous demander si les autres nous aiment plutôt que d'aimer les autres. Ces jours-là, il nous faut peut-être faire « comme si » nous aimions les personnes qui vivent sur notre chemin. Nous en tirons cependant un bénéfice inattendu, puisque nous commençons à aimer et à nous sentir aimées. Cela devient plus facile de vivre ainsi que d'aimer.

Faire « comme si » est une bonne façon d'apprendre ces comportements qui ne nous semblent pas naturels. Et avec le temps, nous n'aurons plus besoin de faire « comme si ».

Je peux me comporter comme je le veux. Je peux choisir de penser aux autres et de les aimer. Aujourd'hui, je peux choisir de m'oublier.

... pour sentir quoi que ce soit, il faut de la force...
— *Anna Maria Ortese*

La force d'accomplir toute tâche, de supporter toute pression, de trouver la solution à tout problème est toujours aussi proche de nous que notre propre souffle. Nous dépensons toute notre énergie, nous mettant à terre, nous rendant même malades d'inquiétude, lorsque nous ne réussissons pas à nous tourner vers la source de force qu'il nous suffit pourtant de prendre.

Nous avons l'occasion, moment après moment, de connaître l'enchantement de la vie. Nous avons la chance, grâce au programme, de faire confiance à nos sens, de nous en remettre au moment présent, sachant que nous sommes assurées d'une nouvelle connaissance, d'une conscience plus aiguë de la signification de nos propres vies, lorsque nous sommes totalement en accord avec les expériences qui sont uniquement nôtres, ici, maintenant.

Notre force augmente à mesure que nous la mettons à profit, un peu comme les muscles. Plus nous nous tournons vers cette puissance supérieure, plus cette source de force est à notre disposition. Avec la pratique, cela devient une habitude de laisser Dieu nous aider à supporter toutes les pressions, à résoudre chaque problème. Avec le temps, les pressions et les problèmes semblent ne plus exister. Nous apprenons à laisser notre puissance supérieure contourner les difficultés qui parsèment notre vie. Enfin libres, nous pouvons jouir en toute liberté des vraies joies de la vie.

Toute la force dont j'ai besoin pour faire face à tout ce qui me tracasse est à la portée de ma main. Aujourd'hui, je vais lâcher prise et laisser Dieu m'aider.

> *... si nous sommes malades, pauvres ou malheureuses, nous pensons que nous serons satisfaites le jour où cela cessera. Mais là aussi nous savons que c'est faux ; aussitôt que nous nous habituons à l'absence de souffrance, nous voulons autre chose.*
> — *Simone Weil*

Peut-être est-ce la nature de la condition humaine de n'être jamais satisfaite et de toujours se dire : « Si seulement... ». Cependant, plus nous cherchons l'intégralité en nous-mêmes, meilleure sera notre acceptation de toutes choses, en tout temps. Nous entendons tellement souvent dire que le bonheur est intérieur. Mais qu'est-ce que cela veut dire quand nous venons de perdre l'emploi qui nous faisait vivre, nous et nos enfants ? Ou quand la voiture ne veut pas démarrer et que les fonds sont à sec ? Ou quand nous nous sentons vraiment apeurées et ne savons pas à qui parler ni où aller ? Quelle platitude alors que les mots « le bonheur est intérieur » !

Pourtant, notre sécurité est au-dedans de nous, si seulement nous savons comment l'exploiter, parce que c'est là que réside la force qui nous a été accordée par notre puissance supérieure. « Se tourner vers l'intérieur » exige d'abord de prendre une décision. Cela demande du calme et de la patience. Mais la paix viendra. Nous cesserons de vouloir quelque chose lorsque nous aurons appris à nous tourner vers notre force intérieure. Nous trouverons la sérénité plutôt que la souffrance.

Aujourd'hui, je me tournerai vers l'intérieur chaque fois que je sentirai des signes de mécontentement. J'y chercherai ma joie et mon sentiment de bien-être, et je saurai que l'ordre divin a les choses en main.

Cela ne prend qu'une personne pour changer votre vie — vous.

— Ruth Casey

Le changement n'est pas facile mais absolument inévitable. Des portes vont se fermer. Des barrières vont surgir. Des frustrations vont s'accumuler. Rien n'est immuable, et c'est folie de penser qu'il peut en être autrement. La croissance accompagne tout changement positif ; en prenant le risque de ce qui découlera d'un changement de comportement, nous augmentons notre perception de nous-mêmes. Nous aurons fait un pas en avant ; dans chaque situation, nos vies sont influencées par le changement que nous sommes les seules à pouvoir apporter.

Nous avons toutes appréhendé les changements que nous savions nécessaires. Encore aujourd'hui nous craignons un changement imminent. Où cela va-t-il nous mener ? Nous acceptons difficilement de ne pas contrôler le résultat. Seul l'effort nous appartient. Ce qui est consolant, c'est que les changements positifs, que nous savons être bons pour nous et pour les personnes qui nous entourent, ne vont jamais nous écarter de notre chemin. De fait, ils sont nécessaires pour nous amener au sentier plat qui nous attend juste au bout de cette pierre d'achoppement.

Lorsque certaines circonstances de notre vie nous troublent, un changement s'impose, un changement que nous devons entreprendre. Quand nous pensons à notre passé récent, ou plus lointain, nous nous rappelons que les changements que nous avons craints le plus ont influencé positivement nos vies d'une manière indescriptible.

Les changements augurent de bonnes et non de mauvaises nouvelles.

Nos amis n'étaient pas d'une beauté surnaturelle,
ils ne parlaient pas une langue d'or ; nos amants
faisaient des bévues de temps en temps, tandis que
nous cherchions surtout la perfection...
— *Adrienne Rich*

Nos attentes dépassent tellement souvent la réalité. Nous voulons plus que nous n'avons ; nos foyers, les êtres qui nous sont chers, peut-être nos emplois semblent ne pas être à la hauteur. « Si seulement » — nous disons-nous. Le temps est venu de cesser de dire « si seulement » et d'apprécier plutôt ce qui est.

Nous sommes en cheminement vers un mieux-être. Nous avons des amies et des familles qui s'intéressent à nous. Nous avons exactement ce qu'il nous faut en ce moment.

Chacune de nous peut faire une contribution aujourd'hui pour le bien de quelqu'un d'autre et, partant, pour son propre bien. Et dans l'acte de veiller à cette journée — à donner quelque chose à un autre être humain — nous pressentirons la perfection intérieure que nous cherchons par erreur dans nos moi extérieurs.

Aujourd'hui, je peux regarder autour de moi et être reconnaissante. Je dirai à quelqu'un qui m'est proche que je suis contente que nous partagions nos mondes propres.

Changer un simple comportement peut influer sur d'autres comportements et ainsi changer plusieurs choses.

— Jean Baer

Notre comportement révèle aux autres et à nous qui nous sommes. Il arrive souvent que nous nous comportions de façon telle que nous sommes prises au piège ou gênées. Ou nous nous sentons profondément honteuses d'un de nos comportements dans une circonstance particulière. Notre comportement ne nous plaira jamais totalement. Toutefois, décider que nous voulons changer un comportement et se servir du programme pour ce faire, c'est un premier pas.

N'oubliez pas, les imperfections sont humaines et, à ce titre, elles sont tout à fait acceptables. Cependant, lorsque nous changeons un certain comportement, par exemple décider de faire une marche chaque matin plutôt que de dormir 30 minutes de plus, nous changeons ce que nous pensons de nous-mêmes. Et un changement mineur comme celui-ci peut avoir un effet remarquable sur notre façon de voir les choses, sur nos attitudes.

Pour un grand nombre d'entre nous le dilemme a été pendant longtemps la peur de ne pas pouvoir changer. Mais nous le pouvons. Et nous pouvons nous aider les unes les autres à changer aussi.

Aujourd'hui, un petit changement — un sourire à la première personne que je rencontre, une méditation avant le souper, quelques minutes d'exercice — m'aidera à établir un nouveau parcours. J'encouragerai aussi une autre femme à se joindre à moi dans mes efforts, et j'irai de l'avant.

*Donnez autant de vous-mêmes que vous le pouvez
à une aussi grande part de votre puissance supérieure que vous pouvez comprendre.*

— S.H.

Plus nous agissons de concert avec Dieu, plus grands seront nos plaisirs dans la vie. Reconnaître notre partenariat avec notre puissance supérieure rend toute décision plus facile, facilite l'achèvement de chaque tâche et élimine toute incertitude quant à notre valeur dans ce monde, particulièrement aux yeux des personnes qui nous entourent.

Le fait de savoir que nous ne sommes jamais seules, que dans chaque circonstance, quelqu'un s'occupe de nos meilleurs intérêts, amortit n'importe quel choc que nous puissions recevoir. Les coups nous enseignent ; ils sont les leçons que le moi intérieur a réclamées, et n'oublions jamais que nous avons un tuteur toujours prêt pour nous aider à nous acquitter de chaque tâche.

Plus nous nous en remettons à Dieu pour qu'Il nous aide à traverser les activités mondaines de même que les expériences inquiétantes, plus grande sera notre certitude que tout est bien, que nos vies sont sur la bonne trajectoire et qu'un plan se déroule petit à petit qui tient compte de nos meilleurs intérêts.

Ma compréhension de Dieu et du pouvoir de sa présence est proportionnelle à ma confiance en ce pouvoir. Un peu comme dans le cas de l'électricité, je peux me brancher à la source de la « lumière » de la compréhension, de la force qui me permettra de surmonter n'importe quelle expérience aujourd'hui.

C'est ironique, mais tant que vous ne libérez pas
ces derniers monstres de votre jungle intérieure,
votre âme est jetée en pâture au plus offrant.
— *Rona Barrett*

Nous avons toutes des monstres. Peut-être est-ce la dépression devant les circonstances passées ou présentes, ou le ressentiment au sujet du comportement d'autrui, ou la peur de situations nouvelles. Peut-être est-ce la jalousie à l'égard d'autres femmes. Plus nous accordons d'attention à nos monstres, plus ils deviennent puissants. Plus nous essayons de résister à la jalousie ou à la dépression ou à la peur, plus elle grandit.

Le programme nous donne le moyen de lâcher prise. Et nous trouvons la façon de le faire par l'entremise les unes des autres. Lorsque nous partageons notre être complètement les unes avec les autres, lorsque nous partageons nos monstres, ils cessent de nous dominer. Ils cherchent les replis obscurs de nos esprits et lorsque nous dirigeons la lumière sur eux, ils reculent. Le programme nous offre une lumière éternelle.

Aujourd'hui, je laisserai le programme briller dans ma vie.
Mes monstres vont s'enfuir pour la journée.

Le bonheur est la récompense de nos efforts, une fois que l'on connaît les ingrédients essentiels du bonheur — des goûts simples, un certain degré de courage, un peu d'oubli de soi, l'amour du travail et, par-dessus tout, une conscience tranquille. Le bonheur n'est pas un rêve vague, j'en suis maintenant certaine.

— George Sand

Nous sommes aussi heureuses que nous permettons à nos esprits de l'être, dit le dicton. Mais le bonheur est le résultat de bonnes actions. Nous nous y préparons chaque jour. Nous établissons notre parcours. Plusieurs d'entre nous doivent d'abord déterminer où elles veulent aller avant de décider du chemin à prendre. Nous avons peut-être dérivé passivement pendant des années. Mais le temps est maintenant venu de naviguer, de viser un but.

Nous avons peut-être des craintes quant à l'avenir. Nous pouvons toutefois être courageuses. La force est à la portée de la main, toujours, il suffit de la demander. Nous pouvons prendre un petit départ aujourd'hui. Et chaque jour, nous pouvons faire au moins une chose pour nous amener plus près de notre but. Un projet réalisé, même infime, engendre de bons sentiments. Le bonheur en est le sous-produit.

Aujourd'hui est ouvert à tout. Je vais adopter une ligne de conduite et aller de l'avant. Tout autour de moi, il y a de l'aide, il suffit de la demander.

De chaque crise naît la chance de renaître, de nous concevoir à nouveau comme individus, de choisir le genre de changement qui nous aidera à grandir et à nous épanouir plus complètement.

— Nena O'Neill

Avant de choisir de nous réhabiliter, la plupart d'entre nous passions d'une crise à l'autre. Il y eut bien des jours où nous cherchions l'oubli dans l'alcool et la drogue plutôt que de faire face à des peurs qui nous grugeaient. Il n'était sans doute pas possible à la majorité d'entre nous de nous rendre compte qu'une crise était un instrument de croissance.

Même aujourd'hui, même dans notre programme pour nous réhabiliter, même si les nuages se dissipent et que nos sentiments à l'égard de nous-mêmes sont plus positifs, une crise peut nous accabler pendant un certain temps. Nous cherchons cependant de l'aide pour la surmonter. Nous pouvons respirer un grand coup, nous en remettre à notre puissance supérieure, écouter les messages qui nous viennent de nos amies. Et nous pouvons choisir parmi les nombreuses options offertes la démarche qu'il convient d'adopter à ce stade.

La vie est une série de leçons. On peut considérer les crises comme des devoirs. Elles ne sont pas là pour nous vaincre, mais pour nous aider à grandir — à nous conférer notre diplôme pour nous faire passer au prochain stade de notre vie.

Aujourd'hui, je vais porter attention à mes leçons et me sentir stimulée par la croissance qu'elles me garantissent.

Comme la roue de la décennie tourne, ainsi les besoins, les désirs et les tâches d'une personne évoluent. Chacune de nous doit, en effet, réaliser une série de « marchés » ou de compromis entre les besoins et les désirs du moi intérieur, et un environnement extérieur qui offre certaines possibilités et fixe certaines limites.

— *Maggie Scarf*

Ce que la vie nous réserve n'est peut-être pas ce dont nous avions rêvé. Les leçons de la vie ne sont peut-être pas celles que nous aurions choisi d'apprendre. La sagesse nous dicte que la joie de la vie est proportionnelle à la facilité avec laquelle nous acceptons ces possibilités de croissance qui sont nées de nos désirs intimes.

Nos désirs sont comme une ébauche d'un travail écrit, un projet de recherche. Ils nous aident à voir où nous voulons aller en un moment bien précis, mais à mesure que nous avançons, il se peut que nous ayons à changer de cap. Le flot naturel de « la tâche » nous aidera à le raffiner.

Nous n'avons peut-être pas essayé de « concrétiser » plusieurs de nos désirs par le passé. Mais c'est maintenant le temps. Une des joies que procure le processus de transformation que nous avons entrepris, c'est de nous permettre de comprendre que nos désirs sont étroitement liés à notre programme spirituel et à notre processus de transformation. Et nous savons que nous ne sommes pas seules. Nous devons nous occuper des désirs intimes qui nous font signe. Ils nous appellent à aller de l'avant.

Aujourd'hui, je peux faire les quelques premiers pas.

On peut distinguer le pouvoir spirituel dans le respect qu'a une personne de la vie — la sienne et toutes les autres, y compris les animaux et la nature, reconnaissant là une force de vie universelle que plusieurs appellent Dieu.

— Virginia Satir

Prendre le temps, chaque jour, de reconnaître la force spirituelle en chaque personne et en chaque chose qui nous entoure nous encourage à nous sentir humbles, à ressentir une crainte révérencielle. Lorsque nous réfléchissons aux liens qui nous unissent toutes, à notre besoin d'un être unique qui complète l'univers, nous diminuons quelque adversité que nous puissions éprouver tandis que nous nous battons avec notre humanité.

Notre pouvoir spirituel est rehaussé par chaque bénédiction que nous donnons. Et comme notre pouvoir spirituel augmente, les vicissitudes de la vie diminuent. Notre lutte pour accepter les situations, les conditions et d'autres personnes, ou notre lutte pour les contrôler diminue avec chaque jour où nous reconnaissons et révérons la personnalité les unes des autres, l'existence les unes des autres.

Je peux m'enseigner le respect et je peux commencer aujourd'hui. Je vais chercher l'« Esprit » partout et je vais commencer à le voir.

Les femmes bavardent parfois lorsqu'elles veulent se rapprocher des gens.

— *Joan Gilbertson*

Lorsque nous nous sentons seules et solitaires, nos peurs d'être médiocres s'intensifient. Dans notre éloignement des autres, la paranoïa nous saisit. Nous aspirons à sentir un lien avec quelqu'un et le bavardage à propos d'une tierce personne peut rapprocher deux êtres solitaires. Nous sommes liées.

Nous avons besoin d'un sentiment d'appartenance au voisinage, au personnel de notre lieu de travail, au groupe que nous appelons amies. Cette certitude que nous faisons partie du groupe favorise une chaleur intérieure qui accompagne la sécurité, le bien-être. Et nos peurs fondent comme neige au soleil.

En franchissant les cinquième, neuvième et dixième Étapes du programme, nous sommes assurées de ressentir l'intimité que nous désirons tant. L'autorévélation renforce nos liens avec les gens auxquels nous désirons nous lier. Le bavardage perd de son intérêt lorsque nous savons que nous partageons déjà une intimité. Le fait de mélanger nos vulnérabilités garantit notre intimité.

Nous devons être attentives aux jugements que nous portons sur les autres, qu'ils soient verbalisés sous forme de bavardage ou savourés en silence. Ces jugements agissent comme baromètres de notre image de soi. La sécurité de savoir que nous appartenons au groupe, que nous sommes unes, nous libère de la nécessité de juger les autres.

La solitude me pousse à des comportements qui aggravent même ma solitude. La véritable intimité naît lorsque je parle de moi au lieu de quelqu'un d'autre.

Dans des situations angoissantes, plusieurs femmes se sentent incapables d'agir. Elles ne peuvent absolument pas réagir efficacement ni parfois même réagir du tout.

— Stanlee Phelps et Nancy Austin

Se sentir incapables d'agir est une humiliation, un embarras peut-être, qui devient facilement une habitude. Notre inertie est peut-être due à notre besoin d'agir « correctement » et la peur de nous tromper qui l'accompagne. Malheureusement, notre peur de l'action se renforce elle-même. La seule façon de mettre fin au cercle vicieux est d'agir — bien ou mal. La surprise en réserve, c'est qu'aucune mesure que nous prendrons ne sera réellement mauvaise. Nous apprendrons non seulement de l'action elle-même, mais de ses effets.

La réponse que nous donnons à la vie par nos actions nous gratifie ; elle nous nourrit et nous porte à moins craindre la prochaine situation qui demandera une réaction.

Les occasions d'agir sont les tremplins pour arriver à la maturité affective. Plus nous « agissons », plus nous sommes capables d'agir. Une nouvelle habitude est ainsi créée.

Agir, même lorsque je crains de me tromper, est porteur de croissance. Sans croissance, il n'y a pas de vie. Aujourd'hui, je vais vivre !

La réalité de la vie et du fait de vivre — le mouve-
ment d'un endroit à l'autre dans un projet ou dans
un état d'esprit, ne se conforme pas à ce que nous
imaginons ou attendons ou pensons mériter, alors
nous laissons souvent les choses en suspens, ina-
chevées ou pas même entamées.

— *Sandra Edwards*

L'insatisfaction — le mécontentement face aux expériences que la vie nous offre — entrave pour toujours
notre croissance. La réalité n'est pas notre fléau mais
notre cadeau. La réalité particulière que n'importe laquelle d'entre nous perçoit a une signification spéciale
parce que dans cette réalité se trouvent nos leçons — les
leçons mêmes qui nous éveilleront à la conscience que ce
que la vie offre, c'est tout ce que nous méritons, et plus
encore.

C'est notre interprétation des réalités de la vie qui fait
défaut. Mais à mesure que nous grandissons spirituellement, les nuages se dissipent. Nous en viendrons à comprendre l'interaction entre nos réalités. Et nous irons
volontiers de l'avant, en jouant notre rôle dans le plan
plus vaste de la vie.

Parfois, tout ce que je peux faire, c'est de croire que tout va
bien, même si ce n'est pas comme je l'avais souhaité. Les
mauvais jours, je n'ai qu'à penser au passé pour savoir que
je vais dans la bonne direction.

Juin

On ne peut pas ramasser tous les beaux coquil-
lages qui jonchent la plage ; on ne peut en ramas-
ser que quelques-uns. D'ailleurs, ils sont plus
beaux s'ils ne sont que quelques-uns.

— *Anne Morrow Lindbergh*

Le fait d'être sélectives dans le choix de nos activités, de nos amies, des possessions matérielles engendre une appréciation inattendue. Lorsqu'une chose est en trop grande quantité, elle perd tout caractère spécial qu'elle pouvait avoir. Si nous nous entourons de connaissances, nous n'arrivons jamais à connaître vraiment quelques personnes. Si nous nous entourons de « jouets », nous n'apprenons jamais ce à quoi nous voulons vraiment consacrer notre temps.

Lorsque nous ne prenons pas la vie lentement, morceau par morceau (un coquillage à la fois), nous évitons la plus grande découverte de toutes, la personne intérieure. Quand notre attention à l'égard des personnes, des lieux et des choses est délibérée et constante, la beauté que recèle l'objet de notre attention rayonne et cette beauté rejaillit sur nous aussi par le fait même.

Aujourd'hui, je prendrai le temps de sentir les fleurs.

J'en suis venue à prendre conscience que toutes les
difficultés que j'éprouve à vivre viennent de la peur
et de la petitesse en moi.

— *Angela L. Wozniak*

Nous nous créons des problèmes parce que nous croyons que nous devons être plus que ce que nous sommes. Nous avons peur de ne pas être à la hauteur de la tâche qui nous attend, peur qu'une autre femme soit plus séduisante, peur que notre présence ennuie nos amis.

La peur nous nuit ; elle empêche un engagement total dans les expériences qui nous sont données pour nous permettre de grandir. Lorsque nous nous retirons d'une situation afin de nous éviter l'échec, nous choisissons plutôt une autre sorte d'échec : l'incapacité de prendre tout ce que nous pouvons de la vie ; l'incapacité d'être tout ce que nous pouvons être. Chaque expérience peut nous faire avancer dans la compréhension de nous-mêmes. Quand nous nous replions, nous demeurons immobilisées dans un monde qu'il nous faut laisser derrière nous.

Aujourd'hui, je n'aurai pas peur de tout ce qui ressemble à une difficulté. Il n'y aura rien dans ma vie aujourd'hui dont je ne puisse me charger — de fait, rien qui ne puisse servir à ma croissance. Ma force intérieure peut me faire traverser quoi que ce soit.

Suivez votre rêve... faites un pas à la fois et n'acceptez rien de moins, continuez seulement à grimper.

— *Amanda Bradley*

Nous avons toutes des rêves. Les rêves sont spéciaux aussi. Nous gardons probablement pour nous plusieurs de nos rêves, par peur de faire rire de nous ou d'êtres incomprises. Nous avons peut-être souvent partagé de façon sélective certains rêves, ceux que nous estimions avoir des chances d'être bien reçus. Ceux qui nous sont les plus chers, ceux pour lesquels nous nous sentons le plus vulnérables, nous choisissons peut-être de les chérir au fond de nos coeurs, pensant parfois : « Si seulement tu savais », nous demandant parfois si nous sommes ridicules.

Nous en venons à penser que nos rêves sont remplis d'esprit. Ce sont des dons destinés à nous encourager. Comme un navire a besoin d'un « cap » pour aller de l'avant, nos rêves prêtent une direction à nos vies. Nous éprouvons peut-être de la frustration devant le fait que pour réaliser un rêve, il faut beaucoup de temps et plusieurs étapes. Mais la vie est un processus fait d'étapes. Le succès, dans quelque domaine que ce soit, se gagne millimètre par millimètre, trait par trait, étape par étape.

Aujourd'hui, mes rêves sont destinés à me guider. Je ferai un premier pas vers la réalisation de mon rêve.

Nous vivons toutes avec l'objectif d'êtres heu-
reuses ; nos vies sont toutes différentes et pourtant,
semblables.

— *Anne Frank*

Le bonheur semble si proche et pourtant si lointain.
Peut-être nous tournons-nous vers une personne pour
l'obtenir, ou vers un emploi, ou vers un nouveau manteau
d'hiver. Nous méritons le bonheur, nous le savons. Pourtant, nous apprenons tellement lentement que le bonheur
ne se trouve qu'au-dedans de soi. La personne nous
quitte ; l'emploi tourne au vinaigre ; le nouveau manteau
est rapidement démodé. Tout cela nous échappe.

Mais le bonheur qui vient du fait de savoir qui nous
sommes et comment nos vies s'insèrent dans le grand
dessein du Créateur ne nous échappe jamais. Nous
sommes uniques. Et il n'y a personne qui puisse offrir à
tous nos amis exactement ce que nous pouvons leur offrir.
On a besoin de nous et le fait de savoir cela, de le savoir
réellement, apporte le bonheur.

Avant de découvrir ce programme, nous avons sans
aucun doute échoué dans la réalisation de notre valeur.
Nous pouvons maintenant la célébrer. Nous pouvons savourer notre valeur, notre caractère spécial, et nous pouvons aimer le grand dessein. Nous pouvons aimer nos
parties ainsi que la partie que joue chaque personne.

Toutes ensemble, nous constituons un vaste orchestre. Le
chef d'orchestre lit la musique et dirige les mouvements.
Jouer en harmonie avec le chef, c'est se sentir bien. Je peux
appeler ça le bonheur. Tout ce que j'ai à faire, c'est de jouer
ma partie.

Le niveau d'anxiété que j'éprouve lorsqu'une femme séduisante entre dans la pièce est le signal qui m'informe de mon degré d'intimité avec Dieu en ce moment.

— Anonyme

Notre sécurité tient, maintenant et toujours, à notre relation avec Dieu. Lorsque nous sommes spirituellement branchées, nous ne manquons pas de confiance, d'assurance. Nous ne doutons pas de la valeur que nous avons aux yeux de notre entourage. L'amitié active que nous entretenons avec notre Dieu nous garde toujours conscientes que ce qui est bien pour chacune de nous en ce moment nous sera donné, que chaque autre personne dans notre vie se trouve également sur un chemin divinement décrété, qui mène quelque part vers sa croissance.

Il est malheureux, mais vrai, que plusieurs d'entre nous ont vécu dans le passé des expériences pénibles avec d'autres femmes. Peut-être avons-nous perdu un amant ou un mari aux mains d'une autre femme que nous connaissions. C'est donc difficile de croire que nous ne devons jamais craindre une autre femme.

Le programme nous offre tous les jours des occasions de faire le point sur nos atouts, de façon à savoir que nous comptons. Et, plus important encore, il nous promet la sécurité et la sérénité si, chaque jour, nous invitons notre puissance supérieure à nous tenir compagnie. Nous n'aurons plus jamais à craindre la présence d'une autre personne, ni à craindre une situation nouvelle. Avec Dieu à nos côtés, tout va bien. Et nous le saurons !

Aujourd'hui, je ferai de Dieu mon ami et je profiterai de la douceur de vivre.

Dès notre plus tendre enfance, nous intégrons toutes à nos vies le message que nous recevons concernant notre estime de soi, ou l'absence d'estime de soi, et ce sentiment de valeur est sous-jacent à nos actions et à nos sentiments, comme un réseau embrouillé de perceptions de soi.

— Christina Baldwin

Pour la plupart d'entre nous, rehausser notre estime de soi n'est pas une mince affaire. Sans doute notre confiance avait-elle vacillé encore et encore avant que nous cherchions l'aide du programme. Et notre confiance diminue sans doute encore à l'occasion. Les vieilles peurs ne disparaissent pas sans effort.

Chaque jour, cependant, nous pouvons faire une chose qui nous aidera à nous sentir plus à l'aise avec nous-mêmes. Tout ce qu'il faut, c'est un petit geste ou une petite décision, chaque jour. Le programme peut nous donner la force dont nous avons besoin pour avancer d'un pas.

Aujourd'hui, je ferai une chose que je remettais sans cesse. Toute une collection de « un jour à la fois » servira à dresser le plan de la personne que je construis au-dedans de moi.

Sans la discipline, aucune vie n'est possible.
— Katharine Hepburn

La procrastination est habituelle. C'est peut-être une habitude avec laquelle nous sommes aux prises depuis des années et dont nous ne nous débarrasserons pas d'un simple effort de volonté. Elle nous gruge, sans aucun doute. Combien de fois nous sommes-nous couchées le soir déprimées, découragées, furieuses contre nous-mêmes parce que nous n'avions pas fini une tâche que nous avions promis, à nous-mêmes ou à quelqu'un d'autre, de terminer ! Parfois, la situation semble désespérée. Les tâches qui réclament notre attention s'accumulent, elles semblent impossibles à terminer. Mais il y a de l'espoir. Le programme nous a proposé une solution facile.

Nous n'avons à nous préoccuper que de cette journée. Nous pouvons briser le cercle de la procrastination, de la léthargie, de l'immobilité, si nous le voulons. Nous pouvons choisir une tâche pour aujourd'hui, n'importe laquelle, de préférence une petite tâche. Peut-être écrire une lettre, ou repriser un ourlet, ou prendre rendez-vous chez le médecin. En décidant de faire quelque chose, puis en le faisant, nous brisons les barrières qui nous retiennent prisonnières. Nous sentirons aussitôt le souffle de la liberté. En un tel moment, nous pouvons toujours agir. Et tout acte nous libérera. Quand la procrastination nous immobilise, nos sens sont morts aux amis qui nous sont proches ; nous nous retrouvons hors du cercle de la vie. Les véritables présents de la sobriété sont hors de notre portée lorsque nous choisissons l'inaction.

Je me libérerai. Je m'attaquerai à une petite tâche aujourd'hui. Elle m'apportera de multiples bienfaits.

Le processus de la vie est, pour chacune de nous, à peu près identique. Pour chaque gain, il y a un recul. Pour chaque succès, un échec. Pour chaque moment de joie, un moment de tristesse. Pour chaque espoir réalisé, il y en a un qui est anéanti.
— *Sue Atchley Ebaugh*

L'équilibre des événements dans nos vies ressemble beaucoup à celui de la nature. Le pendule va et vient ; chaque condition extrême est compensée par son opposé, et nous apprenons à apprécier les cadeaux que nous offrent... les périodes difficiles comme les moments de repos.

Nous découvrirons à l'occasion que notre cap de vie a changé. Il ne faut pas nous en inquiéter. La troisième Étape nous promet que nous sommes entre des mains bienveillantes. Quelqu'un prendra soin de chacune de nos préoccupations, de chaque détail de nos vies, comme il se doit, au moment opportun.

Nous pouvons manifester de la gratitude à l'égard de toutes les conditions, bonnes ou mauvaises. Chacune a sa place dans notre épanouissement de femmes en santé et heureuses. Nous avons besoin des peines comme des joies si nous voulons mieux comprendre certaines choses. Nos échecs nous gardent humbles ; ils nous rappellent le besoin que nous avons du soin et des conseils d'autrui. Et pour chaque espoir anéanti, rappelons-nous, un autre sera réalisé.

La vie est un processus. J'en accepterai les variations avec reconnaissance. Chacune, à sa façon, m'apporte quelque bienfait.

*Plusieurs d'entre nous ne réussissent qu'un sem-
blant de communication avec autrui ; ce que nous
disons n'a souvent aucun rapport avec ce que l'autre vient de dire, et ni l'un ni l'autre n'est conscient
qu'il ne communique pas.*

— *Desy Safán-Gerard*

Quand nous ne nous écoutons pas pleinement les unes
les autres, quand nous ne vénérons pas l'Esprit qui est en
chacune des personnes qui essaient de nous parler, nous
détruisons le lien qui veut se tisser entre nos Esprits. Nos
moi intérieurs ont des messages à donner et des messages
à recevoir pour le bien de tous. Nos ego nous empêchent
souvent d'entendre les mots mêmes qui résoudraient un
problème dans nos vies.

Comme c'est difficile, très souvent, de demeurer immobiles et d'écouter pleinement les mots plutôt que la
personne. Comme c'est plus habituel de filtrer le message
à travers notre propre dialogue intérieur — à travers
notre propre évaluation continuelle de la personnalité
d'autrui au moment même où notre puissance supérieure
essaie de nous atteindre à travers elle.

Il n'y a réellement pas de mots inutiles. Les messages
sont partout. Nous pouvons apprendre à écouter.

*Aujourd'hui, je vais entendre juste ce que j'ai besoin d'en-
tendre. Je vais m'ouvrir entièrement aux mots.*

Lorsque nous commençons depuis le centre de nous-mêmes, nous découvrons quelque chose de très valable qui s'étend en périphérie du cercle. Nous retrouvons un peu de la joie dans le maintenant, un peu de la paix dans l'ici, un peu de l'amour en moi et en toi qui servent à constituer le royaume céleste sur terre.

— G. F. Sear

Peut-être avons nous craint de découvrir notre centre ; peut-être avons-nous craint qu'il n'y ait rien là. La lutte pour croire en nous-mêmes, pour savoir que nous avons un rôle important à jouer dans le cerclc de la vie, le cercle qui contient toute vie, est une lutte de tous les instants pour beaucoup d'entre nous. Mais nous apprenons. Nous trouvons des trésors en nous-mêmes. D'autres nous aident à trouver ces trésors. Le partage de moments spéciaux avec des êtres chers et d'autres personnes que nous apprenons à aimer nous révèle de nombreux trésors.

Tout ce que nous avons est ici — maintenant — nous. Nous sommes tout ce que nous aurons jamais besoin d'être — ici et maintenant. Nous sommes, à chaque instant, ce que nous avons besoin d'être, si seulement nous osions révéler nos véritables moi, nos centres, les unes aux autres. Nos centres ont tous besoin du centre d'une autre.

Ce programme a besoin de chacune de nous pour ce qu'elle y apporte. Le caractère louable du programme, du cercle entier, est rehaussé par l'inclusion de nos centres.

Aujourd'hui, je vais partager mon centre avec vous.

Ma vie toute entière écoute la vôtre.
— *Muriel Rukeyser*

Nos expériences nous apprennent à aider à se montrer le chemin les unes aux autres. Les expériences d'autrui, de la même manière, en aideront d'autres encore. Nous avons besoin de partager nos histoires. Et le programme nous en offre le moyen. Il n'y a pas de plus grand honneur que nous puissions faire à une autre personne que de lui accorder une attention soutenue. Nous voulons toutes être entendues, être spéciales, être reconnues. Et la reconnaissance peut très bien être le baume qui guérira la douleur de quelqu'un aujourd'hui.

Un jour nouveau se lève, un jour rempli d'occasions d'écouter quelqu'un qui demande à être écouté. Et la surprise, c'est que nous entendrons un message qui s'adresse juste à nous, là où nous sommes actuellement. Un message qui peut très bien nous orienter dans une nouvelle direction, plus appropriée. Les conseils sont toujours à la portée de la main, si seulement nous voulons bien les écouter. Mais quand nous sommes enfermées dans notre propre monde étroit de problèmes et de confusion, nous brouillons les messages, quels qu'ils soient, qui essaient de nous atteindre. Et nous manquons les nombreuses occasions de faire sentir à une autre personne qu'elle est spéciale et nécessaire à nos vies.

Ma croissance est rehaussée chaque fois que j'accorde toute mon attention à une autre personne. Et ce processus est multiplié encore et encore et encore. Aujourd'hui, je serai là pour quelqu'un.

Si seulement les gens connaissaient le pouvoir de guérison du rire et de la joie, plusieurs de nos médecins réputés perdraient leur clientèle. La joie est un des grands remèdes de la nature. La joie est toujours saine. Un état d'esprit plaisant a tendance à ramener à la normalité des conditions anormales.

— Catherine Ponder

Les sentiments de joie ne nous sont pas naturels, la plupart du temps. Nous devons peut-être, de fait, faire « comme si » avec beaucoup d'efforts. Au départ, nous ne reconnaissons peut-être même pas la joie authentique. Une technique qui permet de la découvrir est de vivre pleinement dans le présent et avec gratitude pour tout ce que nous voyons, touchons et sentons.

L'expression ouverte et honnête de la reconnaissance envers la présence des êtres qui nous sont proches en ce moment produit une bouffée dans nos poitrines, une bouffée qui sera ressentie par nos amies aussi. La joie est contagieuse. La joie est libératrice. La joie met en perspective nos perceptions déformées. Le fait d'accueillir la vie avec joie modifie toute expérience pour nous et pour ceux et celles avec lesquels nous la partageons.

Aujourd'hui, j'apporterai de la joie partout où j'irai. Je donnerai le don de joie à toutes les personnes que je rencontrerai.

Chaque jour... la vie nous confronte à de nouveaux problèmes à résoudre, qui nous forcent à ajuster nos vieux programmes en conséquence.
— Dr. Ann Faraday

Faire face à la journée de plein pied est difficile, à l'occasion. Il y a ces jours où nous avons envie de nous glisser sous les couvertures et de rester là, certaines que nous ne réussirons pas à nous acquitter de ce qu'on pourra nous demander. Peut-être qu'aujourd'hui est une de ces journées. Nous nous sentons peut-être comme si nous avions 12 ans plutôt que 42. Nous comporter consciemment comme des personnes responsables de 42 ans est hors de question. Agir « comme si » est l'alternative, nous dit le programme, et c'est exact.

Agir « comme si » est également fort utile lorsque seulement un incident mineur contrecarre le déroulement de notre journée. La plupart des problèmes ne correspondent pas à une solution facile ou familière. Toutefois, la plupart des problèmes disparaissent si nous les considérons comme des occasions de réponse créatrice, si nous demandons calmement conseil et procédons ensuite lentement, conscientes des effets de nos actions.

Aujourd'hui, et chaque jour, j'aurai l'occasion de penser de façon créative et de m'en remettre à mon guide intérieur. Au lieu de craindre ce qui ne m'est pas familier, je m'en réjouirai. L'inconnu me rapproche de la compréhension des mystères de la vie.

Nous avons toutes des talents et des dons uniques. Aucun obstacle, qu'il soit physique, mental ou émotionnel, n'a le pouvoir de détruire nos énergies créatrices intérieures.

— Liane Cordes

Croire cela est difficile quelquefois ; pour certaines d'entre nous, la plupart du temps. Mais c'est vrai. Ce que chacune de nous a à offrir au monde est distinct de chacune des autres contributions. Chaque talent est légèrement différent du voisin. Et ils sont tous nécessaires. Nous sommes toutes nécessaires.

La créativité, sous quelque forme que ce soit — écriture, photographie, cuisine, soins des enfants, tissage, gestion, menuiserie — nourrit l'être qui se sent isolé et bon à rien. Et au fur et à mesure que l'être est nourri, il grandit ; il se transforme.

Le processus signifie un changement dans notre mode de vie. Il signifie tendre la main aux autres et être là les unes pour les autres. Il signifie rallier la race humaine en donnant de nous-mêmes. Nos talents sont des dons que la race humaine attend — dont elle a besoin, de fait. Connaissons-nous nos talents ?

Aujourd'hui, je sonderai mes rêves secrets. En eux reposent mes talents. Je les exploiterai. L'aide est à la portée de ma main.

Pendant des années, j'étais tellement souple que je ne savais pas qui j'étais, et maintenant que je découvre qui je suis, je me dis « OK, je sais ce que je pense de cette question. Passons maintenant à la suivante. » Mais je dois me rappeler que toutes les questions sont étroitement liées — aucune n'est isolée.

— Kathleen Casey Theisen

Aujourd'hui découle d'hier, de la veille, de l'avant-veille. Demain répète le modèle. Ce que nous recevons un jour quelconque aura eu son commencement dans le passé et sa fin dans le futur. Aucun incident n'est totalement isolé ; aucune question n'est indépendante des autres.

La maturité, c'est d'être capable de lâcher prise sur les attitudes dépassées, les opinions étouffantes, quelque bonnes et exactes qu'elles aient été à un certain moment. Nos ego demeurent souvent trop attachés à certaines de nos opinions, empêchant les nouvelles idées de filtrer. Certaines d'entre elles vont essayer d'attirer notre attention aujourd'hui. Nous sommes prêtes à pousser plus avant notre croissance. C'est à nous qu'appartient le choix de ne pas l'entraver.

Les opinions auxquelles nous tenions hier ne sont peut-être pas appropriées aux problèmes d'aujourd'hui. Elles n'ont pas à l'être. Elles nous ont rendu bien service. Elles ne sont pas perdues.

Les problèmes d'aujourd'hui demandent des solutions fraîches d'aujourd'hui. Je n'aurai pas peur. Aujourd'hui découle d'hier, d'avant-hier et de l'avant veille. Demain fait de même.

La douleur de l'amour est la douleur d'être en vie.
C'est une blessure perpétuelle.

— *Maureen Duffy*

Nous vivons en compagnie l'un de l'autre. Nous en venons à désirer ardemment la compagnie l'un de l'autre à un niveau plus profond. Ce désir ardent, lorsqu'il est partagé, ouvre la voie à une relation d'amour, une relation à la fois bénie et déchirée par l'intimité.

C'est humain de désirer l'amour, de vouloir le répandre et le recevoir. Mais la douleur de l'attente ne correspond en rien à la douleur de sa présence. L'amour aiguise nos sensibilités. Toute séparation, tout écart, physique ou émotionnel, blesse les partenaires en amour. La douleur qui accompagne le fait de ne jamais avoir une chose est moindre que celle de la perte projetée une fois qu'elle est là.

L'amour ne devrait apporter que du bonheur, faisons-nous l'erreur de penser. Mais l'amour, celui qu'on donne et celui qu'on reçoit, nous invite à dénuder nos âmes, à exposer nos moi intérieurs. La peur du rejet, l'anxiété d'être rejetées « lorsqu'ils connaîtront le véritable moi », est considérable et est suspendue au-dessus de nos têtes.

Comme nous sommes chanceuses d'avoir ce programme, ces Étapes qui, si nous les mettons en pratique dans toutes nos affaires, nous prépareront à aimer et à être aimées. Elles nous aideront à vivre avec la douleur de l'amour, sachant qu'ainsi augmente notre humanité — qu'ainsi s'approfondit notre conscience et s'intensifie notre appréciation de la vie.

La douleur de l'amour augmente mon ravissement.

La sagesse ne tente jamais de démolir à coups de pied les murs d'acier qu'elle ne peut abattre.
— *Olive Schreiner*

Dieu nous donne la sérénité d'accepter les choses que nous ne pouvons changer. Bien des fois — hier, la semaine dernière, aujourd'hui et même demain — nous avons à faire face à une situation apparemment intolérable. Nous éprouvons alors une forte envie de changer la situation, de demander à une autre personne de changer la situation. Quelle dure leçon que celle d'apprendre qu'il n'y a que nous-mêmes que nous puissions changer ! Le cadeau caché sous cette leçon, c'est qu'à mesure que nos activités changent, les situations intolérables changent souvent, elles aussi.

L'acceptation, au bout d'un moment, fait disparaître toutes les vagues qui nous découragent. Et elle nous adoucit. Elle alimente notre sagesse. Elle attire la joie et l'amour de la part d'autrui. Ironiquement, nous essayons souvent de forcer des changements qui, croyons-nous, vont « distendre » l'amour et diminuer les luttes. L'acceptation peut réussir ce que notre volonté ne pourra jamais accomplir.

À mesure que nous grandissons en sagesse et en compréhension, à mesure que nous réalisons les promesses de ce programme, nous serons prêtes, comme femmes, à surmonter toutes nos tempêtes personnelles. Comme le saule au vent, nous plierons au lieu de casser. Et nous serons capables d'aider nos soeurs à devenir plus sages par notre exemple.

Mes leçons ne sont pas faciles. Mais elles aplaniront mon chemin. Les jours meilleurs commencent aujourd'hui.

... nous ne pourrions jamais apprendre à être braves et patientes s'il n'y avait que de la joie dans le monde.

— *Helen Keller*

Nous poursuivons la joie, comme un enfant pourchasse une luciole, certaines que dans la joie tous les problèmes trouvent une solution, toutes les questions une réponse. La joie a ses récompenses, et nous les méritons. Mais la vie a plus encore à nous enseigner.

Nous devons apprendre la patience ; grâce à elle, nous en venons à respecter le temps et son passage, et nous sommes adoucies. Nous devons apprendre la tolérance ; grâce à elle, notre appréciation de l'individualité d'une autre est nourrie. Nous devons apprendre le respect de soi ; il nous prépare à contribuer plus librement à nos expériences, et nous trouvons la plénitude.

Les peines de la vie sont des occasions pour nous d'atteindre la joie durable, enrichissante. Les moments difficiles approfondissent notre compréhension, ce qui nous aide à mettre de la joie dans la vie des êtres qui nous sont chers.

Je n'ai pas à tourner le dos à la joie. Mais j'apprécierai toutes les expériences que la vie m'offre. Le panorama me soutiendra plus pleinement.

> *On ne reçoit que ce qui nous est donné. Le jeu de la vie est un jeu de boomerang. Nos pensées, nos actions et nos mots nous reviennent tôt ou tard, avec une précision étonnante.*
>
> *— Florence Scovel Shin*

Chacune de nous peut attester la vérité de ce passage. Pendant les périodes difficiles, cependant, cette notion que « tout ce qui va, revient » n'est pas au premier plan de nos pensées. Cela semble beaucoup trop facile d'être légitimement amères ou de faire des commérages ou de ne pas tenir compte de la présence d'une personne. D'ailleurs, les répercussions d'un tel comportement sont rarement immédiates. Elles se feront sentir, cependant.

La bonté, elle aussi, est payée de retour. Donner de l'amour, de l'attention et du respect aux personnes qui partagent nos vies ainsi qu'à celles dont le chemin croise le nôtre par hasard, c'est aplanir notre propre passage jour après jour. Les effets de notre bonté sont souvent ressentis rapidement. Un sourire fait naître un sourire. Des pensées bienveillantes nous profitent comme à la personne qui les reçoit. Les événements de la vie bouclent la boucle.

Aujourd'hui, en faisant un petit effort, je peux sourire à une autre personne, même si, intérieurement, je fronce les sourcils. Nous en profiterons l'une comme l'autre.

Il y avait, au plus profond de mon coeur, de très grands secrets que je n'avais jamais avoués de peur de faire rire de moi. Enfin je peux révéler mes souffrances, car le courage que j'éprouvais autrefois dans le silence a perdu tout son pouvoir.

— Deidra Sarault

Il y a une certaine magie à se partager avec quelqu'un d'autre. Nous apprenons des quatrième et cinquième Étapes que ces actes que nous croyions odieux n'étaient pas exceptionnels. Nos actes honteux ne sont pas uniques, et cette découverte est notre cadeau quand nous prenons le risque de nous exposer.

Le fait de nous rendre compte à quel point nous ressemblons aux autres nous donne du courage et le programme nous ouvre la voie pour saisir ce courage où et quand nous en sentons le besoin. Nous ne sommes pas en mesure de recevoir les messages que nous avons besoin d'entendre, les conseils que Dieu nous offre, quand nous nous fermons à la bienveillance des personnes qui nous entourent. Elles sont porteuses du message divin.

Comme c'est libérateur de savoir que nous partageons les mêmes peurs, les mêmes inquiétudes. Le fait d'offrir notre histoire à une autre personne peut être l'encouragement dont elle a besoin en ce moment. Chacune de nous profite du partage d'une histoire. Nous avons besoin de reconnaître et de célébrer notre « similitude ». Lorsque nous nous partageons, nous sommes liées. Ces liens constituent une mise en commun de notre courage.

Le silence nous divise. Il diminue notre courage. Pourtant, tout le courage dont nous avons besoin nous attend. Aujourd'hui, je laisserai quelqu'un me connaître.

La conversation n'existe pas. C'est une illusion. Il y
a des monologues intéressants, c'est tout.
— *Rebecca West*

Comme nous tenons souvent à être entendues, à être réellement écoutées par notre conjoint, nos enfants, nos amis et nos collègues de travail ! Et nous méritons qu'on s'occupe vraiment de nous. Il en est de même de nos proches qui viennent vers nous pour être entendus. Nous laissons nos esprits vagabonder au milieu de messages importants. Nous risquons ainsi de manquer la phrase que nous avons besoin d'entendre — la réponse à un problème, peut-être. Nos esprits vagabondent, au hasard, cherchant un endroit où se poser, cherchant inconsciemment la paix, la sérénité que nous promettent les Douze Étapes.

Vivre pleinement dans le présent, en absorbant complètement toutes les réponses de la vie dans laquelle nous sommes immergées en ce moment, c'est nous rapprocher le plus de notre puissance supérieure, notre Dieu. Être là — pleinement — est une conversation avec Dieu. Comment saurons-nous tout ce que Dieu nous réserve si nous ne prenons pas avantage des nombreux messages de Dieu ? Chaque moment de chaque jour nous offre de l'information, une information divine. Chaque fois que nous tournons nos esprits vers des pensées égocentriques, nous refusons la chance de grandir.

Aujourd'hui, lorsque je me retrouverai avec ma famille et mes amies, je me rappellerai d'écouter le message de Dieu. J'entendrai ce que j'ai besoin d'entendre, si seulement je prends la peine d'écouter.

Je veux le faire parce que je veux le faire. Les femmes doivent essayer de faire des choses, comme les hommes l'ont fait avant elles. Lorsqu'elles échouent, leur échec doit servir de défi aux autres.
— *Amelia Earhart*

La peur de l'échec tourmente bien des femmes, pas seulement celles qui ont des ennuis avec la drogue, l'alcool, la nourriture. Celles d'entre nous qui font partie du programme de « recovery »* ont peut-être encore peur de l'échec. Mettre fin à notre addiction ne solutionne pas tous les problèmes, mais cela nous permet de faire le point de manière réaliste sur nos atouts. Connaître nos atouts et les accepter nous procure la confiance dont nous avons besoin pour tenter un projet, pour nous efforcer d'atteindre un but.

Un autre avantage de ce programme de « recovery »*, c'est l'aide qui nous vient de nos groupes et de notre puissance supérieure. Tout devient possible lorsque nous comprenons que nous ne sommes pas seules. Voir d'autres femmes essayer et réussir, ou essayer, échouer et essayer encore, invaincues, cela crée un flot d'énergie qui peut nous encourager à aller de l'avant, si nous le voulons bien. Se sentir bien au sujet des réalisations d'autrui est une motivation pour chacune de nous.

Aujourd'hui, je porterai une attention particulière aux réalisations d'autres femmes, celles qui me sont proches et celles au sujet desquelles je lis ou dont j'entends parler. Je croirai leur exemple et me sentirai poussée vers l'avant.

---

* Voir la « Note de l'éditeur français » au début du livre.

... À quel esclavage et à quelles souffrances une femme échappe lorsqu'elle prend la liberté d'être elle-même le médecin de son corps et de son âme.
— Elizabeth Cady Stanton

Si nous nous écoutons, si nous écoutons la voix la plus intime de nos Esprits, nous savons que nous avons le pouvoir de nous guérir nous-mêmes. L'autoguérison commence par la capacité de décider — au sujet de nos vêtements, de ce que nous faisons, de qui nous sommes — et de décider que nous serons vraies à l'égard de nous-mêmes. Avec l'aide de notre guide spirituel, nous pouvons résister aux tentations de nous trahir, car ces tentations naissent de la peur ; la peur de ne pas être assez bonnes pour être nos « propres médecins ».

Renoncer à nos pouvoirs nous lie et nous cause de la souffrance. Nous pouvons toutefois demander de l'aide aux autres sans pour autant perdre notre propre force.

Aujourd'hui et chaque jour, je prierai pour avoir la sagesse de choisir des conseillers avisés ainsi que la force de m'aimer et de me guérir.

*Si vous vous attachez exclusivement à une per-
sonne, vous vous retrouvez à la fin avec une relation malsaine.*

— *Shirley MacLaine*

Avoir besoin des gens dans notre vie, c'est sain, humain et naturel. Avoir besoin d'une seule personne à
aimer à un niveau très profond a également un effet
calmant sur le bien-être de l'âme. L'amour et l'attachement ne sont toutefois pas synonymes. Ils sont même
quasiment opposés. Si nous nous « attachons » aux autres,
nos mouvements à titre d'individus distincts sont gênés.
Attachement signifie dépendance ; cela signifie laisser
nos mouvements être contrôlés par la personne à laquelle
nous sommes « accrochées ».

La dépendance à des substances psychotropes, à de la
nourriture, à des personnes indique une difficulté à ma-
noeuvrer nos vies. Nous sommes nombreuses, dans ce
programme, à être aux prises, bien qu'abstinentes, avec
une dépendance envers une certaine personne, une certaine amie.

Les outils que nous apprenons à utiliser s'appliquent
à tous les cas de dépendance. Ce que nous cherchons, c'est
une indépendance saine — assumer la responsabilité de
nos vies — faire des choix appropriés pour nous-mêmes.
Aimer les autres signifie les laisser faire leurs propres
choix sans qu'ils soient entravés par notre « attachement ».

*Mes relations sont-elles des attachements ou des relations
basées sur l'amour ? Aujourd'hui, j'en ferai l'inventaire.*

J'ai une philosophie toute simple. Remplir ce qui est vide. Vider ce qui est plein. Et apporter une solution au problème immédiat.
— Alice Roosevelt Longworth

Nous compliquons trop souvent nos vies. Nous songeons et nous nous inquiétons au point d'en être confuses ; on appelle souvent cela préoccupation ou obsession. « Et si... », « est-ce qu'il... », « devrais-je... ? », « penses-tu que... ? ». Nous n'arrêtons presque jamais d'essayer de nous demander ce qu'il faut faire, où le faire, comment relever un défi, jusqu'à ce que quelqu'un nous rappelle de « simplifier les choses ».

Nous découvrons toutes, encore et encore, que la solution à tout problème devient évidente quand nous cessons de la chercher. Les conseils dont nous avons besoin pour passer au travers d'une difficulté ne peuvent se retrouver en perspective que si nous éliminons les obstacles ; et le plus grand obstacle, ce sont nos efforts frénétiques pour résoudre personnellement le problème. Nous encombrons nos esprits ; nous prions pour une réponse, pourtant nous ne gardons pas suffisamment le silence, pas assez longtemps pour prendre conscience du chemin à suivre ou des pas à franchir. Et ils sont toujours là.

Une solution est inhérente à chaque problème, à chaque défi. La plus grande leçon que nous puissions tirer de la vie est de simplifier les choses, de savoir qu'aucun problème ne nous bloque le passage parce qu'aucune solution n'échappe à l'esprit tranquille, qui est à l'écoute.

Chaque jour, j'ai l'occasion de faire taire mon esprit. Et les messages dont j'ai besoin viendront tranquillement. Mes réponses sont au-dedans de moi, maintenant.

La santé mentale, tout comme les pellicules, surgit lorsqu'on s'y attend le moins.

— Robin Worthington

Nous sommes responsables de l'effort mais pas du résultat. Il arrive souvent qu'un problème, ou même plusieurs, nous accable. Nous nous sentons folles, incapables de faire front et certaines que nous n'avons fait aucun progrès pendant cette période de « recovery »*. Mais ce n'est pas vrai. Chaque jour où nous choisissons la sobriété, chaque jour où nous choisissons de nous abstenir de comprimés ou de nourriture, nous avançons plus sûrement vers la santé mentale comme état stable.

Nous nous sentions peut-être fortes, sûres de nous, au-dessus de nos affaires la semaine dernière, ou hier. Nous éprouverons encore ce sentiment demain, ou peut-être aujourd'hui. Lorsque nous nous y attendons le moins, nos efforts sont récompensés tranquillement, subtilement peut-être, bruyamment parfois — un bon rire peut indiquer une lueur de santé mentale.

Personne n'atteint un état de santé mentale absolue. Être humain, c'est avoir des doutes et des peurs. Mais à mesure que la foi augmente, lorsque nous vivons selon les Douze Étapes, les doutes et les peurs diminuent. Les bons jours deviendront plus nombreux.

Rencontrer une amie, demander une augmentation, résoudre un conflit avec mon conjoint ou une amie, tout cela se fera plus facilement lorsque je m'y attendrai le moins. Aujourd'hui, mon effort le plus important, c'est de regarder devant moi avec espoir, pas derrière moi.

---

* Voir la « Note de l'éditeur français » au début du livre.

Dieu nous ferme souvent une porte au nez, puis Il ouvre la porte par laquelle nous avons besoin de passer.

— *Catherine Marshall*

Nous essayons toujours et encore de contrôler les événements de nos vies. Et, trop souvent, ceux de la vie d'autrui aussi. Les occasions ne manquent pas à notre volonté d'entrer en conflit avec celle de Dieu. Alors, nous nous sentons démunies pour un certain temps. Notre direction est incertaine. Mais toujours, toujours, une autre porte s'ouvre. Un chemin meilleur nous appelle. Comme nous sommes têtues ! Et comme la vie serait simple si tous les jours, nous remettions pleinement notre volonté et nos vies entre les mains de Dieu. Dieu met toujours à notre disposition son aide et ses conseils en toute chose. Faire la sourde oreille, c'est comme chercher un siège dans une salle de cinéma dans l'obscurité, sans l'aide du placier.

Chaque expérience est adoucie lorsque nous lui faisons face en compagnie de notre puissance supérieure. Toute lutte passée, toute peur présente, est un témoignage à nos essais de nous en tirer seules. Trop souvent, nous poussons de l'avant, seules, pour voir notre chemin bloqué. Les détours n'ont jamais besoin d'être là. Aucune porte ne se ferme sans qu'il y ait une meilleure voie. L'ordre divin prévaudra.

Aujourd'hui, je n'ai aucun besoin de lutter. Je respirerai profondément et emmènerai ma puissance supérieure avec moi, où que j'aille. Et les portes seront ouvertes à perte de vue.

La joie nous fixe à l'éternité et la douleur nous fixe au temps. Mais le désir et la peur nous tiennent prisonnières du temps, et le détachement brise le lien.

— Simone Weil

Nous vivons à la fois dans le royaume matériel et spirituel. Dans notre dimension matérielle, nous cherchons les plaisirs matériels, auxquels la douleur est inhérente. Nos émotions humaines sont liées à nos attachements matériels et la joie, dans toute sa plénitude, ne se trouve jamais ici. La joie véritable se trouve à l'extérieur de la dimension matérielle et vit pleinement en nous dans ce petit recoin secret où nous savons toujours que tout est bien.

Nous sommes en voyage dans cette vie. Avec chaque circonstance remplie de douleur, notre périple nous amène à mieux comprendre la joie. Lorsque nous sommes unes avec Dieu, lorsque nous avons aligné notre volonté sur celle de Dieu, nous connaissons la joie. Nous savons cela pleinement, que tout est bien. Il ne peut nous arriver aucun mal.

Chaque circonstance de notre royaume matériel est une occasion pour nous de nous reposer sur notre royaume spirituel pour l'orientation, la sécurité, la compréhension. En nous tournant vers l'intérieur, vers notre nature spirituelle, nous connaîtrons la joie.

Chaque jour, dans chaque situation, j'ai l'occasion de découvrir la joie véritable. Elle est si proche et si ouverte à mon invitation.

Plus je vis, plus je suis convaincue que la vie et ses bénédictions ne sont pas distribuées aussi injustement que nous sommes portées à le croire lorsque nous souffrons beaucoup.

— *Mary Todd Lincoln*

L'apitoiement sur soi-même est un parasite qui se nourrit de lui-même. Beaucoup d'entre nous sont portées à l'apitoiement, ne laissant aucune place à l'équilibre des tragédies naturelles de la vie. Nous aurons à faire face à de bons et à de mauvais moments — et ils vont passer. Certes, ils vont passer.

L'attitude qui nous fait dire « Pourquoi moi ? » donne un aperçu du peu de compassion que nous éprouvons généralement à l'endroit de la souffrance d'autrui. Notre empathie avec les autres, même notre conscience de leur souffrance, sont généralement minimales. Nous sommes trop absorbées par notre propre souffrance. Si nous étions moins égocentriques, nous verrions que les bénédictions et les tragédies arrivent à nous toutes, à parts égales. Certaines personnes répondent à leurs bénédictions avec sérénité et éliminent tranquillement le mordant de leurs tragédies. Nous pouvons apprendre à faire les deux.

Cheminer dans le processus de changement, c'est apprendre de nouvelles réponses, c'est sentir et se comporter de manière plus saine. Nous n'avons pas besoin d'être accablées par l'apitoiement sur nous-mêmes. Nous pouvons toujours le sentir venir. Et nous pouvons lâcher prise.

Aujourd'hui, l'apitoiement sur moi-même peut me faire signe. Heureusement, j'ai appris à faire d'autres choix.

... dans le silence se trouve peut-être le privilège des forts, mais c'était certes un danger pour les faibles. Car les choses au sujet desquelles j'étais invitée à garder le silence étaient presque toujours celles dont j'avais honte, qu'il aurait plutôt fallu porter au grand jour...

— Joanna Field

On a dit que « nos maladies sont à la mesure des secrets que nous gardons ». Notre santé émotionnelle en tant que femmes en cheminement vers un rétablissement est entravée, peut-être même compromise, chaque fois que nous gardons pour nous quelque chose dont nous devons parler avec autrui.

Partager nos peurs, nos blessures, notre colère, c'est garder ouvert notre canal vers Dieu. Les secrets encombrent notre esprit, empêchant le silence au sein duquel nos prières trouvent réponse. Les secrets nous immobilisent. Notre santé, émotionnelle et spirituelle, dépend de notre engagement envers les expériences partagées.

Chacun de nos secrets que nous révélons à quelqu'un permet à cette personne d'être elle-même, elle aussi, et de grandir. Partager des expériences nous libère de notre honte et invite le pardon que nous nous devons à nous-mêmes.

Les quatrième et cinquième Étapes facilitent le processus de partage de ces secrets qui obstruent notre chemin vers Dieu et les unes vers les autres. Nous ne connaîtrons jamais la véritable paix en gardant des secrets. La révélation de soi purifie l'âme et nous offre la vie.

Je serai ouverte aux occasions de me partager moi-même et de jouir de la liberté ainsi offerte.

Juillet

Il est plutôt déconcertant d'être une adolescente de trente-deux ans.

— *Peggy Cahn*

Nos vies sont en mouvement à chaque instant, le changement est donc constant. Les vieilles habitudes cèdent le pas aux nouvelles connaissances que nous acquérons et classons. Toutefois, nous ne renonçons pas si facilement à nos anciens comportements. Ils sont comme de vieilles pantoufles confortables. Ils sont usés et nous embarrassent probablement en public, mais nous les enfilons inconsciemment — et il est alors trop tard.

Au début, la maturité est un comportement « comme si ». Chez la plupart d'entre nous, l'émergence de notre comportement de dépendance a retardé notre développement affectif, c'est pourquoi certaines situations provoquent souvent de notre part une réponse d'adolescentes. L'application du principe « comme si » suscitera à la fois de nouvelles attitudes personnelles et des réactions d'autrui lesquelles, quoique bien accueillies, nous sont souvent peu familières. Après un certain temps, le fait d'agir comme si nous étions compétentes, fortes, confiantes ou sereines ouvrira la voie à l'actualisation de ces comportements. Si nous croyons en nous-mêmes et en notre habileté à devenir les femmes que nous nous efforçons d'être, nous pouvons alors aller de l'avant avec confiance.

Quand mon comportement m'embarrassera ou m'humiliera, j'accepterai la responsabilité qui me revient de le changer. Le changement m'apporte une récompense instantanée. Les personnes qui m'entourent réagiront agréablement et je me sentirai plus pleine de vie.

L'humour est une arme des plus redoutables, une réponse des plus énergiques. Les femmes doivent plaisanter sur elles-mêmes, se moquer d'elles-mêmes, parce qu'elles n'ont rien à perdre.

— Agnès Varda

Le rire peut guérir un état physique ; il peut aussi avoir un effet positif sur la maladie mentale. Le rire marque le début d'une nouvelle perspective qui laisse libre cours à un changement d'attitude. Et alors notre attitude devant toute situation, toute personne, est toute-puissante.

Une attitude négative ou critique à l'égard de notre situation financière, de notre maladie, de notre patron, de notre conjoint ou de nos enfants, détermine ce que nous éprouvons à chaque instant. De la même manière, quand nous élargissons notre champ de vision, que nous envisageons le monde avec le coeur léger, ouvertes à la joie que le jour, les gens, les activités nous apporteront, le succès nous attend.

Chercher l'humour d'une situation, quelle qu'elle soit, nous empêche de succomber à des sentiments d'impuissance. Avant de choisir ce programme et les Douze Étapes à suivre, il était facile de nous sentir impuissantes, de nous comporter en victimes. Choisir une réponse amusante, décider de rire de notre situation, peu importe le moment, est une façon de garder notre puissance personnelle à sa place en nous-mêmes.

Ma santé émotionnelle dépend de mon engagement actif à décider qui je suis, maintenant. Opter pour le rire plutôt que pour le grincement de dents m'apportera une impulsion émotionnelle inattendue.

Personne ne peut construire sa sécurité sur la générosité d'autrui.

— *Willa Cather*

Où cherchons-nous notre sécurité ? Auprès de notre mari ou de notre amant ? Auprès de nos parents ou de nos enfants ? Peut-être cherchons-nous notre sécurité au travail. Or, comme nous l'avons probablement constaté, aucune de ces avenues n'apporte une satisfaction durable, pas plus que les comprimés, l'alcool ou peut-être la nourriture ne nous apportaient une sécurité durable.

La sécurité de l'esprit est innée. Nous n'avons simplement pas puisé à la source. Peut-être ne connaissons-nous pas la source, mais elle a toujours été là, en nous, attendant que nous en soyons conscientes.

Nous n'avançons plus jamais seules. Chaque respiration se fait de concert avec la source éternelle de force et de sécurité qui est en nous. Nous avons le choix d'accepter ce partenariat en tout temps. Et cette garantie de sécurité en toute chose et en tout temps est le don de la liberté.

Notre désir de sécurité nous vient de Dieu. C'est aussi Dieu qui nous donne la sécurité que nous souhaitons. Nous sommes en sécurité aujourd'hui et chaque jour.

Je franchis chaque étape de concert avec ma puissance supérieure. Je n'ai pas à subir seule ce qui m'arrive. Maintenant, je peux respirer et puiser à la source abondante de force qui m'est réservée.

• 4 juillet •

*On ne reconnaît les moments vraiment importants
de sa vie que lorsqu'il est trop tard.*
— Agatha Christie

Chaque moment est spécial et nous offre une occasion
— de laisser l'expérience nous marquer profondément,
d'inviter une autre personne à partager notre vie, d'alimenter la femme qui croît et qui change en nous. Les
événements de la vie défilent si rapidement que nous
pouvons rarement savourer les moments un à un, mais
chaque jour fourmille de présents divins conçus pour notre bien-être. La femme à laquelle nous avons souri à
l'épicerie hier ou l'homme que nous avons salué dans
l'autobus la semaine dernière se croyait extraordinaire.
Et nous étions émues, nous aussi, de notre expression.

Nous changeons, et nous changeons le monde qui nous
entoure, quand nous prenons conscience de la présence les
unes des autres. C'est une réalité merveilleuse de savoir
que les qualités particulières que nous avons et que nous
partageons nous permettent de connaître le monde d'autrui.

Par le passé, un grand nombre d'entre nous ne ressen-
taient pas l'importance du moment. Les jours s'éterni-
saient et étaient pénibles. Maintenant, nous pouvons
sourire à la douleur passée et jouir de ses enseignements.
Nous savons que nous pouvons voir le jour qui se lève avec
espoir. Nous pouvons prendre conscience de tous les instants, être reconnaissantes des expériences que nous vivons et des personnes que nous rencontrons.

---

*Dans ce jeu intérieur de la vie, je partage le terrain, et
j'aurai mon tour de servir. Pour vivre réellement, je dois
participer pleinement.*

Il n'y a vraiment que deux manières de voir la vie — comme victime ou comme combattante courageuse — et vous devez décider si vous voulez agir ou réagir, distribuer vos propres cartes ou jouer avec un jeu truqué. Et si vous ne décidez pas vous-mêmes comment jouer avec la vie, c'est toujours elle qui jouera avec vous.

— *Merle Shain*

Pour un grand nombre d'entre nous, le rôle de victime nous est, ou nous était trop familier. Peut-être quelques-unes d'entre nous ne font que commencer à comprendre que nous avons des choix, que nous n'avons pas à subir la vie. Très tôt nous sommes stimulées par notre responsabilité envers nous-mêmes, par le choix de notre comportement, de nos croyances, de nos amis, des activités qui nous plaisent, même si, au début, toute cette démarche nous semblait peu familière. Plus nos choix sont nombreux, plus nous avons l'impression d'être vivantes. Plus nous avons l'impression d'être vivantes, meilleurs sont nos choix.

Notre but est le « recovery »*. Nous sommes en cours de « recovery »* quand nous participons complètement à notre vie. C'est l'auto-évaluation et l'autodétermination. C'est la confiance d'aller de l'avant, pas à pas, un choix après l'autre, tout en sachant qu'aucune action réfléchie ne peut nous troubler.

Aujourd'hui, de nombreuses occasions de faire des choix se présenteront d'elles-mêmes. Les choix que je ferai sauront me satisfaire ; ils me feront progresser vers mon but.

---

* Voir la « Note de l'éditeur français » au début du livre.

Elle supposait que la paix dépendait d'une certaine disposition de l'âme, une disposition à recevoir le présent que seul le détachement de soi rend possible.

— Elizabeth Goudge

Nous sommes familières avec l'individualisme, l'égocentrisme et l'égoïsme. Nous avons jugé le monde, et toutes les situations, et toutes les personnes qui en font partie sur les effets que leur existence a sur la nôtre. Nous sommes liées aux personnes et aux situations aussi sûrement qu'une ancre est attachée à une embarcation. La plupart d'entre nous avons appris, dès la plus tendre enfance, à lire les comportements d'autrui. Et nous avons déterminé notre propre valeur en conséquence.

En tant que femmes, nous luttons toujours, tentant de comprendre les actions d'autrui, espérant trouver l'acceptation. Nous sommes donc toujours vulnérables, exposant notre « moi » aux caprices des autres « moi », tout aussi vulnérables. Nous cherchons la paix et la sécurité. Nous croyons que si les autres nous aiment et nous acceptent, nous trouverons la paix. Nous connaîtrons la sérénité. Une leçon très importante à apprendre est que la paix est assurée quand nous nous ancrons à Dieu. La paix, le bien-être et la joie sereine accompagneront chacun de nos pas quand nous remettrons notre vulnérabilité entre les mains de Dieu et seulement entre les mains de Dieu. Il n'y aura plus lieu de s'inquiéter pour notre moi que nous tentons de protéger. Il sera traité avec soin.

Aujourd'hui, la paix m'attend. Je compterai sur Dieu et sur Lui seul, pour savoir que tout va bien, que je suis tout ce que je dois être.

... c'est ce qu'on appelle l'apprentissage. Soudainement, vous comprenez quelque chose que vous aviez compris toute votre vie, mais d'une manière nouvelle.

— *Doris Lessing*

Ainsi que nous changeons à travers nos expériences, ce que nous connaissons change aussi. Nos expériences favorisent la croissance et la connaissance, et toute prise de conscience fait place à une nouvelle compréhension. Nous sommes des étudiantes éternelles de la vie et nous avons le privilège de suivre des leçons privées conçues uniquement pour nous. Il est bon de savoir que l'apprentissage est infini et que chaque jour nous permet de nous rapprocher de la personne que nous voulons être.

Pour comprendre une chose en profondeur, nous devons nous ouvrir aux idées d'autrui, avec la volonté de nous dissocier de nos opinions actuelles. Le programme nous offre de nombreuses occasions de renoncer aux jugements qui nous semblent dépassés. Au fil de notre cheminement vers une réhabilitation, nous avons découvert de nouvelles interprétations d'idées anciennes. Et nous continuons à étendre nos connaissances.

Chaque situation, chaque personne, chaque sentiment, chaque idée prend une teinte légèrement différente à chaque rencontre. Le miracle de tout cela est que la vie s'en trouve toujours enrichie, toujours nouvelle.

Chaque moment m'offre une chance de me connaître mieux et de mieux comprendre la véritable contribution qui est la mienne dans cette vie. Je laisserai l'attente de mes idées en mutation me griser.

Les femmes aiment s'installer devant les problèmes comme s'il s'agissait d'un ouvrage de tricot.
— Ellen Glasgow

Il nous arrive souvent de transformer, par un surcroît d'attention mal placée, des défis anodins en barrières insurmontables, en oubliant qu'il y a une solution à tous les problèmes. Or, nous devons nous concentrer sur le noeud du problème pour trouver le fil de la solution. Le meilleur remède à ce dilemme est la Prière de la sérénité.

Nous ne pouvons changer nos enfants, nos maris ou nos partenaires, ni même nos meilleures amies qui, nous le savons, nous aiment. Cependant, avec l'aide de Dieu, nous pouvons modifier l'attitude qui nous entrave actuellement. Un changement d'attitude, qui nous rend moins exigeantes envers nous-mêmes et envers les autres, ouvrira la porte au genre de relations que nous cherchons, à l'écoulement paisible des jours auquel nous aspirons.

Nous n'avons pas à prendre la vie trop au sérieux. En fait, nous ne devrions pas la prendre aussi au sérieux. Nous pouvons évaluer notre santé émotionnelle par le coeur que nous mettons à rire de nous-mêmes et avec les autres. Les 24 heures qui nous attendent nous promettent de nombreux choix d'attitudes. Nous pouvons être inquiètes, en colère, déprimées ou frustrées, ou nous pouvons avoir confiance que notre puissance supérieure nous aidera à surmonter toutes les situations. Nous pouvons donc nous détendre. C'est notre décision, la décision devant laquelle nous ne sommes pas impuissantes.

Aujourd'hui, je serai maîtresse de mon attitude. Je peux vivre la journée à laquelle j'aspire.

Bien sûr la chance fait partie de l'humain, mais la conduite est vraiment ce qui importe.
— Jeanne Detourbey

Il nous arrive souvent de nous retrouver devant un dilemme ; quelle est la meilleure chose à faire dans une situation donnée ? Nous pouvons trouver un guide qui nous oriente dans chaque situation, si nous regardons en nous et laissons notre conscience nous dicter notre comportement. Nous avons souvent entendu, au cours des réunions, que si nous attendions un message de Dieu, nous l'entendrions, que ce soit par l'entremise de notre conscience ou dans les paroles de nos amis. C'est pourquoi nous ne pouvons réellement avoir de doutes ; notre conduite peut toujours être irréprochable, il suffit d'écouter.

Un comportement correct offre des occasions favorables à celles qui sont attentives. Dans la vie, un comportement dont nous sommes fières semble nous apporter la chance. La chance est vraiment un don de Dieu, elle est d'ailleurs proportionnelle à la volonté de chacune de bien agir envers les autres, en toute situation.

C'est simple, tout ce qu'on fait aux autres nous est rendu. Notre comportement nous sera rendu, bien des fois. Aujourd'hui, dans nos rencontres avec les autres, nous aurons de nombreuses occasions de décider du meilleur comportement à adopter dans une circonstance particulière. Nous ne devons pas oublier que notre comportement provoque les réponses que nous recevons.

Aujourd'hui, j'inviterai les bienfaits. Je ferai aussi pleuvoir les bienfaits sur mes amies.

• 10 juillet •

Personne ne peut vous rabaisser sans votre consentement.

— *Eleanor Roosevelt*

Nous sommes des femmes compétentes. Nous avons fait un choix sensé quand nous avons décidé de suivre un processus d'acceptation et de changement. Chaque jour où nous poursuivons le programme, notre esprit s'en trouve renforcé. Et nos dons se multiplient.

Le sentiment d'infériorité peut devenir une habitude. La passivité et le sentiment d'infériorité vont de pair et nous préparent à devenir dépendantes de l'alcool, des comprimés, de la nourriture et des autres. Nous ne comprenions pas instinctivement que nous sommes simplement celles que nous devons être. Nous avons grandi en croyant que nous n'étions pas assez intelligentes, pas très jolies, pas suffisamment compétentes. Nous avons grandi trop loin de la source de notre force véritable.

Quelle merveille que nous ayons découvert le programme ! Quelle chance nous avons de pouvoir puiser toute la force dont nous avons besoin pour affronter toute situation, pour surmonter tout problème, pour résoudre tout conflit lié à une relation personnelle. Le sentiment d'infériorité ne sera plus qu'un mauvais souvenir. Nous avons le choix. Le programme nous promet une vie meilleure. Les Étapes nous promettent la force de continuer. Nos amies nous promettent de nous tendre la main.

J'attendrai avec espoir et avec force les défis qu'aujourd'hui m'apporte et je saurai que je peux les affronter.

J'ai écouté le royaume de l'Esprit. J'ai entendu la voix de mon âme et je me suis rappelée que l'amour est le fil conducteur qui remplit et unit l'existence.
— *Mary Casey*

L'amour nous rassemble, il comble le vide entre nous. Il nous attire dans le monde de l'autre, et enrichit ce monde que nous appelons nôtre. L'amour aplanit tout.

Nous ne souhaitons plus conquérir ou dominer les personnes que nous aimons. Et l'amour que nous portons à un autre accroît notre capacité d'aimer encore plus. L'amour guérit les autres comme il nous guérit, que nous le donnions ou le recevions.

L'amour d'autrui confirme notre existence, nous assurant que nous avons de l'importance, que notre présence a de la valeur aux yeux de quelqu'un. Il est humain d'avoir besoin de ces rappels, de ces assurances. Ce besoin diminue cependant chaque fois que nous prêtons attention à une autre personne dans notre entourage.

Quand l'amour est absent, les personnes, même dans la foule, se sentent isolées, oubliées, insignifiantes. Nous pouvons toutes, sans doute, nous rappeler des moments de désespoir paisible — des moments d'éloignement. Nous devons tendre la main et transmettre des messages d'amour à une personne qui a peut-être besoin qu'on se rappelle d'elle. Nos pensées affectueuses destinées à des personnes, près ou loin, arrivent toujours à destination. Elles nous unissent.

L'amour est puissant. Il peut modifier le caractère de l'univers. Il changera la direction de ma vie.

... les personnes qui souhaitent perpétuer le présent versent toujours des larmes sur le passé merveilleux qui s'apprête à disparaître, sans même avoir un sourire pour l'avenir qui pointe à l'horizon.

— Simone de Beauvoir

S'accrocher à un moment passé, quel qu'il soit, nous ferme aux joies et aux leçons du présent. Nous devons apprendre à lâcher prise, à laisser partir les autres, à tourner le dos aux situations difficiles comme aux expériences importantes. La vie continue et la leçon la plus utile est de nous harmoniser aux vibrations, de vibrer de concert.

S'ouvrir au présent constitue l'unique chance de croissance. Les expériences d'aujourd'hui nous incitent à suivre le chemin tracé pour nous. Aujourd'hui ne nous apportera pas que de la joie, mais on nous promet la sécurité. Il reste toujours des traces de peur ou de confusion, mais nous pouvons apprendre la confiance même dans l'adversité. Nous pouvons nous souvenir de cette puissance supérieure chaque fois que nos pas seront moins assurés.

Insister, comme nous en avons l'habitude, sur nos rebuffades, sur nos rejets, invite à la critique. Il ne faut pas non plus s'arrêter aux joies passées. L'unique réponse valable à la vie est de porter attention au moment présent et aux personnes présentes, maintenant. Refuser d'être ici, maintenant, c'est inviter les autres à se détourner, comme nous l'avons fait.

Je célébrerai l'émotion du présent, en tirant le meilleur des moments d'aujourd'hui, et en confiant le résultat à Dieu.

Le problème ne tient pas à ce que nous ne sommes jamais heureuses — mais au fait que le bonheur est si épisodique.

— *Ruth Benedict*

Le bonheur est un droit inné. Il nous appartient d'être heureuses, chaque jour, peu importe les expériences à affronter. Nous sommes trop nombreuses à avoir grandi dans la croyance qu'il faut vivre d'une certaine manière pour être heureuses. Nous avons cherché l'amant idéal, l'emploi parfait, la robe seyante. Nous avons cherché ailleurs la clé du bonheur. Avec le temps, nous avons même compté sur l'alcool, la drogue, la nourriture peut-être — sans résultat.

Le bonheur vient de l'intérieur. Nous devons l'encourager à se manifester. Cependant, il faut avant tout croire que le bonheur est possible. Nous devons être convaincues que nous pourrons l'atteindre même dans les circonstances les plus difficiles, une fois que nous aurons appris à puiser à la source intérieure.

La vie est un don qui nous est accordé instant après instant. Soyons intimidées par ses merveilles, puis réjouissons-nous. Nous pouvons nous émerveiller devant la création pendant un moment et prendre conscience à quel point nous sommes privilégiées d'y participer. Le bonheur nous saisira si nous le laissons faire. Nous pouvons manifester notre gratitude pour ce don merveilleux en souriant de tout notre être.

Que je sois ici est un mystère merveilleux auquel la joie est la réponse naturelle. Ma présence ici n'est pas accidentelle.

• 14 juillet •

Nous sommes réformées en nous-mêmes par la spontanéité. Libérées des cadres de référence qu'on nous a transmis, la spontanéité devient le moment de liberté personnelle quand nous sommes confrontées à une réalité, que nous l'explorons et agissons en conséquence.

— Viola Spolin

Vivre le moment présent ouvre des possibilités inédites à une croissance nouvelle. Notre moi profond est entraîné vers de nouvelles directions quand nous portons notre attention entièrement sur le présent. Quand nous gardons toujours en tête la discussion de la veille ou la réunion du conseil d'administration du lendemain, nous portons des oeillères qui nous empêchent de voir l'activité du moment. Et Dieu, notre maître et protecteur, réside dans cette expérience, dans le coeur de ces personnes présentes.

Tout moment renferme quelque chose pour nous. Peut-être un renseignement nouveau, une solution au problème qui nous intriguait. Peut-être une chance de nous faire une nouvelle amie, qui sera là dans les temps difficiles.

Tourner le dos au passé nous libère. Nous n'avons pas à porter un fardeau. C'est terminé. Notre vie s'en trouve facilitée d'autant, si nous rivons notre attention à l'expérience qui se trouve à notre portée, là où les problèmes que nous ressassons trouvent une solution.

J'accueillerai la journée en gambadant, en souriant, prête pour les réponses, les vérités, les directions qui me sont destinées. Les merveilles d'aujourd'hui me rendront heureuse.

Si je peux empêcher qu'un coeur soit brisé, je n'aurai pas vécu en vain. Si je peux soulager la misère d'une vie, ou rendre la douleur moins pénible, ou ramener un oiseau au nid, je n'aurai pas vécu en vain.

— *Emily Dickinson*

Le don d'attention mutuelle est de « transmettre » l'amour divin. Pour recevoir l'amour, nous devons le donner. Nous connaîtrons l'amour quand nous le donnerons.

Notre attachement au monde, le sentiment d'appartenance que nous espérions pour la plupart depuis de nombreuses années avant d'entreprendre un programme de rétablissement, nous attend ; il nous inonde même quand nous tendons la main à quelqu'un d'autre. Nous ne sommes plus seules, effrayées, isolées, quand nous laissons savoir aux autres qu'elles ne sont plus seules. Nous pouvons nous guérir mutuellement. Le programme ouvre la voie à la guérison.

Chaque jour, chacune de nous peut soulager la douleur d'une amie, d'un collègue, d'un enfant. La beauté du programme, la beauté du plan divin qui nous est destiné, est que notre douleur est atténuée par le processus de soulagement de la douleur d'autrui. L'amour est un baume. L'amour porté aux autres donne un sens à notre vie.

Aucun jour n'est vécu en vain, si seulement je chéris la présence d'une autre personne.

*J'en arrive à croire au « sacrement du moment »,
qui présuppose la confiance en la bonté ultime de
mon créateur.*

— *Ruth Casey*

Le moment compris est comme un bourgeon en fleur.
Le jour se déroule et chaque minute nous mène vers les
expériences qui nous conviennent ici, maintenant. Notre
résistance devant certaines expériences et certaines personnes crée la barrière qui fait obstacle aux bontés qui
nous sont destinées.

Nous pouvons être assurées que notre puissance supérieure prend soin de nous. Chaque respiration que nous
prenons est remplie de l'Esprit, et le plan dressé pour
nous cumule les expériences nécessaires, lesquelles nous
aident à grandir et à développer nos talents particuliers.
Nous oublions souvent que les périodes difficiles de notre
vie nous mettent à rude épreuve, nous éclairent et nous
préparent à devenir les femmes que nous souhaitons ardemment être.

Ce moment est sacré. Tous les moments sont sacrés.
Ils ne reviendront plus. Ce que le moment présent nous
offre pour grandir ne nous sera plus jamais offert de la
même manière. Notre puissance supérieure connaît nos
besoins et y répond. Nous pouvons avoir confiance dans la
bonté du jour.

---

*Peu importe la situation que je rencontrerai aujourd'hui, je
croirai en sa bonté. Elle me convient. Elle peut exacerber
ma patience plutôt que susciter mon rire, mais, en ce moment, elle me convient.*

Il ne s'agit pas uniquement d'un problème de femme et de carrière, de femme et de foyer, de femme et d'indépendance. C'est plus fondamental : comment demeurer entières au milieu des distractions de la vie ; comment demeurer équilibrées, avec la force centrifuge qui tente de nous décentrer ; comment demeurer fortes, avec les secousses qui nous bousculent et tentent de briser la roue en son moyeu.

— Anne Morrow Lindbergh

Avant d'en arriver à ce programme qui conduit à restaurer notre dignité humaine, un grand nombre d'entre nous étions incapables d'affronter les distractions de la vie sans l'aide de notre addiction. Nous n'avions aucun sentiment d'intégralité et nous passions d'une situation de crise à l'autre. Nous nous sentons encore tiraillées. Les crises peuvent toujours nous faire trébucher. Mais maintenant, nous avons un centre que nous commençons à comprendre et sur lequel nous pouvons nous reposer : notre moi spirituel.

Ralentir, avancer de concert avec notre centre, écouter le message intérieur, tout cela fait disparaître nos problèmes, apaise les vagues de la tempête. La force de continuer nous attend. Nous pouvons absorber les chocs qui « brisent la roue en son moyeu », ils nous enrichiront. Nous tissons à chaque instant la tapisserie de la vie. Chaque expérience colore notre motif. Notre douleur, notre peine et notre joie nous accordent la profondeur qui, un jour, nous permettra de dire « je vois, je comprends ».

Aujourd'hui, je serai reconnaissante des expériences qui embellissent ma tapisserie.

Ayez le courage d'agir plutôt que de réagir.
— Darlene Larson Jenks

Prendre le temps de réfléchir à nos réactions face aux situations que nous rencontrons nous offre la liberté d'en arriver à des choix qui nous conviennent. Le comportement impulsif peut être une chose du passé, si nous le voulons bien. C'est rarement la meilleure solution pour notre bien-être.

La prise de décision nous remonte le moral. Elle nous offre une chance d'exercer nos pouvoirs personnels, un exercice essentiel au sain développement de notre ego. Nous devons arrêter des choix posés et réfléchis parce qu'ils auront un effet déterminant sur notre personnalité. Chaque action que nous accomplissons montre clairement la personne que nous devenons. Quand nous avons sciemment et délibérément choisi cette action parce qu'elle nous convient, nous sommes vraiment en position de devenir les personnes que nous choisissons d'être.

Nos actions sont révélatrices de ce que nous sommes, pour nous-mêmes et pour les autres. Nous n'avons jamais à transmettre une image déformée. Il suffit de prendre le temps et de faire preuve du courage nécessaire pour nous comporter exactement comme nous le souhaitons. Nous connaîtrons une liberté nouvelle quand nous maîtriserons la situation.

J'exercerai mon pouvoir d'agir et je ressentirai la plénitude de mon être.

À quinze ans, la vie m'a appris indéniablement que la reddition, bien placée, était aussi honorable que la résistance, surtout quand une personne n'a pas le choix.

— *Maya Angelou*

Nous avons dû abdiquer devant une puissance supérieure pour en arriver où nous sommes. Et chaque jour, nous devons nous tourner vers cette puissance pour trouver la force et la direction. Pour nous, résistance est synonyme de lutte — lutte avec les autres aussi bien qu'avec nous-mêmes.

La sérénité est incompatible avec la lutte. Nous ne pouvons pas exercer un contrôle sur les actions de notre famille ou de nos collègues. Nous pouvons par contre décider de nos réponses. Et quand nous choisirons d'abandonner nos tentatives de contrôle, nous trouverons la paix et la sérénité.

Ce que nous détestons, ce que nous craignons, ce que nous souhaitons conquérir semble disparaître soudainement quand nous décidons de ne plus opposer de résistance — de cesser la confrontation.

Les réalités de la vie nous arrivent par des chemins mystérieux. Nous luttons avec tant d'ardeur, simplement pour apprendre que ce dont nous avons besoin ne sera jamais nôtre, tant que nous ne renoncerons pas à lutter. La reddition entraîne la révélation.

Les leçons de la vie deviennent simples, une fois que j'abandonne la lutte.

Il est ironique que la chose reconnue par toutes les religions comme nous séparant de notre Créateur — notre propre conscience de soi — est cette même chose qui nous sépare de nos semblables.

— Annie Dillard

Sortir de nous-mêmes, surmonter notre ego, c'est ouvrir la porte à la communication véritable avec les personnes que nous rencontrerons aujourd'hui. Nous devons apprendre à plonger un regard d'appréciation affectueuse dans l'âme de la personne ou de l'enfant qui se tient devant nous. Nous devons nous exercer à considérer leurs besoins avant les nôtres, et avec le temps notre préoccupation sera réelle. Il n'y aura plus de séparation entre nous.

Cette séparation d'avec les autres, la barrière qui nous divise, vient de nos insécurités personnelles. Nous avons l'habitude des comparaisons rapides avec les personnes que nous rencontrons. Nous établissons leur infériorité ou leur supériorité par rapport à nous. Tous les présents que nous avons à offrir les unes aux autres demeurent dans leur emballage, pour le moment du moins.

Rapprochons-nous, vraiment, de quelqu'un que nous tenions à distance jusqu'à maintenant. Nous devons croire que c'est le destin qui amène ces personnes dans notre vie. Nous sommes leurs égales et elles sont nos égales. Nous avons besoin de ce qu'elles ont à nous offrir comme nos présents sont essentiels à leur croissance.

Aujourd'hui, j'apprécierai le motif de ma vie. Je me rapprocherai du jour.

Chaque matin, je m'éveille avec l'émotion de l'attente et la joie d'être vraiment vivante. Et je suis reconnaissante du jour qui se lève.

— Angela L. Wozniak

S'ouvrir à l'offrande du jour, dans sa plénitude, et chercher les expériences positives inhérentes, cela devient habituel uniquement après un engagement ferme et une pratique consciencieuse. Aujourd'hui est un jour spécial pour nous toutes.

Les prochaines vingt-quatre heures ne ressembleront à aucune autre. Et nous ne sommes plus les personnes que nous étions, nous avons même changé depuis hier. Lorsque nous attendons avec impatience tous les événements de la journée, avec la connaissance que nous sommes entre les mains de notre puissance supérieure, pour chaque détail, nous devenons libres de tirer le meilleur de tout ce qui nous arrive.

Nous avons reçu le don de la vie. Nous sommes des survivantes. Les chances de survie de notre passé indiquent clairement que nous avons un travail à accomplir et que nous recevons l'aide nécessaire. La confiance vacille en chacune de nous, mais nous recevrons toutes la force dont nous avons besoin.

Au cours de cette journée qui m'attend, j'aurai certainement de nombreuses chances de grandir, de manifester de la gentillesse envers les autres, de développer ma confiance en moi. Aujourd'hui, je réfléchirai à mes actions. Elles sont spéciales et ne reviendront plus.

Mes relations avec mon moi profond influencent toutes mes relations avec autrui. Ma satisfaction à l'égard de moi-même et ma satisfaction à l'égard des autres sont directement proportionnelles.
— *Sue Atchley Ebaugh*

Les attitudes haineuses envers les autres, la résistance manifestée devant les suggestions d'autrui, la jalousie à l'égard des attraits d'une autre femme ou de ses habiletés particulières constituent toutes d'excellents indicateurs de la santé de nos programmes spirituels. Notre sécurité appartient à Dieu. Quand cette relation sera nourrie, les récompenses seront nombreuses et les satisfactions multiples.

Notre moi profond a peut-être besoin d'être choyé et louangé. Il a sans doute souffert de négligence pendant de nombreuses années. Nous nous sommes souvent réprimandées, peut-être humiliées. Apprendre à aimer notre moi profond, reconnaître la valeur inhérente à notre propre existence, cela demande des efforts, un engagement et de la patience — des atouts que nous commençons peut-être seulement à développer dans ce programme.

Notre moi profond est le foyer de notre esprit où réside notre attachement à toute force, à tout courage, à toute estime de soi et à toute sérénité. Notre esprit ne fait qu'un avec notre puissance supérieure. Nous devons reconnaître sa présence et utiliser le réconfort qu'elle nous procure.

Mes relations avec les autres sont aussi saines et aussi profondément satisfaisantes que ma communication avec Dieu.

Ainsi est la sagesse ; vivre, prendre ce que le destin, ou les dieux, peut nous donner.
— *Laurence Hope*

Nous ne pouvons exercer un contrôle sur les événements de notre vie, mais nous pouvons gouverner nos attitudes. Les chances seront nombreuses, aujourd'hui, de réagir de manière négative ou positive aux situations dans lesquelles nous nous trouvons. Nous pouvons considérer que chaque situation renferme quelque chose de spécial pour nous.

Des attentes positives face aux activités prévues ou spontanées d'aujourd'hui influenceront le déroulement de ces activités, notre participation et nos interactions avec les autres personnes concernées. Une attitude positive semble engendrer des expériences positives. En d'autres mots, dans la vie, nous attirons ce que nous cherchons. Combien de fois nous sommes-nous réveillées déjà en colère, ayant l'impression d'être en retard alors que le jour était à peine levé, irritées contre nos enfants, « prêtes » à affronter un coup dur au bureau ? Et c'est généralement ce qui se produit.

La Prière de la sérénité nous offre toute la connaissance, toute la sagesse dont nous aurons jamais besoin. Nous pouvons accepter ce qui doit être, changer ce qui peut être changé et réussir à faire la part des choses. Nous pouvons dresser un inventaire de nos attitudes. En assumons-nous la responsabilité ? Nous sommes en mesure de modifier nos attitudes.

Aujourd'hui, je ne laisserai aucune attitude négative me piéger. J'accepterai le défi que représente le bouleversement de ma journée.

L'idée se répand que les femmes ont souvent été handicapées non seulement par la peur de l'échec — que connaissent aussi les hommes — mais aussi par la peur de la réussite.

— Sonya Rudikoff

Nous avions l'habitude, avant de suivre ce programme, de manger, de boire ou de fumer nos peurs. Nous avons compris, profondément, que même l'intoxication ne pouvait nous soustraire à nos peurs. Le programme nous aide à comprendre que la peur est humaine, normale et surmontable quand Dieu et nos amies inscrites au programme nous prêtent main forte.

La drogue et l'alcool déformaient notre perception. Nos peurs, petites ou grandes, étaient déformées. Il nous arrive encore de déformer nos peurs, à l'occasion, parce que nous nous éloignons de la réalité spirituelle de notre vie. Rappelons-nous, nous n'avons jamais à faire face à une situation trop difficile pour nous, à une expérience pour laquelle nous ne sommes pas préparées, si seulement nous nous tournons vers la puissance supérieure que nous offre le programme.

Nous ne pouvons échouer dans ce que nous tentons d'accomplir aujourd'hui. Le résultat de toute tâche est celui qui est prévu. Et peu importe ce que nous réussirons aujourd'hui, on nous montrera, au moment opportun, comment faire bon usage de ce succès.

Je n'ai à craindre ni l'échec, ni le succès. Je ne suis pas seule à faire l'expérience de l'un comme de l'autre ; ils sont le tremplin de mon voyage dans la vie.

Le choix est clair entre la vie et la mort, entre la réalité et la fantaisie, entre la santé et la maladie. Je dois assumer mes responsabilités — les responsabilités de mes erreurs comme de mes accomplissements.

— *Eileen Mayhew*

Le fait de choisir de participer activement à notre vie donne libre cours à la joie et, parfois, à la peur. Notre engagement conscient nous stimule ; en arrêtant des choix réfléchis quant à notre épanouissement, nous augmentons notre sensation de bien-être. Toutefois, il nous arrive parfois de craindre l'échec possible, tout aussi souvent, sans doute, que nous craignons la réussite probable.

Ce n'est pas tous les jours que nous voulons assumer la responsabilité de notre vie, et pourtant il le faut. Il nous arrive parfois de ne chercher que les bras aimants de quelqu'un qui prendrait soin de nous. Ce qui est merveilleux dans notre vie en ce moment, c'est que nous avons un gardien à notre entière disposition, un gardien qui nous a démontré à maintes reprises qu'il s'inquiétait de notre sécurité, un gardien qui nous aidera à endosser toutes les responsabilités qui nous reviennent.

Notre participation à ce programme indique clairement que nous avons décidé d'agir avec responsabilité. Et il est tout aussi évident que chaque jour où nous demandons des conseils afin de vivre notre vie au meilleur de nos connaissances, nous recevrons l'aide nécessaire pour accomplir les tâches qui nous conviennent en ce moment.

Il me suffit simplement de faire les bons choix. Et quand je demanderai conseil, je connaîtrai toujours les décisions à prendre.

Nous voulons toujours que les faits soient conformes aux idées préconçues. Quand ce n'est pas le cas, il est plus facile de ne pas tenir compte des faits que de modifier les préconceptions.
— *Jessamyn West*

Vivre pleinement et avec créativité, donner ce que nous seules pouvons donner, cela demande de porter une attention soutenue aux répercussions de chaque moment présent. Même l'attente de ce qui surviendra bientôt peut biaiser notre esprit, notre niveau de conscience. Les idées préconçues obscurcissent nos sens. Elles nous empêchent de comprendre vraiment la situation actuelle. Et c'est uniquement dans le moment présent, instant par instant, que nous recevons les signaux nous permettant de suivre le chemin qui nous est destiné.

Quand nous deviendrons plus à l'aise avec la troisième Étape, et que nous remettrons tous les jours notre vie et notre volonté entre les mains de Dieu, nous verrons à quel point nos expériences sont plus enrichissantes. Nous comprendrons aussi combien plus importantes sont nos propres contributions. Les idées préconçues à propos d'une situation, des personnes, des expériences attendues atténuent la magie, la profondeur du moment. Et c'est seulement quand nous sommes à l'unisson avec l'invitation du moment que nous nous donnons, pleinement. Notre partenariat avec Dieu est actif maintenant, au fil du moment présent.

Je regarderai chaque moment avec les yeux d'une enfant. Je trouverai la joie et la satisfaction.

Pour qu'une lampe demeure allumée, il faut y verser de l'huile.

— Mère Teresa

Notre nature spirituelle doit être nourrie. La prière et la méditation allument amoureusement la flamme qui nous éclaire de l'intérieur. Nous sommes humaines, c'est pourquoi nous laissons souvent la flamme vaciller et parfois s'éteindre. Alors, la solitude, le sentiment redouté, s'installe. Heureusement, le temps, peut-être même quelques instants de communion silencieuse avec Dieu, rallume la flamme.

Pour la plupart d'entre nous, la flamme était basse, ou éteinte, depuis de nombreuses années. La flamme vacillante d'aujourd'hui, ou de demain, ou d'hier, ne durera pas, nous n'avons donc rien à craindre. Nous pouvons écouter la voix de notre puissance supérieure chez les autres. Nous pouvons écouter aussi en portant le message. La prière nous entoure à chaque instant. Nous pouvons alimenter notre flamme intérieure au feu des messages reçus. Nous pouvons laisser notre esprit se manifester, le laisser réchauffer notre coeur et celui des autres.

Nous avons toutes une amie dont la flamme vacillera aujourd'hui. Je l'aiderai elle, et moi aussi par la même occasion. Une flamme haute peut rallumer une flamme vacillante.

La beauté d'aimer quelqu'un est le sentiment de « plénitude » que je ressens. Le besoin de cet autre dans ma vie, le sentiment de « je fais partie de toi comme tu fais partie de moi » qui lie deux personnes et les rend nécessaires l'une à l'autre.
— Kathleen Andrus

La seule exigence de notre Créateur, c'est de nous aimer les unes les autres. Quand l'amour est plus difficile, peut-être n'avons-nous qu'à décider de ne pas blesser l'autre. Si nous évitions toutes de blesser autrui, seulement pendant une journée, nos vies seraient transformées. Nous verrions toutes le monde sous un jour nouveau.

Plus nous aimons les autres, quels qu'ils soient, plus notre amour pour tous les autres augmentera. L'amour anime notre coeur et allège notre fardeau. Les tribulations de chaque jour deviennent des triomphes quand nous portons l'amour au coeur. L'amour nous remplit, et plus nous le partageons, plus nous sommes comblées.

Nous sommes liées — les unes aux autres, toutes ensemble. Les contributions que nous apportons à l'ensemble sont nécessaires. Notre présence rend le tout complet.

Aujourd'hui, quand je verrai une amie, je serai aussi reconnaissante de sa contribution à ma plénitude.

L'harmonie existe autant dans la différence que dans la ressemblance, si seulement les deux parties battent la même mesure.

— *Margaret Fuller*

L'harmonie est partout, comme une entité d'elle-même. Ce sont nos attitudes qui rendent une situation dissonante. Une attitude aimable peut attirer la grâce sur toutes les situations et sur toutes les personnes.

Le contraire est aussi vrai. Nous souhaitons toutes que nos relations soient harmonieuses. Et elles le seront, chaque fois que nous affrontons une situation avec une attitude de franche gratitude.

Aujourd'hui, notre sentiment à l'égard de cette personne ou de cette situation reflète l'intensité de notre relation avec Dieu. Quand nous expérimentons la vie en compagnie de notre puissance supérieure, nous laissons la vie suivre son cours. Nous verrons alors l'harmonie, même au coeur de la différence.

Tous les éléments de la vie tendent vers un état d'entière et de parfaite harmonie. Nous n'avons rien à craindre. Nous pouvons avoir confiance en la compagnie de notre puissance supérieure et croire que chaque situation, peu importe son apparence défavorable, contribue à un résultat harmonieux si nous gardons une attitude confiante.

L'harmonie est omniprésente. Je la célébrerai. Je compterai sur le présent. J'aurai confiance en l'avenir.

C'est la puissance créatrice inhérente à tous les humains qui constitue l'image de Dieu.
— Mary Daly

La présence de Dieu est en nous, maintenant et toujours, même si nous ressentons, la plupart du temps, la solitude, l'éloignement, la peur et l'oubli. Souvent, nous laissons passer la présence de Dieu parce que nous ne la reconnaissons pas. Nos talents, nos désirs et nos recherches sont l'évidence — toute l'évidence dont nous aurons besoin une fois que nous la comprendrons — que Dieu est présent en nous et autour de nous, pour toujours.

Le puissance créatrice se perd chez un grand nombre d'entre nous, peut-être parce notre définition de la créativité est trop rigide. Nous sommes créatives. Nous sommes toutes, chacune d'entre nous, créatives. Il le faut puisque Dieu est présent ici, maintenant. Quand nous choisirons de le laisser nous guider, nous serons en mesure d'offrir nos présents uniques au monde formé d'amies qui nous entoure. Encourager la créativité, la nôtre et celle des autres, peut vouloir dire rejeter de vieilles habitudes. C'est sûrement sortir de notre propre chemin. C'est aussi nous donner pleinement à l'expérience du moment et être confiantes que la présence de Dieu nous permettra d'offrir notre présent spécial.

Dieu vit en nous dans le moment présent. En ce moment, je suis créative, bénie par des dons uniques. J'apprécierai le moment et j'offrirai mes dons, guidée par Dieu qui m'habite.

L'amour n'est pas immobile comme la pierre, il faut le façonner comme la brique ; le refaçonner sans cesse, le renouveler.

— Ursula K. LeGuin

Nous aimons être aimées ; nous aimons être étreintes ; nous aimons être caressées. Nous aimons aussi les marques d'appréciation. Et nous aimons savoir qu'on nous a entendues. Les amies, les conjoints, les enfants dans notre vie espèrent la même chose de notre part. Comme un jardin a besoin d'eau, de soleil et d'être sarclé pour faciliter la croissance, l'amour a besoin d'être bien entretenu. Pour devenir des femmes à part entière et en santé, nous avons besoin de soins attentifs. Et nous avons aussi besoin de donner ce que nous recevons. Les personnes que nous nourrissons béniront notre croissance.

L'amour n'est pas statique, il est dynamique. Sans cesse en mouvement, il change toujours celles qu'il étreint. Depuis notre entrée dans ce programme où le partage de soi, l'expression manifeste de l'amour, sont profondément mis en évidence, nous avons toutes changé. Et notre présence a changé les autres. Nous avons appris à accepter l'amour et à le donner. Encore mieux, nous avons appris que nous méritons l'amour.

Aujourd'hui, je regarderai les personnes qui m'entourent, et je me rappellerai que ma croissance et la leur sont tributaires de l'amour reçu et donné. Je tendrai la main. Je peux renouveler l'amour.

Août

Pour bien voir, il faut naviguer à la faveur d'un vent solaire. Aiguisez et élargissez votre esprit, jusqu'à devenir vous-même une voile, gonflée, translucide et perpendiculaire au moindre souffle.
— Annie Dillard

Notre progrès de ce jour et, par le fait même, notre sérénité se trouvent rehaussés par notre volonté d'accepter tout ce qui nous est offert aujourd'hui. Il ne suffit pas d'accepter les événements, il faut les célébrer et croire qu'ils nous rapprochent de notre destinée particulière.

Suivre les virages et les courbes de notre vie, plutôt que leur opposer de la résistance, nous assure une traversée sans encombre et nous aide à maximiser les occasions qui se présentent et à accroître notre sérénité. La première étape à franchir pour atteindre la sérénité est de reconnaître notre impuissance sur tout ce qui nous entoure, sauf sur notre propre attitude.

La résistance, qu'elle se manifeste à l'égard d'une personne ou d'une situation dans notre vie, aggravera encore notre perception du problème. Nous devons croire que toutes les expériences favorisent notre croissance. Nos expériences nous permettent de naviguer. Nous pouvons leur faire confiance pour nous mener à bon port. Nous pouvons croire, tout simplement, que tout va bien et que nous avons l'avantage, à chaque instant.

Aujourd'hui, ma sérénité est entre mes mains. J'aborderai cette journée avec confiance et reconnaissance. Et mon Esprit s'en trouvera grandi.

*Même si nous sommes malades, fatiguées, faibles
et épuisées — voyez, tout peut renaître !*
— *Elizabeth Chase Akers*

Quelle était la principale cause de nos ennuis, l'an dernier ? Le mois dernier ? La semaine dernière ? Il est probable que ce problème, quel qu'il soit, nous obsédait ; nous étions persuadées qu'il ruinerait notre avenir, qu'il n'avait pas de solution raisonnable. C'est possible aussi que nous craignions simplement de ne pas pouvoir survivre à cette situation complexe. Et pourtant, nous avons réussi. Et nous serons toujours en mesure de survivre à toutes les difficultés. Nous ne sommes jamais, mais vraiment jamais, confrontées à des choses qui nous dépassent. En réalité, nous ne recevons que ce qui nous convient, en tout temps.

Nous avons de nombreuses leçons à apprendre. Heureusement, la structure des Douze Étapes nous guide à travers ces leçons. Il faut avant tout nous rappeler que nous sommes impuissantes devant certaines choses, qu'il existe une puissance supérieure et que la vie deviendra simple ; nous n'aurons plus à faire des devoirs supplémentaires quand nous aurons remis notre vie entre les mains de Dieu.

Aujourd'hui, quel que soit mon problème, je le laisserai à Dieu. Une solution se prépare. Je la verrai d'autant plus rapidement que je pourrai lâcher prise.

Aimer est tout ce qu'il faut pour faire de ce monde un monde meilleur — aimer comme le Christ a aimé, comme Bouddha a aimé.

— *Isadora Duncan*

L'amour inconditionnel est notre droit de naissance et c'est cet amour que Dieu nous donne. Nous espérons simplement un peu de cet amour, les unes des autres, et nous le méritons ; pourtant, il est humain de chercher l'amour avant de le donner. Voilà pourquoi un grand nombre d'entre nous cherchent avidement des signes d'amour.

Trop parmi nous cherchent, au lieu d'aimer. Aimer vraiment, c'est renoncer à toute attente. C'est accepter pleinement et même célébrer la personnalité de l'autre. Pas facile, mais combien enrichissant, pour nous-mêmes comme pour la personne qui reçoit notre amour.

L'amour guérit comme un baume. L'amour allège nos fardeaux, quels qu'ils soient. Il invite notre joie intérieure à se manifester, mais avant tout, il nous lie l'une à l'autre. Et la solitude disparaît. Nous ne sommes plus isolées de notre milieu. L'amour est le mortier qui cimente la structure humaine. Elle s'écroule sans l'expression de l'amour. Ce programme en Douze Étapes nous offre un plan d'amour mutuel. Nous recevrons l'amour aussi sûrement que nous le donnons.

Toute expression de l'amour que je manifesterai aujourd'hui facilitera une autre des étapes que je dois franchir dans cette vie.

Je vous le dis, le temps est un don de Dieu très précieux ; si précieux qu'il ne nous est donné qu'un moment à la fois.

— *Amelia Barr*

À quoi pensons-nous maintenant ? Sommes-nous pleinement concentrées sur cette méditation ? Ou nos pensées vagabondent-elles vers les événements prévus pour plus tard aujourd'hui, ou même demain ? La simple vérité est que cet instant représente tout ce que Dieu permet pour le moment. Dieu a pour dessein de nous faire vivre chaque instant intensément, au fil de son déroulement. La richesse de nos vies tient dans cette vérité. Chaque moment contribue à l'ensemble du motif qui nous appartient en propre.

Nous ne devons pas laisser échapper le plaisir potentiel d'une expérience parce que nos pensées vagabondent. Nous ne savons jamais quand un moment particulier, une certaine situation sera la porte d'accès à notre avenir. Nous savons pertinemment que Dieu doit souvent travailler fort pour attirer notre attention, plaçant parfois des pierres d'achoppement pour nous ramener sur le droit chemin.

Être en accord avec le moment présent assure une ligne de communication directe avec Dieu. C'est aussi l'assurance d'une vie remplie, mais simple. Notre but se précise quand nous confions nos pas à la grâce de Dieu. Vivre à la fois dans le passé, dans le présent et très souvent dans l'avenir, nous complique terriblement la vie.

Une étape, un moment, puis une autre étape et un autre moment. Comme la vie simple m'apporte la liberté !

L'essentiel est que je suis responsable de mon propre bien-être, de mon propre bonheur. Les choix que je fais et les décisions que je prends à l'égard de ma vie ont une influence directe sur la qualité de mes jours.

— Kathleen Andrus

Rien dans notre vie ne prévoit qu'il faille reporter le blâme sur les autres. Nous sommes le résultat de nos actions, de nos attitudes, de nos choix et de nos décisions. Pour un grand nombre d'entre nous, les situations difficiles ont peut-être découlé de notre inaction devant l'occasion. Or, il s'agissait néanmoins de décisions et nous devons en assumer la responsabilité.

Nous n'avons pas à nous sentir complètement impuissantes ou démunies devant les événements de notre vie. Il est vrai que nous ne pouvons contrôler les autres ni contenir le dynamisme d'une situation, mais le choix des réponses nous appartient. Ces choix rehaussent notre sens de nous-mêmes et notre sentiment de bien-être, et ils peuvent avoir une influence positive sur la qualité de la journée.

J'assumerai la responsabilité de mes actions, mais non pas de l'issue d'une situation ; c'est tout ce qu'on attend de moi. C'est l'une des obligations de la vie et les devoirs s'ensuivent.

Le calme lasse celles qui ont connu la tempête.
— *Dorothy Parker*

La diversité des expériences est nécessaire à la poursuite de notre croissance. Nous croyons faussement que le « calme plat » serait le bienvenu pour toujours. Ce sont les hautes vagues de la vie qui font de nous de meilleures nageuses.

Nous ne savons comment apprécier le calme sans la tempête occasionnelle qui nous pousse à la limite de nos forces. Le calme qui suit la tempête nous offre le temps qui nous est nécessaire pour nous habituer à cette croissance nouvelle. Nous changeons, nous redéfinissons nos valeurs et nous avançons avec précaution dans des territoires inexplorés. Il ne faut pas oublier que nous sommes pour toujours des partenaires dans ces nouveaux territoires.

Nous avons le goût du défi même au coeur du calme qui nous bénit. Notre moi profond comprend le voyage, un voyage destiné à nous transporter vers de nouveaux horizons, un voyage qui nous promet de nombreuses saisons mouvementées. Pour atteindre notre destination, nous devons être prêtes à essuyer les tempêtes. Elles représentent les défis, triés sur le volet, conçus pour nous aider à devenir tout ce que nous devons être dans cette vie terrestre.

Le mélange de calme et de tempête n'est pas le fait du hasard. Au contraire. Ma croissance se tient au coeur de chacun d'eux. J'écouterai son message.

Quand notre individualité est complètement pas-
sée sous silence, c'est comme si nous étions tout à
fait retranchées de la vie. On éteint la vie comme
on éteint une lumière.

— *Evelyn Scott*

Nous avons besoin de savoir que nous comptons dans cette vie. Nous devons avoir la preuve que les autres sont conscientes de notre présence. Et par conséquent, nous pouvons être assurées que la même attention leur est nécessaire. Comme nous l'accordons, nous la recevons. Ainsi donner de l'attention à une autre âme en peine répond à notre propre besoin d'attention.

La reconnaissance respectueuse de la présence d'une autre est une bénédiction pour elle, pour nous et pour Dieu. Et nous nous aidons mutuellement à grandir, de manière importante, chaque fois que nous manifestons de la reconnaissance.

Nous sommes incertaines, parfois, de ce que nous pouvons offrir à nos amies, à notre famille ou à nos collè-gues. La certitude que nous ressentons en certaines cir-constances peut nous dérouter, mais il est probable que les personnes qui nous entourent ont besoin de ce que nous sommes en mesure de leur donner ; le contraire est tout aussi vrai. Nous pouvons donc commencer par accor-der notre attention aux personnes qui longent notre che-min. Il faut écouter et observer attentivement pour percevoir le message qu'une autre âme transmet à la nôtre.

Je serai consciente des personnes qui m'entourent. Je leur
manifesterai de l'attention et je serai reconnaissante de
tout ce qu'elles m'offrent.

Je suis la plus chanceuse et la plus reconnaissante des femmes. Chanceuse et reconnaissante de m'éveiller chaque matin. De mes trois filles et de mon fils. D'un mari compréhensif et très aimant avec qui j'ai partagé 52 années remplies de bonheur et de santé.

— *Thelma Elliott*

La gratitude à l'égard de ce qui nous est offert dans la vie tempère les attitudes sévères dont nous faisons preuve à l'occasion. La vie nous propose un assortiment de bénédictions ; quelques-unes apportent une joie immédiate ; certaines invitent aux larmes ; les autres suscitent la peur. Nous devons comprendre que toutes les expériences sont conçues pour notre bien ; en ce sens, elles sont toutes des bénédictions. Si nous pouvons voir l'image d'ensemble, nous accueillerons toutes les situations, importantes ou banales, avec un coeur reconnaissant.

Il est si facile de gaspiller sa vie en espoirs inutiles, en n'étant jamais satisfaites de notre famille, de notre emploi, de nos amies. Plus nous critiquons la vie, plus nous aurons de raisons de la critiquer. Les attitudes négatives attirent les expériences négatives, alors que les attitudes positives allègent tous les fardeaux desquels nous tirons un enseignement.

Les années défilent si rapidement. Nos chances d'apprécier la vie passent vite, elles aussi. Nous pouvons prendre tout ce qui passe et être reconnaissantes. Nous ne savons jamais si l'expérience qui nous est offerte n'est pas la dernière.

Chaque jour où je m'éveille est ma première bénédiction.

*Pour moi, cesser de fumer n'était pas une question
de volonté, mais d'être moins volontaire.*
— *Joan Gilbertson*

La plupart d'entre nous avons lutté, avec détermination, contre un nombre important d'addictions : l'alcool,
les stimulants, les calmants, le sucre, le chocolat, la ciga-
rette, les hommes. Plus nous étions déterminées à contrôler notre consommation ou à la faire cesser, plus nous
ressentions le besoin d'un verre, d'une bouchée, d'une
bouffée. S'abandonner complètement représentait un
point tournant.

Le programme nous aide à nous dégager de notre
principale dépendance une fois que nous faisons preuve
d'humilité, acceptons notre impuissance et sollicitons de
l'aide. Il peut nous être utile aussi efficacement, chaque
jour, dans tout problème que nous tentons de résoudre.
Un membre de la famille nous cause des ennuis ? Une
collègue soulève notre anxiété ? Une amie s'est éloignée ?
Nous déployons tant d'énergie à tenter de gérer les résultats ! Dans la plupart des cas, notre tentative de contrôle
attirera encore plus de résistance.

Le programme offre une porte de sortie à toutes les
situations frustrantes. Nous pouvons être attentives à
notre impuissance et entretenir les occasions que nous
offre notre puissance supérieure. Nous pouvons remettre
tous nos problèmes entre les mains de Dieu et doucement,
avec confiance, espérer une solution. Elle est assurée.

---

*Si je renonce à m'entêter, je trouverai les expériences de la
vie beaucoup plus faciles. Dans tous les cas, le bon résultat
n'en sera que plus rapide.*

... le développement de la compréhension tient de la spirale ascendante plutôt que de la ligne droite.
— Joanna Field

Nous suivons toutes notre propre chemin, très spécial, dans cette vie. Parfois, nos chemins sont parallèles. Ils peuvent se croiser à l'occasion. Nous avons toutes une destination commune : connaître la signification de la vie. Nous trouverons la connaissance quand nous parviendrons au sommet de la montagne, séparément et pourtant ensemble.

Nous ne gravissons pas directement le flan de la montagne au cours de ce voyage. Nous la contournons, lentement, avec précaution, parfois en perdant pied ou en reculant devant les impasses. Nous avons trébuché souvent, mais à mesure que notre compréhension augmente et que nous comptons de plus en plus sur notre force intérieure, toujours disponible, notre démarche devient plus assurée.

Nous n'avions jamais à progresser seules, pendant ce voyage. Du fait que nous l'ignorions, nos problèmes du passé semblaient plus compliqués ; mais maintenant nous le savons. Notre corde de sécurité appartient à notre puissance supérieure. Si nous nous y accrochons, nous nous sentirons en sécurité tout au long du chemin. La terre sous nos pieds nous semblera plus stable.

J'avance sur le chemin de la compréhension totale. J'apprends à faire confiance à la corde de sécurité que m'offrent le programme, Dieu et mes amies. Au fil de mon apprentissage, mes pas deviennent moins hésitants et je ressens une plus grande sécurité.

L'imagination a toujours détenu des pouvoirs de résurrection qu'aucune science ne peut égaler.
— Ingrid Bengis

Dieu nous transmet ses messages par l'imagination. L'inspiration naît de l'imagination. De même que les rêves. Ils font naître les buts qui nous incitent à avancer, qui nous invitent par notre contribution à faire honneur à cette vie que nous avons reçue, une contribution unique.

Notre imagination nous offre des idées sur lesquelles il faut réfléchir, des idées réservées à notre épanouissement. Elle nous encourage à franchir des étapes exclusives à notre temps, à notre lieu, à nos présents destinés au monde. Nous pouvons être attentives à cette « voix intérieure » spéciale et la laisser guider nos décisions ; nous pouvons faire confiance à ses exhortations. Elle a la responsabilité de nous servir, mais uniquement si nous décidons « d'écouter ».

L'imagination nous apporte un autre outil : la croyance en nous-mêmes. La magie de la croyance nous donne la force et les capacités qui dépassent nos espoirs les plus chers. Elle nous prépare à fournir l'effort nécessaire et à surmonter tout ce que Dieu a prévu pour nous.

Mon imagination me servira aujourd'hui. Elle m'offrira les idées et le courage dont j'ai besoin pour continuer.

*Quand une femme possède l'amour, elle n'est plus
à la merci des forces supérieures, puisqu'elle devient elle-même la force puissante.*

— *Veronica Casey*

Le besoin d'amour est universel. Chacune de nous
cherche l'affirmation, nous assurant que nous sommes
nécessaires, appréciées et désirées. Nous puisons la force
dans les caresses des autres, et quand les caresses cessent, nous chancelons parfois.

Avec la maturité émotionnelle et spirituelle vient la
compréhension de l'amour inconditionnel de Dieu. La
conscience de cet amour et la découverte de sa présence
constante nous maintiendront à flot quand nous ne recevrons plus d'autres signaux d'amour. La plupart d'entre
nous perdons encore notre lien avec le Dieu omniprésent.
Ainsi, notre optimisme est provisoire.

Jusqu'au moment où nous serons sûres de notre valeur, de la présence de l'amour de Dieu, nous devrons
pratiquer l'affirmation de soi. Mais apprendre à nous alimenter nous-mêmes, à manifester de la gentillesse et à
poser des gestes affectueux à l'égard de la femme qui est
en nous, peut être un processus laborieux. La patience
facilitera le processus. L'amour inconditionnel envers
nous-mêmes deviendra spontané avec le temps. En fait,
nous aurons le sentiment que la personne en nous se
développe, change. Notre intégrité deviendra apparente
pour les autres comme pour nous-mêmes.

---

*L'amour engendre l'amour. Je le ferai pleuvoir sur moi et
sur les autres et je savourerai le sentiment d'être de plus en
plus moi-même, une personne qui émerge.*

Quand la volonté personnelle force les choses, le résultat est toujours « mal acquis » et rencontre un « succès des plus mitigés ».
— *Florence Scovel Shinn*

La principale initiative de notre cheminement dans le processus de transformation est l'harmonisation à la volonté de Dieu, en cessant la lutte pour imposer la nôtre. Nous avons souvent créé nous-mêmes la douleur que nous avons endurée au cours des années passées. Nous exercions un contrôle sur les situations jusqu'à forcer le résultat souhaité, simplement pour comprendre qu'il n'apportait pas le bonheur. La lutte se terminait souvent avec amertume.

Quand nous exigeons qu'une chose ou une personne se plie à nos lois, nous pouvons nous attendre à des obstacles. Et quand les obstacles refusent de céder devant une faible poussée, nous devrions y voir un indice que nous faisons fausse route. Lorsque nous souhaiterons ce que Dieu souhaite pour nous, les obstacles, le cas échéant, disparaîtront.

Dieu souhaite toujours pour nous la croissance et le bonheur. Quand nous nous dissocierons de notre ego et que nous adopterons une attitude altruiste face à la vie, nous trouverons la sérénité même au coeur du bouleversement. Dieu nous promet la sérénité. Au moment où nous nous conformerons à la volonté de Dieu, nous trouverons la paix.

Je connaîtrai la volonté de Dieu si j'écoute ma voie intérieure. Je ferai ce qui m'apparaît bien et la paix sera ma récompense.

Souvent la dureté et la force masquent la peur. Il faut beaucoup de courage pour faire place à la vulnérabilité, à la douceur.

— *Dudley Martineau*

Nous avons mis au point des mécanismes de défense parce que nous sentions le besoin de nous protéger des abus d'autrui, des parents, des employeurs, des conjoints ou même des étrangers. Dans certaines situations, nos défenses nous ont été utiles pendant un moment. Toutefois, elles nous ont coûté cher. À force de nous dissimuler longtemps derrière elles, elles prennent racine et nous nous éloignons de plus en plus de notre centre, de la femme que chacune de nous a besoin d'être et souhaite devenir.

La manifestation de notre moi véritable invite au jugement, parfois au rejet et souvent au rabaissement. C'est un risque très difficile à prendre et les récompenses sont rarement instantanées. Cependant, avec le temps, les autres nous respecteront pour notre vulnérabilité et commenceront à suivre notre exemple. Le moment venu, notre intégrité nous servira bien.

Laisser les autres nous voir telles que nous sommes diminue la confusion, la leur et la nôtre. Nous n'avons plus à décider qui nous devrions être ; nous sommes simplement celles que nous sommes. Nos choix s'en trouvent simplifiés. Il n'existe qu'un choix approprié à chaque situation — celui qui est honnête et qui reflète pleinement la personne que nous sommes à ce moment.

Les récompenses ne se feront pas attendre si je suis honnête.

Il n'est pas nécessaire de mutiler la vie pour la purifier.

— *Simone Weil*

Pourquoi choisissons-nous de tellement compliquer les nombreuses questions de la vie ? Devrions-nous appeler une amie et lui présenter nos excuses ou attendre son appel ? Nos enfants reçoivent-ils, en ce moment, le genre de soins auxquels ils ont droit ? Le fait que nous « soyons parvenues à croire en une puissance qui nous est supérieure » nous fait souvent défaut quand nous en avons le plus besoin.

Notre besoin de parfaire toutes les choses, de connaître toutes les réponses, d'exercer un contrôle sur tout ce qui nous entoure, crée des problèmes où il n'en existe pas vraiment. Et plus nous nous concentrons sur le problème, plus il prend de l'importance.

L'inattention soulage la tension ; les problèmes de la semaine dernière refont rarement surface. Le problème qui perdure en raison de notre attention soutenue peut disparaître, à l'instant. Le bouleversement que nous ressentons peut s'estomper tout aussi rapidement.

Le programme nous offre une autre manière de voir la vie. Nous n'avons pas à la mutiler ni à nous mutiler. Nous pouvons apprendre à accepter les choses que nous ne pouvons changer, et à changer les choses que nous pouvons changer... avec la pratique.

Aujourd'hui, je prierai pour obtenir la sagesse. J'attendrai la sagesse, non pas les problèmes, et la journée s'écoulera doucement.

L'amour est une force. Il n'est pas un résultat, mais une cause. Il n'est pas un produit, mais un producteur. C'est une puissance, comme l'argent ; une énergie, comme la vapeur ou l'électricité. Il n'a de valeur que s'il est un véhicule pour quelque chose d'autre.

— Anne Morrow Lindbergh

L'amour et le sentiment d'être aimées — comme ils nous échappent souvent ! Nous avons pourtant fait le premier pas. Soyons reconnaissantes de notre cheminement en vue de restaurer notre dignité humaine ; c'est un acte d'amour. Nous avons choisi de nous aimer nous-mêmes et le programme nous enseigne à aimer les autres. L'amour et l'affection sont des baumes pour la maladie de l'âme dont nous souffrons. Nous sommes en voie de guérison. Et nous nous guérissons mutuellement.

Aimer, c'est dépasser nos propres préoccupations égoïstes, pour le moment, et nous attarder d'abord aux ennuis des autres. Ainsi, ces personnes ressentent notre amour, ressentent un soin guérisseur. Et nos natures spirituelles s'en trouvent soulagées d'autant.

Nous trouvons Dieu et nous-mêmes en touchant mutuellement nos âmes. Notre don le plus précieux est de recevoir et de donner l'amour. Chaque moment que nous passons avec une autre personne est du temps partagé.

Chaque jour est une fête partagée, si je le veux ainsi.

La vie ne correspond pas toujours à nos attentes,
mais en tirer le meilleur parti reste toujours la
seule façon de trouver le bonheur.
— Jennie Jerome Churchill

Nous croyons généralement connaître avec certitude ce qui nous convient le mieux. Et nous sommes tout aussi certaines que ce que nous croyons être le mieux est un gage de bonheur. Peut-être devrions-nous nous rappeler de toutes ces fois où nos souhaits ne se sont pas réalisés — heureusement.

Nous attendions-nous à faire aujourd'hui ce que nous faisons toutes et chacune, actuellement ? Peut-être avions-nous des rêves précis : des enfants, un certain foyer, une carrière spéciale ; mais nous attendions-nous vraiment à tout ce que la vie nous a apporté ? La dépendance, puis le cheminement pour se rétablir de celle-ci, ne figuraient probablement pas dans nos prévisions. Or, elles font partie du portrait d'ensemble. Le bonheur que nous connaissons aujourd'hui ne correspond probablement pas à l'idée que nous nous en faisions quelques années auparavant. Cependant, il se mesure selon nos besoins. Nous pouvons nous satisfaire de ce qui est, à chaque instant.

Je peux prendre la vie comme elle vient et croire qu'elle est bien ainsi, qu'elle est ce qu'elle doit être. Le portrait d'ensemble m'assure le bonheur éternel. Les expériences d'aujourd'hui m'en rapprochent.

Aujourd'hui ressemblait à une ombre. Il se cachait derrière moi. Il est maintenant parti pour toujours. Pourquoi le temps est-il si difficile à amadouer ?

— *Mary Casey*

Tout ce qui nous est assuré est la minute qui passe. Nous avons toujours le choix de savourer le moment, récoltant pleinement tous ses avantages, sachant que nous ne recevons que ce qui nous est nécessaire chaque jour de notre vie. Nous ne devons pas laisser passer ce qu'aujourd'hui nous offre.

Le temps nous accompagne comme un ami, même si c'est souvent un ami qu'on nie ou qu'on ne respecte pas. Nous ne pouvons rattraper ce qui nous a été offert hier. Il est trop tard. Tout ce qu'il nous reste est ici, maintenant.

Nous pouvons profiter du moment et apprendre que la douleur et le plaisir qui nous sont offerts à chaque instant sont nos amis, les professeurs qu'attend notre moi intérieur. Nous pouvons réfléchir au fait que ce moment, cette combinaison d'événements et de personnes, ne reviendra plus. Ils sont les dons du présent. Nous pouvons en être reconnaissantes.

Nous manquons les occasions que le jour nous offre parce que nous ne reconnaissons pas les expériences comme des leçons conçues pour la prochaine étape de notre développement. Les offrandes du moment sont justes, nécessaires et tiennent compte de notre croissance spirituelle.

J'embrasserai aujourd'hui et l'aimerai. J'aimerai tout ce qu'il offre ; c'est un ami qui m'apporte une abondance de présents.

*... atteindre un point critique et agir en consé-
quence est une chose. Vivre en crise perpétuelle en
est une autre.*

— *Barbara Grizzuti Harrison*

Exagérer les éléments négatifs de notre vie est un comportement familier pour un grand nombre d'entre nous. Cette obsession fait partie de nos choix. Nous pouvons cesser en tout temps. Nous avons le choix de tourner le dos à une situation que nous ne pouvons contrôler, l'offrir à Dieu et être libres de regarder devant pour connaître toutes les possibilités de bonheur.

Peut-être pouvons-nous apprendre à voir une situation sérieuse de notre vie comme une occasion spéciale de croissance d'abord, mais qui plus est, comme une occasion de laisser Dieu modeler notre vie. Nous apprenons à faire confiance en offrant nos dilemmes à Dieu pour qu'Il y apporte une solution. Avec de la patience, nous verrons les vrais résultats et nous nous tournerons de plus en plus facilement vers Dieu, la prochaine fois.

Le nombre et l'intensité des crises diminueront en proportion directe du partenariat élaboré avec notre puissance supérieure. Plus nous dépendrons de cette puissance, pour toutes les réponses et pour tous les conseils, plus nous serons à l'aise en toute situation.

La sérénité est le don promis quand nous laissons Dieu diriger notre vie. Nous n'avons plus à nous inquiéter des crises. La solution est à une prière près.

Je prendrai des mesures contre toutes les situations de crise auxquelles je serai confrontée — je me tournerai vers Dieu. Chaque moment de crise est une invitation à la sérénité.

Tout ce que nous acceptons vraiment dans la vie subit une transformation. Ainsi la souffrance devient amour. Là est le mystère.

— Katherine Mansfield

L'acceptation des conditions qui nous affligent a parfois une incidence non seulement sur les conditions, mais par le fait même, sur nous aussi. Peut-être ce dernier changement est-il le plus marquant. À mesure que chacune de nous change, se transformant en femme plus conciliante, les luttes de la vie diminuent. Quand nous acceptons toutes les circonstances que nous ne pouvons contrôler, nous devenons plus paisibles. Les sourires nous comblent plus facilement.

C'est comme si l'acceptation était la leçon éternelle de la vie, et avec elle viennent les bénédictions éternelles de la vie.

Chaque jour m'offre de nombreuses occasions de croître dans l'acceptation et, par conséquent, dans les bénédictions. Aujourd'hui, je peux accepter toutes les conditions et les comprendre comme une occasion de franchir une autre étape vers la sérénité, éternelle et sans réserve.

Avec chaque jour nouveau, j'écarte le passé et je découvre les nouveaux départs qui me sont donnés.
— *Angela L. Wozniak*

Nous ne pouvons revenir sur ce qui est révolu. Et les minutes ou les heures que nous perdons à ressasser ce qui était ou aurait pu être nous privent de tout ce qui existe actuellement. Aujourd'hui nous attend, rempli de promesses. Les occasions de croissance sont assurées, de même que toute l'aide spirituelle qui nous est nécessaire pour affronter n'importe quelle situation au cours de la journée.

Si aujourd'hui nous offre un défi, nous pouvons être reconnaissantes. Nos défis sont des présents. Ils signifient que nous sommes prêtes à progresser vers une nouvelle conscience, vers un nouveau sentiment de féminité. Les défis nous forcent à être créatives ; ils nous obligent à nous tourner vers les autres ; ils exigent le changement. Sans les défis, nous stagnerions, profitant à peine de la vie et ne lui offrant rien.

Nous apportons toutes une contribution spéciale, unique, chaque fois que nous affrontons une situation nouvelle avec courage, chaque fois que nous osons ouvrir une nouvelle porte. Nous devons aujourd'hui fermer la porte sur hier. Ainsi, nous serons prêtes et nous aurons la volonté de continuer.

Ce jour attend ma présence sans réserve. Je serai la récipiendaire de ses présents.

Nos maladies sont proportionnelles aux secrets que nous gardons.

— *Sue Atchley Ebaugh*

Dissimuler des parties de notre moi profond, craignant les réactions des autres s'ils savaient, c'est ériger des barrières qui nous isolent, c'est susciter le sentiment d'être différentes, la certitude de notre médiocrité.

Les secrets sont des fardeaux et ils pèsent lourd sur nos épaules, si lourd. Les secrets rendent impossible l'atteinte de la sérénité — que nous nous efforçons d'atteindre tous les jours. L'abstinence seule ne suffit pas. Elle doit primer, mais elle ne suffit pas en elle-même. Elle ne garantit pas que nous trouverons la sérénité recherchée.

Ce programme qui nous conduit vers une réhabilitation offre l'assurance, le bonheur, le bien-être spirituel, mais il y a des efforts à fournir, de nombreuses étapes à franchir. L'une d'entre elles est la révélation complète de soi. Elle comporte des risques, elle est humiliante et elle est nécessaire. Quand nous montrons aux autres la personne que nous sommes vraiment, nous ouvrons la porte au partage mutuel. Et quand elles aussi se livrent, nous tissons des liens. Nous acceptons leurs imperfections et les aimons pour elles-mêmes. Et elles nous aiment pour nous-mêmes. Nos luttes pour la perfection, notre autocritique parce que nous ne l'atteignons pas, exacerbent simplement les secrets qui nous étouffent.

Les secrets que l'on partage sont de grands égalisateurs. Nous avons besoin de ressentir notre union intime, notre ressemblance avec les autres femmes.

Aujourd'hui, j'aurai l'occasion de partager mes secrets. Je serai courageuse.

Même si notre connaissance des relations humaines était cent fois plus fiable, il serait toujours insensé de chercher, dans l'index d'un livre, des solutions toutes faites aux problèmes de la vie.
— *Mirra Komarovsky*

Les problèmes que nous vivons toutes recèlent en eux-mêmes les solutions les plus appropriées. Nous devons toutes découvrir ces solutions, comprendre leur caractère approprié, et les absorber dans la structure de renseignements qui nous définit, nous et la personne que nous devenons.

Nous apprenons avec l'expérience, car il n'y a que l'expérience pour affecter notre réalité de façon marquée. L'expérience d'autrui aide à notre croissance et confirme la similarité de notre douleur, mais chacune de nous doit faire ses propres choix, prendre chaque action responsable à son propre compte.

Nous avons maintenant la chance de pouvoir prendre des décisions sensées à propos de nos relations. Nous ne sommes plus des victimes, nous avons le pouvoir de choisir comment passer le temps et avec qui le passer. En participant activement à toutes nos relations, nous serons à même de découvrir un grand nombre des éléments cachés de notre nature et de développer pleinement toutes les caractéristiques uniques de notre personnalité. Notre croissance comme femmes en cheminement vers un rétablissement est rehaussée proportionnellement à notre engagement sincère dans les relations que nous avons choisies.

Mes relations peuvent me renseigner sur la personne que je suis. C'est en elles que repose la solution de mes problèmes.

Il existait de nombreuses manières de briser un coeur. Les histoires étaient remplies de coeurs brisés par l'amour, mais ce qui détruisait vraiment un coeur c'était de lui prendre son rêve — peu importe ce qu'il était.

— *Pearl S. Buck*

Aucune porte nouvelle ne s'ouvre sans le besoin impératif de croissance. Les rêves nous guident, nous encouragent, nous permettent d'atteindre de nouveaux sommets — et nous laissent momentanément vides quand on nous les arrache.

L'acceptation d'un processus pour changer nous a apporté la souplesse et une multitude de raisons de vivre. Nous en sommes venues à comprendre qu'un rêve inutile cède sa place à un autre encore meilleur. Nos rêves sont nos professeurs. Quand l'élève est prête, un nouveau rêve apparaît.

Les rêves des premières années n'aboutissent souvent à rien. Ils ne pouvaient rivaliser avec notre apitoiement sur nous-mêmes pour obtenir notre attention. La direction qu'ils offraient se perdait. Chaque jour où nous regardons au loin avec une émotion positive, nous oublions un peu plus les débris du passé.

Nos rêves sont comme les haltes d'un voyage en pleine campagne. Ils nous rafraîchissent, nous aident à évaluer la distance parcourue et nous donnent la chance d'étudier notre destination.

Les rêves et les expériences d'aujourd'hui sont des points sur la carte de ma vie. Je ne les laisserai pas passer inaperçus.

*Le vol en solitaire — comme toute autre activité —
est beaucoup plus facile à amorcer qu'à terminer.*
— *Amelia Earhart*

La tendance à remettre les choses au lendemain nous
afflige toutes, à un moment ou à un autre. Or, on devrait
se lancer dans toute activité qui en vaut la peine par
petites tranches, un jour à la fois. Nous sommes trop
souvent dépassées quand nous visons uniquement l'objectif à atteindre. Nous devons plutôt nous concentrer sur les
éléments individuels et sur un seul élément à la fois. Un
livre s'écrit mot par mot. Une maison se construit planche
par planche. Un diplôme s'obtient cours par cours.

Quand nous sommes arrivées à ce programme, la plupart d'entre nous avions accumulé un passé fait de hauts
et de bas, que nous souhaitions nier ou oublier pour la
plus grande partie. Le poids du passé peut nuire aux
nombreuses possibilités qu'offre le présent.

Notre passé ne doit pas déterminer nos projets d'aujourd'hui. Nous devons cependant être réalistes : nous ne
pouvons changer un modèle de comportement en une nuit.
Toutefois, nous pouvons amorcer le processus. Nous pouvons établir un objectif raisonnable et acceptable pour les
prochaines vingt-quatre heures. Si nous consacrons un
nombre suffisant de jours à l'achèvement d'un nombre
suffisant de petits objectifs, nous atteindrons tous les
buts, simples ou complexes.

---

*Je peux terminer toute tâche que j'avais prévue, quand je
l'exécute un jour à la fois. Aujourd'hui se dresse devant
moi. Je peux avancer petit à petit.*

Une femme qui n'est pas en mesure de s'exprimer et de se réaliser en tant qu'être humain n'a d'autre choix que de s'en remettre à la possession de biens matériels.

— *Enriqueta Longeaux y Vasquez*

Chacune d'entre nous qui lutte avec les Douze Étapes y trouve l'expression de soi et l'autodéfinition. L'introspection, jumelée à la révélation de soi par le partage avec autrui, nous permet de prendre conscience de notre ressemblance avec les autres, de notre humanité. Ce que nous recevons des autres en réponse à notre vulnérabilité diminue le besoin que nous avons de remplir notre vie de « choses matérielles ».

L'amour reçu librement d'une amie affectueuse et confiante ou d'un groupe remplit le vide de notre âme, les creux que nous tentions de remplir avec de l'alcool, des biscuits ou le sexe. De nouveaux vêtements, peut-être une nouvelle maison ou un emploi différent, ont comblé chacun leur tour une partie du grand vide. Leur succès était de courte durée, puis le programme est venu à notre rescousse.

Le programme est le plus efficace des agents de remplissage. Nous pouvons en être certaines. Le temps apaisera tous nos doutes. On exige simplement de nous la franchise, l'honnêteté et l'attention envers les besoins des autres comme envers les nôtres.

Je peux partager nos ressemblances et me réjouir de toutes les différences qui peuvent se manifester. La chaîne d'amitié que j'ai créée me rend très fière de mon intégrité. Je suis une femme qui réussit et qui progresse avec courage et avec conscience de soi sur la route de la vie.

L'acceptation n'est pas la soumission ; c'est reconnaître des faits relatifs à une situation, puis décider des mesures à prendre.

— Kathleen Casey Theisen

Le processus de changement que nous avons entrepris nous offre le courage de faire des choix à propos des événements de notre vie. Il n'est plus nécessaire que l'acquiescement passif à tout ce qui peut se produire domine toujours notre structure de comportement. Un grand nombre d'entre nous avions l'habitude d'assister impuissantes au déroulement de notre vie et notre sentiment d'impuissance s'intensifiait avec notre oisiveté.

Aujourd'hui, il est temps d'agir, d'agir posément en réponse à des situations qui demandent notre attention. Le plus grand présent du programme de réhabilitation est le courage d'agir, de prendre des décisions qui seront salutaires pour nous comme pour nos proches. Le courage est le sous-produit de notre progrès spirituel, le courage d'accepter ce que nous ne pouvons changer et de croire que tout va bien, le courage de changer en nous-mêmes ce que nous pouvons contrôler.

Les actions s'accompagnent d'une euphorie face à la vie. Le sort que l'oisiveté nous jette est brisé, et ainsi les actions deviennent plus faciles. En clair, faire un choix, puis passer à l'action est sain. Le programme nous fournit les outils pour accomplir les deux.

Aujourd'hui, j'aurai des décisions à prendre. Je ferai preuve de patience envers moi-même et d'attention. J'écouterai attentivement les conseils provenant des personnes qui m'entourent.

Les saisons émettent des sons. Les lieux émettent
des sons, de même que tous les moments de la vie.
— Alison Wyrley Birch

La vie est riche et remplie. Votre vie. Ma vie. Même quand les jours semblent ternes et creux, ils recèlent une richesse qui nous échappe. Nous ne voyons que ce que nous souhaitons voir. Notre écoute est sélective aussi. Notre parti pris nous empêche d'obtenir le plein effet de toute expérience. Parfois, nous n'entendons que le tambour de la monotonie.

Or, plus nous croyons au programme et en un Dieu aimant, plus nos perceptions s'éclairent. Les événements de la journée nous échappent moins ; nous grandissons dans la compréhension de notre épanouissement et nous percevons clairement le rôle que les autres jouent dans notre vie.

Nous pouvons voir la vie comme le déroulement d'un concert quand nous transcendons nos possibilités restreintes et apprécions la variété des personnes et des situations qui tendent toutes vers la même fin. Plus nous sommes en accord avec l'activité spirituelle qui nous entoure, plus nous serons en mesure de jouer notre morceau harmonieusement.

J'écouterai la musique du jour. Je suivrai l'harmonie, le rythme. Je suis essentielle à la beauté du concert.

La vie est une aventure audacieuse, ou le néant.
— *Helen Keller*

Les prochaines 24 heures vont nous exciter, nous faire connaître de nouveaux paliers de compréhension, nous mener à des situations où nous pouvons offrir aux autres notre contribution unique. De nous, on exige simplement de faire preuve de bonne volonté, d'avoir confiance que nous recevrons tout ce dont nous avons besoin.

Nous pouvons oser vivre, pleinement, juste pour aujourd'hui. Apprécions le caractère extraordinaire de chaque respiration que nous prenons, de chaque défi auquel nous sommes confrontées. Chaque expérience recèle une invitation à grandir, à tendre la main aux autres avec affection, à découvrir plus en profondeur les femmes que nous pouvons être. Nous ne devons pas laisser un seul instant nous échapper.

Quand nous demeurons à l'écart de la vie, nous retardons notre croissance. Nous avons besoin d'un engagement envers les autres, d'un engagement qui nous perturbe, qui nous fait plaisir, qui nous fatigue. Nous puisons dans nos ressources internes uniquement quand nous sommes poussées à la limite de nos forces, et notre participation à la vie nous fait cadeau de cette poussée. Comme elle est nécessaire !

Nous ne reprendrons jamais plus le même chemin. Ce que nous voyons et ressentons aujourd'hui est disparu à jamais. Nous avons tant à regretter quand nous laissons les choses nous échapper sans en prendre connaissance, sans les apprécier.

Aujourd'hui, une suite d'événements est prévue pour moi. Je ne la laisserai pas passer.

*J'aime mon amie pour ce qu'il y a dans son coeur
et non pour la manière dont elle fait les choses.*
                        — Sandra K. Lamberson

Nous trouvons le bien inhérent aux situations, aux expériences et aux personnes quand nous le cherchons. Généralement, nous trouvons simplement ce que nous cherchons. Le pouvoir qui s'attache à nos attitudes est impressionnant. Il est souvent paralysant ; trop rarement est-il positif.

Nous créons toutes le contexte personnel qui sied à notre âme ; c'est donc qu'à chaque instant nous avons la possibilité de modifier notre perspective de la vie, notre réponse à une expérience particulière et, surtout, nos sentiments à l'égard de nous-mêmes. Comme nous trouverons le bien si nous décidons de le chercher chez les autres, ainsi le trouverons-nous en nous-mêmes.

Nous sommes toutes des femmes très spéciales. Et nous désirons avoir la joie au coeur. Le programme nous offre de prendre conscience que nous sommes les créatrices de la joie que contient notre coeur. Nous pouvons renoncer au passé et à ses peines, et nous pouvons laisser l'avenir aux mains de notre puissance supérieure. Le présent est singulier par son importance dans nos vies, maintenant.

Le comportement révèle généralement les attitudes de l'esprit qui entrent souvent en conflit avec le coeur. Je rechercherai l'harmonie. Je laisserai mon coeur me montrer le chemin. Non seulement trouvera-t-il le bien chez les autres, mais il l'imitera.

Les larmes sont comme la pluie. Elles ameublissent notre sol pour nous permettre de croître dans plusieurs directions.

— *Virginia Casey*

La véritable expression de soi adoucit notre être, pendant que la restriction de soi nous rend fragiles. Notre intégrité est mise en valeur chaque fois que nous reconnaissons ouvertement nos sentiments et partageons nos nombreux secrets. Les larmes qui accompagnent souvent la révélation de soi, l'auto-évaluation, ou la frustration d'être « coincée » semblent déplacer toutes les embûches que nous avons placées sur notre chemin.

Chaque étape de notre vie constitue aussi une préparation pour une étape subséquente. Nos modèles de croissance varieront, d'abord dans une direction, puis dans une autre. Ce n'est pas facile de modifier notre direction, mais c'est nécessaire. Si nous devenons vulnérables et acceptons la direction spirituelle que nous offrent les autres et qu'on trouve en soi, la transition entre les étapes s'effectuera en douceur.

Les larmes versées aux endroits tumultueux de notre vie peuvent concasser les pierres qui entravent notre route. Toutefois, nous devons aussi laisser les larmes emporter les oeillères qui couvrent nos yeux. Les larmes peuvent nous aider à mieux voir si nous voulons regarder droit devant — clairement, ouvertement, avec l'espoir d'une meilleure vision.

Les larmes nourrissent le moi profond. Elles amollissent les liens qui me retiennent à mes anciens comportements. Elles diminuent ma résistance devant une croissance nouvelle.

Septembre

Le succès se mesure seulement par rapport à la distance parcourue.

— Mavis Gallant

Nous passons toujours d'une expérience à l'autre, d'un défi à l'autre, d'une relation à l'autre. Notre capacité à affronter avec confiance tout ce qui arrive est un présent du programme, un présent qui nous accompagne chaque jour, pourvu que nous exprimions humblement notre gratitude devant ce présent. Le succès nous appartient quand nous sommes reconnaissantes.

Nous ne restons pas immobiles. Peu importe à quel point notre vie semble tranquille, nous nous dirigeons vers notre destinée ; toutes les émotions et les larmes, les joies et les peines contribuent au succès de notre périple. Nous réussissons chaque jour, à chaque étape.

Nous pouvons réfléchir sur hier, encore mieux, sur la semaine dernière ou même sur l'année dernière. Quels étaient nos problèmes ? Il y a peu de chance que nous puissions même nous en souvenir. Nous les avons distancés. Ils ont été résolus d'une certaine manière. Nous avons réussi à nous en libérer. Nous avons réussi à les dépasser.

Comme nous avons fait du chemin ! Et nous poursuivrons notre voyage. Aussi longtemps que nous nous en remettrons au programme, le succès nous est assuré.

Aujourd'hui, je peux accomplir avec succès ce qu'il me faut accomplir, quand j'accepte humblement les présents du programme.

Si j'avais à décrire quelque chose de divin, je dirais que c'est ce qui arrive entre des personnes qui sont vraiment en parfaite harmonie. Il se produit une sorte d'étincelle qui donne un sens à tout. Quand vous percevez cette étincelle, vous vous sentez très bien au tréfonds de vous-même.

— June L. Tapp

Quelle chance nous avons de pouvoir ressentir cette étincelle divine l'une avec l'autre et avec toutes les femmes en cours de rétablissement. Le programme nous offre la chance, à partir d'aujourd'hui et pour tous les instants de notre vie, de faire l'expérience de la divinité. On nous demande simplement d'être là, l'une pour l'autre, afin de partager pleinement les femmes que nous sommes. La vulnérabilité devient moins lourde à mesure que nous apprenons à faire confiance à autrui, à partager la douleur, à comprendre qu'il est bien de tirer et de pousser et de suivre, toi d'abord, puis moi et ensuite elle.

Quel sentiment exaltant de laisser la concurrence derrière ! Le programme crée un lien entre nous et le lien nous renforcera, mais il peut aussi nous échapper. Cela arrive souvent quand nous oublions d'être là, pour autrui, lorsque l'occasion se présente.

J'ai besoin de ces étincelles pour alimenter ma croissance, seule et avec les autres. Aujourd'hui, je prendrai part à l'expérience divine.

... la satisfaction est humble, mais que la joie est pure.

— *Marianne Moore*

Notre perfectionnisme anéantit généralement tout espoir d'autosatisfaction. Or le programme est ici pour nous démontrer que nous sommes en mesure de progresser. Nous pouvons apprendre à croire que nous accomplissons chaque tâche aussi bien qu'elle doit l'être en ce moment. Notre effort est notre travail. Le résultat fait partie d'un plan plus vaste, un plan qui met en cause beaucoup plus que nous-mêmes.

Nous trouverons la joie quand nous nous accepterons nous-mêmes, quand nous accepterons nos efforts et croirons que nous sommes des êtres spirituels dont la vie a un but et un sens.

La sagesse qui accompagne la croissance spirituelle nous offre la sécurité, sécurité que nous avons cherchée dans bien des avenues. Et quand nous nous sentons en sécurité, nous pouvons croire que les défis que nous rencontrons ont un but et nous sont bénéfiques.

Un jour à la fois, une courte prière à la fois, nous rapprochent de la sécurité spirituelle. Aujourd'hui, nous pouvons envisager avec une jouissance anticipée nos nombreuses responsabilités et activités. Elles sont nos occasions d'atteindre la sécurité spirituelle. Nous pouvons croire en nos ressources intérieures croissantes en demandant simplement conseil et en attendant patiemment. Elles sauront nous trouver.

Je dois prier pour obtenir la sécurité spirituelle là où je peux trouver la joie. Aujourd'hui, je demanderai conseil dans chacune de mes activités.

En contrepartie de la tristesse que comporte toute
fin, il existe un déploiement nouveau et joyeux
dans la démarche du devenir.

— *Mary Casey*

Nous devons abandonner les personnes, les endroits, les souvenirs et passer aux nouvelles expériences. Les portes du passé doivent se refermer avant que nous puissions en franchir de nouvelles qui s'ouvrent devant nous aujourd'hui. Cependant, aucune expérience ne disparaît à jamais. Toutes nos expériences sont entremêlées, chacune contribuant aux événements qui réclament maintenant notre attention.

Le processus de changement que nous avons entrepris nous offre une chance de prendre conscience de notre démarche de devenir. Chaque jour, chaque expérience, chaque nouvelle compréhension nous permettent d'avancer sur le chemin de la croissance personnelle. Rappelons-nous que chacune de nous doit suivre une voie qui lui est particulière, qui ne ressemble à aucune autre. Par conséquent, nos expériences nous appartiennent entièrement. Il est inutile d'envier ce qu'une autre vit.

La vie se déploie devant nous. La douleur du présent est peut-être nécessaire à la joie de demain. Nous pouvons accepter le déroulement des choses. Notre moi profond a un but ; les expériences du passé doivent se confiner au passé ; les expériences à portée de la main nous mèneront à destination aujourd'hui.

J'avance, je change et je grandis, au bon rythme. La dé-
marche est fiable. Ce qui est bien pour moi m'arrivera. Je
me réchaufferai à la joie de mon devenir.

La pitié est le sentiment le plus mortel qui puisse être offert à une femme.

— *Vicki Baum*

Nous devons avancer avec confiance, en croyant qu'on nous donnera la force qui nous est nécessaire, en ayant foi dans les visions qui nous guident. Les problèmes n'ont pas à nous décourager. Ils devraient plutôt nous encourager à faire preuve d'une plus grande créativité. Ils représentent un défi pour nos capacités, ils nous incitent à sortir de notre immobilisme.

La pitié d'autrui favorise l'inaction et la passivité invite à la mort de l'âme. Au contraire, les encouragements d'autrui stimulent notre volonté de vivre. Tout le reste étouffe la volonté. La pitié nourrit l'apitoiement sur soi qui sonne le glas.

Où que nous soyons aujourd'hui, nous pouvons battre la mesure et savoir que nous aidons quelqu'un d'autre à vivre. Or chaque fois que nous tendons la main pour encourager autrui, nous nous insufflons une vie nouvelle, laquelle tient en échec l'apitoiement sur soi qui peut se manifester à tout instant.

Nous pouvons être plus utiles aux autres, non pas en manifestant une commisération empreinte de tristesse, mais en célébrant les défis de la vie. Ils offrent les occasions nécessaires à la poursuite de notre croissance.

Une personne a besoin que je l'encourage. J'égayerai sa vision de l'avenir.

*Nous pouvons construire sur toute fondation solide
et fermement assise.*

— Ivy Compton-Burnett

Le « recovery »* est un processus, un processus qui
reconstruit notre vie. Et les Douze Étapes fournissent la
fondation qui soutient notre croissance comme femmes
productives et en santé. Toutefois, chaque Étape doit faire
l'objet d'un travail soigné et honnête, ou toute la fondation
s'en trouvera affaiblie.

Quelle chance nous avons d'avoir trouvé ce programme et la structure qu'il offre. Dans le passé, nous
avons cherché une structure. Nous avons cherché, peut-
être pendant des années, courant d'une panacée à l'autre,
espérant nous trouver nous-mêmes. L'alcool, les pilules, la
nourriture, les amants, les causes; rien ne nous apportait
la sécurité recherchée. Nous ne pouvions pas nous trouver
parce que nous ne nous étions pas encore définies. Enfin,
nous rentrons à la maison. L'autodéfinition est la garantie
qu'apporte le programme. Non seulement découvrons-
nous qui nous sommes, maintenant, mais nous pouvons
changer, alimenter les traits qui nous plaisent et diminuer ceux qui nous attirent des ennuis.

*Aujourd'hui, mes actions sont la clé. Elles dévoilent la
personne que je suis en ce moment. Celle que je deviens me
regarde. Je choisirai une Étape et y réfléchirai avant de
continuer. La solidité de ma fondation en dépend.*

---

* Voir la « Note de l'éditeur français » au début du livre.

Rappelez-vous vos souvenirs agréables, mais vivez pour aujourd'hui et gardez les souvenirs derrière vous.

— Jodi K. Elliott

L'ensemble de nos souvenirs cache les femmes que nous sommes devenues. Chaque souvenir ressemble à un ingrédient qui compose un ragoût mijotant dans une cocotte. La pleine saveur de notre vie est rehaussée par chaque expérience qui s'ajoute, qu'elle soit douloureuse ou joyeuse.

Nos expériences ont une certaine manière de se raccorder, de se regrouper, peut-être même de s'adapter afin de nous avantager au mieux. Notre tendance à nous attarder au temps passé est si humaine que nous ne réussissons pas à profiter de ce qui se passe, à être présentes à l'instant qui apporte assurément sa contribution à l'ensemble du tableau de notre vie.

Qui sommes-nous pour juger de la valeur d'une seule expérience ? Nous devons avoir confiance en la manière dont nos expériences se sont entremêlées. Nous pouvons être assurées, avec le recul, que les situations qui nous ont causé le plus d'émoi intérieur nous ont aussi offert le plus en tant que femmes en croissance et en développement.

Les expériences offertes aujourd'hui, dans les 24 heures qui viennent, sont importantes parce qu'elles sont uniques. Je les savourerai pour ce qu'elles apportent à l'intégrité de ma personne.

Il est étonnant de voir que, dans ce monde, les choses ne tournent jamais comme on s'y attendait !
— Agatha Christie

Probablement chaque jour de notre vie, un plan s'en va tout de travers. Nous avons souvent compté fortement sur un résultat particulier. Nous assumons généralement que nous tenons la situation bien en main et que nous savons exactement ce qui nous convient, à nous comme à toutes les autres. Il existe un tableau plus vaste que celui que nous entrevoyons et dont le résultat n'est pas de notre ressort.

Notre vision est restreinte, et Dieu merci ! Toutefois, nous sommes en mesure de voir tout ce que nous devons voir aujourd'hui. Et qui plus est, si nous pouvons faire confiance à notre direction intérieure à l'égard des événements d'aujourd'hui, nous commencerons à voir comment chaque jour complète un peu plus le tableau plus vaste de nos vies. Avec le recul, nous pouvons voir comment tous les événements ont contribué, de façon importante, à former les femmes que nous devenons. Nous ne savons pas avec certitude où mènent les événements d'aujourd'hui, mais nous pouvons faire confiance au plan divin.

J'attendrai avec foi ce qui reste à venir aujourd'hui. Toutes les expériences m'amènent à atteindre mon but dans la vie. Je serai attentive au petit coup de pouce.

Je ne veux pas mourir... avant d'avoir exploité à fond mes talents et cultivé la semence plantée en moi jusqu'à ce que la dernière brindille ait atteint sa maturité.

— *Käthe Kollwitz*

Il y a tant à faire avant de nous reposer... tant à faire. Nous bénéficions toutes de talents, semblables à certains égards aux talents d'autrui mais uniques quant à notre capacité de les utiliser. Nous rendons-nous compte de nos talents ? Nous n'avons qu'à oser rêver, et ils seront là.

Il est si facile de tomber dans le piège de l'apitoiement sur soi, de penser que nous n'avons pas de but, de craindre de ne rien faire de notre vie, de s'effrayer des attentes d'autrui. Or, nous sommes en mesure de changer d'avis à tout instant. Nous avons le choix. Nous pouvons simplement découvrir nos talents et les alimenter et, par le fait même, enrichir la vie des autres. Les avantages seront multiples. Il en sera de même des joies.

Aujourd'hui, nous avons un rôle très important à jouer dans les vies que nous touchons. Nous pouvons attendre l'aventure et nous la trouverons. Nous pouvons chercher notre but, il est à notre portée. Rappelons-nous, nous ne sommes pas seules. Nous sommes en association à chaque instant. Nos talents sont des dons de Dieu et les conseils sur la manière de les utiliser font partie du cadeau.

Aujourd'hui, j'aurai un rêve. Dans mon rêve, je trouverai ma direction.

Le courage n'est pas tellement nécessaire au moment où le sort nous frappe, mais plutôt pour la longue ascension vers la santé mentale, la foi et la sécurité.

— Anne Morrow Lindbergh

La plupart d'entre nous effectuons, en ce moment, la longue ascension. C'est une ascension que nous réalisons ensemble, mais que nous ne pouvons faire les unes pour les autres. Je peux vous tendre la main et, en retour, vous pouvez prendre la mienne. Toutefois, mes pas m'appartiennent, tout comme vous, aussi, ne pouvez faire qu'un pas à la fois.

Pendant de brèves périodes nous gambadons, parfois nous courons, en montant la côte. Les roches et la grosse pierre occasionnelle nous font trébucher. Nous avons besoin de patience et nous devons croire que le sommet est toujours accessible. Nous pouvons nous aider à faire preuve de patience. Nous devons nous rappeler, les unes les autres, de faire confiance.

Nous jetons un regard aux périodes qui nous ont dévastées, il y a si longtemps. Et maintenant, nous sommes ici. Nous avons parcouru tout ce chemin. Nous sommes plus fortes, en meilleure santé, plus en sécurité. Chaque étape facilite la suivante — chaque étape rend notre position plus solide.

Aujourd'hui, je rencontrerai quelques roches ou même une grosse pierre. Je les ai contournées par le passé. Je le ferai encore.

Je pensais ne jamais connaître la différence entre la sérénité et la dépression parce j'étais subjugée par la dépression.

— S. H.

La dépression nous est familière, mais elle est moins invalidante qu'elle ne l'était. Nous avons fait des progrès, nous pouvons être plus assurées. « Cela passera aussi » n'est pas un slogan dénué de sens.

Chacune d'entre nous peut se souvenir, probablement avec facilité, d'une période à laquelle elle ne pensait pas survivre. Peut-être notre problème était-il lié à la famille ou à une situation difficile au travail. Ou peut-être nous sentions-nous inadéquates et manquions-nous de courage pour affronter toutes les situations. Or, nous y sommes parvenues. Nous sommes ici aujourd'hui, assumant notre vie et avançant à la recherche de la sérénité.

La sérénité nous échappe sans doute, à plusieurs reprises, tout au long de la journée. Toutefois, nous pouvons avoir l'esprit tranquille. Nous pouvons semer nos pensées au vent et la sérénité nous trouvera. La paix que comporte la sérénité nous nourrit, nous rend plus fortes pour affronter les bouleversements qui nous attendent. Il y aura toujours des bouleversements à venir, dans lesquels on trouvera les leçons de la vie. C'est ironique, mais une vie sans problème n'offre pas les occasions nécessaires à notre croissance.

Je laisserai les moments sereins m'emporter. Je les chérirai. Ils m'adoucissent. Et le souffle de la tempête tumultueuse d'aujourd'hui s'estompera.

Personne n'est votre ennemi, personne n'est votre ami, mais tous sont vos professeurs.
— Florence Scovel Shinn

Nous pouvons nous ouvrir aux occasions. Elles abondent dans notre vie. Aucune des circonstances qui se présentent n'est préjudiciable à notre progrès. Aucune relation avec une personne au travail ou à la maison n'est superflue pour notre développement. Les professeurs sont partout. Et lorsque nous serons prêtes pour une nouvelle leçon, un professeur se présentera.

Aujourd'hui, nous pouvons nous émerveiller devant le miracle de notre vie. Nous pouvons réfléchir aux jours passés et être reconnaissantes pour les leçons qu'ils nous ont enseignées. Nous pouvons regarder avec optimisme les jours qui viennent — des présents, tous. Nous effectuons un voyage spécial, dans un but spécial, uniquement le nôtre. Aucune barrière ou personne difficile, aucun tumulte n'est conçu pour interrompre notre progrès. Toutes les expériences servent à nous apprendre ce qui reste encore à apprendre.

Si nous faisons confiance à la bonté de tous les gens, de toutes les situations, de tous les chemins du progrès, nos craintes s'évanouiront, nous libérant pour poursuivre d'un pas plus rapide et avec une assurance qui facilite tous les instants. Les Douze Étapes nous aident à reconnaître les professeurs de notre vie. Elles nous aident à supprimer les bagages du passé et nous rendent libres d'accepter la volonté de Dieu, que nous font connaître les professeurs au fil de leur présence.

Je suis à l'école de la vie. Je n'apprendrai que si j'ouvre mon esprit à mes professeurs.

Personne ne m'avait dit que le changement était si difficile et si solitaire.

— *Joan Gilbertson*

La douleur, subie à répétition, dénote un besoin d'auto-évaluation, un inventaire de notre comportement. Une auto-évaluation honnête peut très bien appeler le changement, peut-être un changement d'attitude, un changement de comportement en certaines circonstances ou peut-être un changement de direction. Nous quittons parfois le droit chemin, mais nous poursuivons joyeusement notre route jusqu'à ce que des barrières surgissent, que des portes se ferment et que des expériences deviennent douloureuses.

Nous nous complaisons volontiers dans notre douleur pendant un temps, non pas parce que cela nous plaît, mais parce que son caractère familier nous sécurise. Nous trouvons un certain réconfort dans notre douleur parce qu'elle, au moins, ne renferme pas de surprises.

Quand notre foi en Dieu est forte, nous sommes plus enclines au changement. Et nous devenons attentives aux indications de changement de direction. Chacune de nous doit trouver sa propre volonté. Chacune de nous doit faire preuve de vigilance pour repérer les signes qui nous invitent, de façon répétée, à changer notre comportement. Par-dessus tout, chacune doit suivre seule la route du changement. Les changements que nous devons avoir le courage de faire ne seront jamais exactement les mêmes que ceux d'une autre.

Le courage de changer accompagne la foi. Mes craintes me disent de chercher en moi la source spirituelle de la force, toujours présente mais souvent oubliée.

Quel motif étrange peut tisser la navette de la vie.
— Frances Marion

Comme notre jugement manque de perspicacité devant les expériences d'aujourd'hui ! Nous verrons clairement où elles peuvent nous mener uniquement après avoir atteint notre destination. Nous pouvons êtres certaines d'une chose : les expériences d'aujourd'hui, de concert avec celles d'hier et avec toutes celles qui les ont précédées, se combinent pour tisser un motif de vie complexe, unique, réfléchi et conçu pour notre bien ultime.

Nous n'avons pas à éprouver de remords à l'endroit des chances perdues ou du comportement improductif du passé. Notre destination reste la même et notre arrivée est assurée. Nos actions et nos décisions ne sont jamais mauvaises. Nous pouvons quitter la route pendant un temps, mais le dessein prévu pour notre vie nous ramènera sur la voie.

Le programme fait partie du dessein de nos vies. Il nous aide à rester dans la course. En fait, quand nous travaillons dans le cadre des Étapes, notre direction devient plus facile et nous confions nos efforts au pouvoir du programme. Nous ajouterons à la richesse de notre dessein, aujourd'hui, comme nous l'avons fait tout au cours de notre vie. Nous pouvons attendre les expériences d'aujourd'hui avec un coeur en émoi.

Aujourd'hui, quelque chose de spécial se produit dans ma vie. J'accorderai une attention sans bornes à toutes les personnes et à tous les événements.

Quand nos mythes, nos rêves et nos idéaux sont anéantis, notre monde bascule.
— Kathleen Casey Thiesen

L'action de « devenir » fait basculer notre monde, et à juste titre. Nous dépassons les idéaux d'hier et nous avons commencé à réaliser, dans notre déploiement, les rêves de l'an dernier. Maintenant de nouveaux rêves nous appellent. Le processus de changement que nous avons entrepris a fait basculé notre monde. Alléluia !

Dans notre abstinence, chaque jour nous offre de nouvelles occasions de « créer » des réalités nouvelles afin de remplacer les vieux mythes usés des jours anciens. Or se détourner du passé exige de la patience, de la persévérance et de la force. L'ancien était un réconfort quand il n'y avait rien d'autre.

Peut-être avons-nous besoin de nous rappeler que sans les mythes anéantis de l'année dernière ou de la semaine dernière, nous ne ferions ni progrès ni découverte, ainsi que l'exige le plan d'ensemble. Nous avons un rôle à jouer dans cette vie, comme nos soeurs, nos amies, nos enfants. De nouveaux rêves et de nouveaux idéaux nous indiqueront le chemin. Les vieux rêves nous ont été utiles hier et le passé est révolu. Ils ne peuvent diriger notre présent.

Je regarderai avec excitation mon monde qui s'écroule. Il représente la croissance — intellectuelle, émotionnelle et spirituelle. Les anciens idéaux me lieront — j'oserai faire de nouveaux rêves et les suivre avec confiance.

Il me tarde de parler à haute voix de l'inspiration profonde que je puise dans la vie des femmes fortes.

— *Ruth Benedict*

Chaque jour où nous arrêtons des choix réfléchis à propos de notre comportement et de nos attitudes, nous nous donnons en exemple aux autres — un exemple de force.

En tant que femmes sur la voie de la réhabilitation, nous puisons l'encouragement dans les succès d'autrui. Aucune de nous n'avait beaucoup de succès avec ses expériences avant de découvrir ce programme. Dans la plupart des cas, nous ne possédions pas la structure qui vient avec les Étapes. Notre vie manquait de direction. Nous sommes trop souvent passées d'un homme à un autre, d'un travail à un autre, d'un verre à un autre.

Quand nous travaillons avec les Étapes, nous n'avons jamais de doute sur la façon de procéder dans une situation, quelle qu'elle soit. Les Étapes nous donnent les paramètres qui assurent notre croissance. Elles nous aident à voir ce que nous avons traversé et nous poussent vers les buts qui meublent nos rêves.

Nous avons changé. Nous poursuivrons notre croissance. Le passé n'a plus à nous hanter. Nous pouvons affronter l'avenir avec confiance. Peu importe la force nécessaire à l'accomplissement de notre destinée, elle saura nous trouver. Et nos pas en avant aideront les femmes qui suivent à marcher dans nos traces.

Quelle bénédiction que ces Étapes ! Elles sont la réponse à toutes mes questions. Elles comblent tous mes besoins.

Les désirs et les aspirations sont les stimulants de Dieu.

— Anna Wickham

Nos rêves et nos désirs nous incitent à nous dépasser. Ce que nous pouvons réaliser attirera notre attention et, assurément, il y a un partenaire prêt à nous aider à déterminer les étapes qui nous mèneront au but.

Avant notre initiation aux Douze Étapes, nous avons connu des désirs et nous nous sommes fixé de nombreux objectifs. Nous en avons atteint quelques-uns. Nous avons souvent manqué de confiance, c'est pourquoi notre engagement a vacillé. Le programme nous aide à comprendre qu'il est possible de réaliser des rêves purs quand nous faisons une place à la structure du programme dans notre planification quotidienne.

Notre vie sert un dessein. Chacune de nous joue un rôle nécessaire. Les aspirations qui nous tourmentent, qui ne sont néfastes ni pour nous ni pour autrui, nous poussent à réaliser tout notre potentiel.

Le courage et la force, l'habileté et la débrouillardise ne nous faussent jamais compagnie quand nous nous en remettons à notre guide intérieur et que nous croyons en ses conseils. Toute la sagesse nécessaire au succès d'une entreprise, à l'atteinte d'un but, au relevé d'un désir, est aussi près que notre attention envers Dieu.

Aujourd'hui, je tiendrai compte de mes désirs. Je prierai pour obtenir la sagesse de les combler. Si le désir est spirituellement sain, toutes les portes s'ouvriront et on guidera mes pas.

L'avenir est fait de la même étoffe que le présent.
— *Simone Weil*

Le moment est éternel. Il est interminable. Quand nous suivons le moment, nous expérimentons tout ce que la vie peut offrir. Le fait d'être pleinement éveillées au moment présent assure l'enchantement, même dans la douleur, puisque nous savons que nous progressons et que cette connaissance nous ravit. Nous ne faisons qu'une avec tout ce qui nous entoure. Notre existence a un but, elle fait partie de l'ensemble de la création et nous pouvons percevoir notre utilité.

Rien n'existe — sauf le présent. Et quand nous revenons sans cesse sur le passé ou sur ce qui aurait pu se produire, nous sommes coupées de la vie — essentiellement mortes. Le présent est la seule réalité et c'est seulement dans le présent que nous sommes invitées à apporter notre contribution spéciale à la vie ; peut-être qu'en ce moment, notre contribution spéciale est de tendre la main à une autre personne, un geste qui changera deux vies, la nôtre et la sienne.

Nous devons nous accrocher au présent ou nous raterons son invitation à grandir, peut-être à aider une amie, à participer à la seule réalité qui soit. Le présent détient tout ce qui nous est et nous sera toujours nécessaire pour remplir notre vie. Il apporte toutes les occasions de bonheur — le seul bonheur qui existe.

L'abstinence m'offre le cadeau du présent. Je le savourerai, l'apprécierai et m'en délecterai.

... l'inquiétude devrait nous mener à l'action et non pas à la dépression.

— Karen Horney

Le rôle de victime est par trop familier à un grand nombre d'entre nous. La vie a été injuste à notre égard — pensions-nous. Et nous avons attendu patiemment que les circonstances changent. Nous avons attendu avec la bouteille ou peut-être avec les petites pilules blanches. Rien n'était notre faute. Le fait que nous étions volontiers des victimes consentantes constitue une réalité difficile à accepter, mais néanmoins véritable.

Victimes, plus jamais, aujourd'hui nous sommes des actrices. Et depuis que nous nous sommes engagées dans ce programme, nous acceptons d'emblée un guide consentant et très apte pour notre rôle dans la vie. Chaque événement appelle à l'action et nous avons opté pour une vie responsable.

Aujourd'hui, la dépression est peut-être à la limite de notre conscience, mais elle n'a pas à devenir notre état d'esprit. L'antidote est et sera toujours l'action, l'action responsable. Chaque inquiétude, chaque expérience réclame notre attention, une attention active.

Aujourd'hui s'étend devant moi, c'est une inconnue. Les inquiétudes m'envahiront, mais les conseils quant à la meilleure action à prendre me sont toujours offerts.

Qu'importe le traitement que m'inflige la vie ? Ma vraie vie est intérieure.

— *Angela L. Wozniak*

On dit que nous enseignons aux gens la manière dont ils doivent nous traiter. Les autres nous traiteront comme nous les traitons. Notre réponse aux conditions externes de notre vie peut grandement être influencée par notre perception de ces conditions. Et nous exerçons un contrôle sur cette perception. Aucune expérience ne doit nous démoraliser. Chaque situation peut être appréciée selon sa contribution à long terme à notre croissance en tant que femmes heureuses et sûres d'elles-mêmes.

Aucune circonstance extérieure ne nous offrira la sécurité éternelle et à long terme à laquelle nous aspirons. Et pareillement, aucune circonstance n'influencera négativement notre bien-être, sauf brièvement et à l'occasion.

Le programme nous offre la conscience que notre sécurité, notre bonheur et notre bien-être sont intérieurs. Les moments édifiants de notre vie peuvent affirmer notre sécurité, mais ils ne peuvent garantir sa durée. Seule la relation qui existe entre nous et Dieu peut être une promesse de sécurité.

Les vagues de ma journée me rappellent qu'il faut me retirer en moi-même.

Les éloges et une attitude reconnaissante sont d'imbattables stimulants... nous grandissons tout ce que nous portons aux nues.

— Sylvia Stitt Edwards

Avec quelle attitude accueillons-nous le jour qui vient ? Éprouvons-nous des craintes à l'égard des circonstances auxquelles nous sommes confrontées ? Craignons-nous une réunion prévue ? Sommes-nous inquiètes du bien-être d'un ami ou d'un amant ? Peu importe notre attitude actuelle, son pouvoir sur l'issue de la journée est marqué. Notre attitude devant une situation qui attire notre attention a une incidence sur le résultat. Parfois favorable, souvent défavorable si nous avons une attitude négative.

La reconnaissance envers la vie nous assure les récompenses espérées, les récompenses que nous cherchons trop souvent de manière ingrate. Le sentiment de gratitude nous est, pour un grand nombre, étranger. Nous sommes arrivées à ce programme en nous sentant inutiles, parfois rejetées, souvent déprimées. Il nous semblait que la vie nous avait accablées de problèmes, et c'était vrai. Plus nous nous plaignions de ce que la vie nous « avait fait », plus nous avions de raisons de nous plaindre. Nous n'avons reçu que ce que nous attendions. Nous recevons encore juste ce que nous attendons. La différence tient à ce que le programme nous a offert la clé des attentes plus importantes. La gratitude pour la qualité de notre vie en accroît l'ampleur.

J'ai le pouvoir personnel d'influencer ma journée ; je ferai en sorte qu'elle soit belle.

La colère conquiert quand elle n'est pas résolue.

— *Anonyme*

Les émotions doivent être reconnues. Toutefois, l'attention ne suffit pas ; elles doivent être acceptées comme des dimensions puissantes de la femme que nous sommes. Leur influence sur la femme que nous pouvons devenir est considérable.

Une attention respectueuse et une acceptation spontanée de nos émotions, qu'elles soient faites de colère, ou de peur, ou de jalousie haineuse, atténuent leur mordant. Nous pouvons les empêcher de prendre des proportions plus vastes. Comme un enfant qui hurle et se conduit de mal en pis tant qu'il n'a pas obtenu l'attention, nos émotions augmentent et s'intensifient tant que nous nions leur existence.

En réalité, nos émotions sont une bénédiction. Elles enrichissent nos expériences. Elles servent d'indicateurs sur la route que nous suivons. Nos sensations de chaque instant affichent notre niveau de sécurité, la proximité de notre puissance supérieure, le niveau de notre engagement envers le programme. Nos émotions nous servent bien quand nous les admettons. D'un autre côté, quand elles sont refusées ou niées, elles peuvent nous paralyser, même nous vaincre.

Mes sentiments fréquentent tout mon être, en tout temps. Ils dirigent mon comportement. Ils reflètent mes attitudes. Ils sont un indice de ma proximité avec Dieu.

Qui serai-je aujourd'hui ? La femme « cosmopo-
lite », la petite fille, l'érudite, la mère ? Qui serai-je
pour répondre aux besoins d'autrui tout en répon-
dant à mes propres besoins ?

— *Deidra Sarault*

Nous portons plusieurs chapeaux. Un aspect de notre maturité est notre habileté à équilibrer nos rôles. Il est souvent très difficile d'y arriver ; toutefois, le programme nous offre plusieurs outils servant à équilibrer notre vie.

Combler les besoins des personnes importantes de notre vie nous apporte la joie. Il faut cependant accorder la priorité à nos propres besoins. Nous ne pouvons donner ce que nous n'avons pas, et nous n'avons rien tant que nous ne nous sommes pas accordé une attention et un amour sincères.

Au fil des années, nous avons peut-être porté peu d'attention aux autres ou, au contraire, nous en avons trop fait. Dans les deux cas, nous nous sommes négligées. La plupart d'entre nous, nous sommes affamées sur le plan spirituel, un grand nombre, sur le plan émotif, quelques-unes, sur le plan physique. Nous étions de ces femmes pour lesquelles c'était « tout ou rien ».

Aujourd'hui, nous sommes conscientes de nos choix. Dernièrement, nous en avons arrêtés de bons : nous sommes abstinentes. Nous vivons les Étapes. Et nous choisissons ce que nous voulons faire de notre vie. Or, aucun choix ne donnera de bons résultats si nous n'avons pas pris soin de nous-mêmes.

Je me concentrerai sur moi-même, nourrirai la femme en
pleine maturation qui vit en moi et tendrai la main.

La femme ne doit pas s'effrayer de ce qui s'est érigé autour d'elle ; elle doit vénérer cette femme en elle qui lutte pour s'exprimer.

— *Margaret Sanger*

Cessons de nous étouffer. Osons rêver et réalisons ces rêves. Osons prendre des risques, croire qu'avancer de quelque façon que ce soit implique des risques. Heureusement, nous avons le soutien du programme et de ses participantes pour amortir la chute, s'il y a lieu. Plus important encore, l'exemple d'autrui est notre source d'inspiration, pendant que nous envisageons notre propre programme d'expression de soi.

Un grand nombre d'entre nous avons regardé passivement les progrès des autres. Nous n'avons plus à être des observatrices passives, mais la familiarité de l'inaction, l'absence de choix et l'irresponsabilité rendent parfois la passivité attrayante. Nous devons nous rappeler les choix responsables, car ce sont eux qui rendent possible notre contribution très particulière.

Ce n'est pas tous les jours que nous nous éveillons avec la force de « faire notre part ». Or, la force sera disponible très rapidement dès que nous y ferons appel. Seules, nous sommes des combattantes ; toutefois, nous avons un partenariat tout fait qui nous assure la direction, la sagesse et la force quand nous y faisons appel.

J'ai tant de choses à offrir aux autres femmes. Et j'ai besoin de suivre l'exemple d'une autre. Chaque expression de ma force affermira la force d'une autre femme. Je ferai ce don.

... nous n'aimons pas toujours ce qui est bon pour nous en ce monde.

— *Eleanor Roosevelt*

La plupart d'entre nous pouvons regarder en arrière et nous souvenir à quel point nous avons combattu un changement particulier. Comme nous étions sûres de ne pas survivre à ce bouleversement ! Peut-être avons-nous perdu un amour ou été forcées de quitter un foyer ou un travail. Le recul nous permet de percevoir le bon côté du changement et de voir le rôle essentiel que chaque changement a joué dans notre développement de femmes en cours de réhabilitation. Il nous a fallu changer pour couvrir la distance parcourue. Et nous devrons poursuivre le changement.

Le programme et sa structure, de même que notre confiance en cette structure, peuvent atténuer les conséquences douloureuses du changement. Notre puissance supérieure désire ce qu'il y a de mieux pour nous, nous pouvons en être assurées. Cependant, le mieux ne « convient » pas toujours la première fois. La patience, la confiance et la prière constituent une combinaison gagnante quand vient le temps pour nous d'accepter un changement. Nous reconnaîtrons le moment. Nous commencerons à nous sentir à l'étroit dans la situation actuelle.

Le changement est synonyme de croissance. C'est un temps de célébration et non de crainte. Cela signifie que je suis prête à progresser — que j'ai « réussi » l'examen en cours.

Pourquoi la vie est-elle si tragique, ressemble-t-elle à une petite bande de pavé surplombant un abîme ? Je regarde en bas ; je me sens prise de vertige ; je me demande comment je pourrai parvenir à l'extrémité.

— *Virginia Woolf*

Quand nous regardons les heures à venir, nous pouvons être reconnaissantes de n'avoir à nous préoccuper que des heures d'une seule journée. Pas plus. Ce qui viendra demain, une décision qui peut s'avérer nécessaire la semaine prochaine, un grand changement dans notre vie pour l'an prochain, tout se vivra facilement quand le temps viendra.

Quelle chance nous avons, celles d'entre nous qui partageons ce programme de vie ! Nos inquiétudes devant l'avenir sont terminées, si nous le souhaitons. Nous devons franchir une seule étape à la fois. Un jour à la fois. Et toujours sous les soins de Dieu. La délivrance de notre vie d'inquiétude est immédiate quand nous vivons selon l'axiome « Lâcher prise et s'en remettre à Dieu ».

La vie nous apporte des tragédies et nous en tirons un enseignement. Cependant, elles n'ont pas à nous dévier de notre chemin. En fait, elles nous renforcent et stimulent notre croissance personnelle. Et aucune expérience ne dépassera ce que nous, de concert avec notre puissance supérieure, sommes en mesure de supporter.

Aujourd'hui, je me tournerai vers le programme et vers tout ce qu'il offre. Je m'inquiéterai d'aujourd'hui seulement, sans plus.

La sagesse de tous les âges et de toutes les cultures accentue l'extraordinaire puissance que nos pensées exercent sur notre caractère et sur notre situation.

— Liane Cordes

« Nous sommes ce que nous pensons. » Nous sommes dotées de la puissance personnelle qui nous permet d'arrêter des choix sensés et par conséquent de décider qui nous sommes. Nos actions et nos choix se combinent pour créer notre caractère et notre caractère influence les circonstances de notre vie.

Notre volonté personnelle travaille en notre faveur quand nous pensons de manière positive, sinon c'est à notre détriment. Imaginer les heureux coups que le sort nous réserve, c'est nous y préparer. Imaginer l'accomplissement réussi d'un travail, c'est rehausser et renforcer l'engagement que nous devons prendre jour après jour. Imaginer les étapes nécessaires à l'atteinte fructueuse de tout objectif, c'est diriger nos efforts de manière à ne pas trébucher le long du chemin. Notre esprit travaille avec ardeur à notre bien. Et avec tout autant d'ardeur à notre détriment, quand la peur s'insinue dans toutes nos pensées.

Le programme m'a donné un pouvoir personnel positif ; il repose dans la relation que j'ai avec ma puissance supérieure. Ma perspective et mon attitude envers la vie révèlent la force de mon lien avec Dieu. Aujourd'hui, je travaillerai avec Dieu et j'imaginerai ma chance.

Je peux honnêtement dire que la question du succès d'une action n'a jamais eu prise sur moi. Si je croyais que c'était la bonne chose à faire, je l'accomplissais sans tenir compte du résultat possible.
— *Golda Meir*

Vivre une vie de principes répond au désir du moi profond ; au désir de Dieu ; et au désir d'un ego sain. Vivre selon les principes du programme, c'est donner à chacune de nous la chance de vivre une vie de principes, une vie dénuée de culpabilité à l'égard de nos défauts.

Le fait d'avoir des principes nous assure une orientation. Nous n'avons pas à peser longtemps la façon de procéder dans une situation, la décision à prendre devant un problème, quand nous sommes guidées par des principes. Ils nous offrent la plénitude. Ils nous aident à définir la personne que nous sommes et que nous serons, quelle que soit la tournure des événements.

En tant que femmes, particulièrement en tant que femmes en cours de rétablissement, nous avons lutté avec la définition de soi. Souvent nous étions celles que les autres définissaient ou nous imitions simplement les personnes qui nous entouraient. Il peut nous arriver de retomber dans notre ancien comportement et de perdre de vue la femme que nous sommes ainsi que la vie que nous voulons mener. C'est alors que les principes du programme viennent immédiatement à notre aide.

Il n'y a aucun doute sur la manière de vivre le jour présent. Je le vivrai avec confiance et joie.

Les amitiés féminines solides sont des relations dans lesquelles les femmes s'aident mutuellement à s'appartenir elles-mêmes.

— *Louise Bernikow*

Pour avoir quelque chose d'important à donner à une amie, nous devons nous appartenir. Aimons-nous la personne que nous sommes ? Notre comportement est-il conforme à nos convictions ? Nos amies partagent-elles nos valeurs et quand nous sommes réunies, nous soutenons-nous mutuellement ?

Si nous n'apprécions pas notre propre compagnie, nous tenterons de dissimuler notre moi véritable. Plus nous nous cachons, plus nous nous éloignons de la plénitude et de la santé. Nous pouvons nous évaluer nous-mêmes, calmement et avec amour, afin de continuer à devenir les femmes que nous souhaitons être. Plus notre comportement et nos convictions seront en harmonie, plus nous nous appartiendrons à nous-mêmes. Plus nous nous aimons nous-mêmes, plus nous serons de bonnes amies.

L'amour et la sympathie de mes amies peuvent m'aider dans mon voyage spirituel vers la sérénité et je peux les aider dans le leur. Aujourd'hui, j'accompagnerai les autres dans leur voyage et, par la même occasion, je trouverai des compagnes de voyage.

Les oiseaux chantent après la tempête ; pourquoi les gens ne seraient-ils pas libres de savourer tout ce qui leur reste ?

— Rose Fitzgerald Kennedy

Nous choisissons les vies que nous menons. Nous choisissons la tristesse ou le bonheur ; le succès ou l'échec ; la peur ou l'excitation. Que nous soyons conscientes de nos choix ou non, nous en faisons à chaque instant.

Accepter l'entière responsabilité de nos actions est une des exigences de la maturité. Il ne s'agit pas de la chose la plus facile à faire, mais elle est nécessaire à la poursuite de notre développement. Un avantage inattendu de l'acceptation de notre responsabilité, c'est qu'elle augmente la conscience de notre pouvoir personnel. Notre bien-être est en notre pouvoir. Notre bonheur est en notre pouvoir. Notre attitude envers toute condition, présente ou future, est en notre pouvoir, si nous le voulons.

La vie ne « nous fait » que ce que nous lui permettons de nous faire. Et elle nous favorisera dans tout ce que nous choisirons. Si nous cherchons l'excitation, nous la trouverons. Nous pouvons chercher l'aspect positif de toute expérience. Toutes les situations contiennent les germes d'une nouvelle compréhension, si nous gardons l'oeil ouvert. Nos réponses aux événements qui nous entourent déterminent l'offrande d'une vie significative. Nous exerçons un contrôle sur notre perspective. Et notre perspective décide de notre avenir.

Cette journée est la mienne, pleinement, à savourer — ou à craindre. La décision est toujours la mienne.

Octobre

Les femmes hésitent souvent entre se conformer aux normes existantes ou aux définitions de rôles et explorer la promesse de nouvelles solutions de rechange.

— Stanlee Phelps et Nancy Austin

C'est le temps de l'exploration pour un grand nombre d'entre nous. Le cheminement dans le processus de transformation signifie un changement d'habitudes, de comportement, d'attitudes. Or le changement est rarement facile, mais il nous faut changer si nous voulons réussir à nous rétablir.

Le soutien est à notre portée pour faire l'essai de nos nouvelles solutions de rechange. Nous avons le soutien de nos groupes et de notre puissance supérieure. Peut-être souhaitons-nous une carrière ou une formation plus poussée. Peut-être désirons-nous nous adonner à un passe-temps ou à un sport. Pour partager ce désir, puis pour chercher de l'aide, il faut une certaine orientation. Le présent programme nous a fourni la chance d'un nouveau départ — celui de faire nôtre notre désir intérieur.

Nous ne sommes pris dans un ancien schème de pensée que si nous y consentons. Le cheminement n'est pas facile, mais le soutien et l'orientation sont à notre disposition, gratuitement, nous n'avons qu'à les chercher.

Aujourd'hui, je vais examiner les solutions de rechange qui s'offrent à moi. Est-ce que je veux opérer un changement ?

Les personnes à qui la chance sourit sont celles qui ont des racines profondes.

— *Agnes Meyer*

Des racines profondes assurent force et stabilité à un organisme. Elles le nourrissent en abondance. Elles le retiennent solidement lorsque des vents violents soufflent. Des racines sont offertes à chacune de nous lorsque nous nous consacrons entièrement au programme.

Maintenant que nous avons découvert le processus de changement, nous n'aurons plus jamais à faire face seules à une situation difficile. Jamais plus devrons-nous prendre une décision dans l'isolement. L'aide est constante. Il y aura toujours des conseils tout près, aussi près que nos demandes, par l'entremise de la compagnie des autres et de nos contacts avec Dieu. Le programme nous enracine ; chaque prière et chaque pas que nous faisons nourrissent les racines que nous sommes en train de faire pousser.

En nous enracinant profondément dans le programme, tout en portant chaque jour attention à la nourriture dont nous avons besoin, nous nous offrons la santé mentale et l'espoir. Nous découvrons que nous pouvons venir à bout de tout ; aucune situation dépasse nos capacités. La force, l'assurance, la libération de la peur sont les avantages que nous procurent nos racines en s'approfondissant. Nous serons solidement enracinées si nous faisons ce que nous devons faire. Les cadeaux que nous offre le programme sont nôtres à condition que nous nous y engagions à fond.

Aujourd'hui, je ne négligerai pas mes racines. Je les nourrirai, de sorte qu'à leur tour elles puissent me remplir de confiance lorsque le besoin s'en fera sentir.

L'ambiguïté existe lorsque vous admettez plus d'une réponse à une situation et que vous vous permettez d'être conscientes de ces réponses contradictoires. Vous pouvez vouloir une chose et la craindre en même temps. Vous pouvez la trouver à la fois belle et laide.

— *Tristine Rainer*

La souplesse est un but vers lequel il vaut la peine de tendre. Elle facilite nos relations avec autrui et étend le domaine de notre conscience. Il faut lâcher prise sur la conformité rigide de nos perceptions d'hier pour atteindre une plus grande compréhension des variables et des leçons de la vie.

Nul besoin d'être consternées lorsque nous sommes déchirées entre deux décisions et que nous nous sentons ambivalentes quant aux deux, bien que se soit souvent ce qui se produit. Une telle situation peut toutefois nous encourager à prier pour demander des conseils, puis à réagir positivement à ces conseils. Et nous devons nous rappeler qu'aucune décision n'est jamais mauvaise. Elle peut nous écarter de notre chemin pendant un moment, mais elle peut également nous faire connaître des territoires inexplorés qui renferment de multiples occasions de faire preuve de souplesse.

Nos réponses contradictoires, que nous exprimons à autrui ou à nous-mêmes, nous forcent à rester vigilantes, apportent un élément d'excitation dans nos vies et nous poussent à nous pencher avec créativité sur nos perceptions. Croissance et changement sont assurés.

Aujourd'hui, je serai en harmonie avec moi-même. Je laisserai mes perceptions me guider.

Si j'aime avec mon Esprit, je n'ai pas à penser aussi fort avec ma tête.

— Peggy Cahn

L'amour fait disparaître tous les faux plis. Toutes les situations se calment, toutes les tensions disparaissent. L'expression de l'amour est un baume sur toutes les plaies, particulièrement les nôtres. Lorsque nous éprouvons de l'amour envers les personnes qui nous sont proches aujourd'hui, cela nous remonte le moral ; nos difficultés personnelles diminuent en importance. Nous découvrons la résolution. Les réponses que nous cherchions nous apparaissent lorsque nous consacrons moins de temps à nos problèmes et davantage au cadeau d'amour que nous pouvons faire aux voyageurs que nous croisons aujourd'hui.

Les solutions à nos problèmes se trouvent rarement dans nos têtes. Elles surgissent de nos coeurs. Nous semblons soudain savoir quoi faire. Peut-être les mots, ou le comportement d'une autre personne, vont-ils déclencher l'inspiration que nous désirions depuis longtemps. Nous pouvons porter notre attention aujourd'hui sur le moment et l'expérience. Nous pouvons laisser son pouvoir nous submerger et, dans le reflux de la vague, nous trouverons les réponses que nous cherchons.

Lorsque nous sommes cassantes et froides envers les autres, nous bloquons tout message qui nous est adressé. Notre amour envers autrui nous adoucit, permettant aux mots et aux idées que nous attendons de nous imprégner.

Aujourd'hui, si je suis dans le besoin, si j'ai un problème qui réclame une solution, je tendrai la main aux autres avec amour. En retour, ils me donneront ma réponse.

Parfois je pense que je suis la personne la plus chanceuse au monde. Il n'y a rien de mieux que d'avoir un travail que vous aimez vraiment. Il m'arrive de penser que mon plus gros problème est le manque de confiance. J'ai peur et je crois que c'est sain.

— Jane Fonda

Nous hésitons toutes entre des sentiments de confiance certains jours, de chance d'autres jours, et souvent, à d'autres moments encore, de peur. L'hésitation est on ne peut plus humaine. Il ne faut pas nous en faire parce que nos émotions refusent d'être stables.

Les émotions changeantes font partie du processus de vie normale. Elles reflètent un engagement par rapport au moment. Certaines situations nous touchent, comme il se doit. Et nos réactions révèlent notre engagement émotionnel, comme il se doit. Nous pouvons jouir de la variété de nos émotions. Elles nous enrichissent. Mais elles peuvent aussi nous créer des problèmes, si nous ne les maîtrisons pas.

Nous avons besoin de conserver un équilibre. La confiance, qui est certes désirable, peut devenir de la suffisance et, partant, de la complaisance. La confiance a besoin d'humilité pour la tempérer. La peur nous rend prudentes, et c'est une bonne chose ; mais trop de peur peut nous immobiliser. Lorsque nous prenons la direction de nos émotions, elles jouent en notre faveur.

Les émotions peuvent me stimuler et me garder engagée dans le moment. Elles peuvent également me contrôler. C'est à moi que revient la décision de prendre le commandement.

*Bien des gens vivent dans une prison émotionnelle
sans le reconnaître.*

— *Virginia Satir*

Chacune de nous a reçu un guide intérieur, une source capable de diriger ses actions ; il suffit de le reconnaître. Nous ne doutons jamais bien longtemps du chemin à prendre. Nous n'avons peut-être pas immédiatement le courage de le prendre ; cependant, c'est là aussi un des présents qui nous ont été donnés. Le courage est nôtre, il suffit de le prendre. Nous n'avons qu'à suivre la bonne direction.

Il faut de la pratique pour faire confiance à nos moi intérieurs, puis il faut ensuite porter attention aux résultats des risques que nous prenons. Avant d'entreprendre ce cheminement dans le processus de transformation, beaucoup d'entre nous attendions passivement que d'autres orchestrent notre comportement, nos sentiments, nos attitudes. C'est tout un changement pour nous de monter sur la scène comme des vedettes féminines, scénario en main, mais c'est un changement pour lequel nous recevons un entraînement, tous les jours.

Les Étapes nous aident à savoir qui nous sommes. Qui plus est, elles nous aident à devenir les femmes que nous désirons tant être. Mais encore plus important, elles nous offrent la force spirituelle d'oser écouter le message intérieur et la force d'aller de l'avant selon la direction qui nous est donnée.

Les bons résultats découlent, toujours et encore, des bonnes actions. Et ma connaissance de la bonne action est toujours, et pour toujours, aussi proche que moi-même.

Il y a un plan divin du bien à l'oeuvre dans ma vie.
Je lâcherai prise et le laisserai se dérouler.
— Ruth P. Freedman

Nous ne sommes jamais certaines de toute l'importance ou des répercussions éventuelles de tout événement sur nos vies. Mais il y a une chose dont nous pouvons être sûres : chaque expérience apporte quelque chose de précieux à notre épanouissement global. Nous devons tenir compte des expériences passées. Elles contribuent à tout ce que nous accomplissons dans le présent. Et quel que soit le lieu où demain nous conduit, il influencera ce que demain nous apportera.

Notre plus grande difficulté à titre de femmes en cheminement est celle de ne pas croire que la vie est un processus, un processus qui promet la bonté, qui assure la croissance et le changement, qui annonce que nos vies suivent un plan et que nous sommes bénies dans ce plan. Ce n'est pas facile de faire confiance, mais nous pouvons apprendre et nous découvrirons alors la liberté.

Lâcher prise sur le résultat de chaque expérience, nous concentrant plutôt sur nos efforts, en les rendant aussi soutenus que possible, c'est valider notre confiance dans la bonté ultime de la vie. Nos frustrations diminuent lorsque nos efforts, seuls, nous préoccupent. Comme nos jours sont plus aisés lorsque nous accomplissons notre travail et laissons le résultat à la place qui lui revient.

Je connaîtrai une liberté nouvelle lorsque je lâcherai prise et aurai confiance que « mon plan » se déroule comme il se doit. Je ferai ma part, sans plus.

Le grand pouvoir créateur est tout-puissant. Si vous en laissez de côté une partie, en faisant de Dieu un être uniquement masculin, il vous faut rétablir l'équilibre.

— *Martha Boesing*

Quelle bénédiction que de faire partie de Dieu ! Pour plusieurs d'entre nous, invoquer Dieu à l'aide d'un pronom masculin mettait un obstacle dans le chemin de notre croissance spirituelle. Nous nous sentions laissées pour compte. L'adoration de quelque chose appelé « Il » ou « Lui » ne collait pas à notre spiritualité. Lorsque nous prions, nous prions une source spirituelle qui comprend tout, qui n'exclut rien : les deux sexes, toutes les races, tous les âges et tous les états.

Pour certaines d'entre nous, il n'y avait aucun problème à comprendre que Dieu est tout, quelle que soit la manière de l'invoquer. Mais peu importe notre chemin vers la spiritualité, le programme des Douze Étapes a enrichi notre compréhension. Avant de mettre ces étapes en pratique, nous nous étions permis d'oublier la force et la nourriture qui sont toujours à notre portée ; maintenant, nous sommes reconnaissantes lorsqu'on nous rappelle que Dieu est avec nous, en nous, et que tout est bien.

Une femme a dit : « Lorsque je me sens loin de Dieu, je me demande qui a bougé. » Dieu est toujours là. Aujourd'hui, je prierai pour avoir la sagesse de rester près de ma source spirituelle, l'Esprit Créateur.

*Lorsque tous les recours et toute l'armure verbale
ont été épuisés, l'absence d'amour dans nos vies est
ce qui les fait paraître brutes et incomplètes.*
— *Ingrid Bengis*

L'amour calme, encourage, inspire. Il améliore notre intégrité, tant lorsque nous le donnons que lorsque nous le recevons. Sans l'expression de l'amour, nous sommes coupées de notre famille et de nos amis. C'est le lien qui nous renforce toutes, nous donnant le courage de nous attaquer à ce qui nous attend au détour du chemin.

Nous n'avons pas besoin d'attendre que quelqu'un nous exprime son amour pour le donner. L'amour doit être inconditionnel. Et lorsqu'il l'est, il nous est retourné au centuple. L'amour attire l'amour, et il nous guérit ; il adoucit les coins abrupts de nos vies et nous ouvre aux bénédictions que la gratitude d'autrui ne peut manquer d'engendrer.

C'est une chose si simple qui nous est demandée — de nous aimer les uns les autres. L'amour inconditionnel de nos soeurs, de nos amants, de nos enfants abat les obstacles qui se dressent devant nos accomplissements et les leurs. L'amour nous permet de jouir de la vie. Il nous stimule et rend nos objectifs accessibles. Nous portons le message de Dieu par l'entremise de notre amour les unes des autres.

Aujourd'hui, je n'ai qu'une responsabilité : celle d'aimer quelqu'un, tendrement et pleinement.

C'est parfois plus difficile de gagner une bataille que de la perdre.

— *Billie Holiday*

Nos luttes avec autrui nous ébranlent sérieusement. Elles nous poussent souvent à des comportements dont nous ne sommes pas fières. Elles peuvent aboutir à des ruptures irréparables. Elles déclenchent fréquemment une rechute émotionnelle. Aucune bataille ne vaut le dommage au psychisme qu'elles entraînent presque toutes. La non-résistance est la voie la plus sûre sur notre trajet quotidien.

Quand on courbe l'échine au vent, quand on se laisse porter par le courant, les étapes sont plus faciles à franchir, les étapes qui nous mèneront à notre épanouissement personnel. Une partie de notre processus de croissance consiste à apprendre à passer à côté des situations négatives que nous avons à affronter, à en venir à comprendre que nous sommes dans cette vie pour atteindre un seul objectif. Les nombreuses barrières qui nous ferment la route peuvent renforcer notre confiance en Dieu, si nous leur en donnons la chance. Il ne faut jamais nous laisser contrarier par les gens ou les situations. Nous tirerons avantage de toutes les expériences que nous prendrons à notre compte. Le parcours que nous effectuons est celui que nous traçons. Le progrès que nous faisons vers les buts de notre vie est proportionnel au rythme régulier de nos pas.

Je suivrai le courant. Il me rapprochera assurément de ma destination.

Ne bougez pas et écoutez le silence intérieur.
— Darlene Larson Jenks

Aucune réponse ne nous échappe si nous nous tournons vers la source de toutes les réponses — le silence intérieur. La prière accompagnée de méditation nous apportera toujours les réponses dont nous avons besoin pour les situations auxquelles nous sommes confrontées. Les réponses que nous voulons ne sont toutefois pas garanties. Nous devons avoir confiance que nous serons dirigées vers les bonnes étapes à franchir. Notre bien-être est assuré si nous abandonnons le contrôle et remettons nos volontés entre les mains de Dieu, notre messager intérieur.

Comme c'est réconfortant de savoir que toutes les réponses sont aussi proches de nous que nos moments calmes. Dieu ne choisit jamais de nous cacher les réponses. C'est nous qui ne réussissons pas à faire taire nos pensées assez longtemps pour y porter attention. Nos esprits s'emballent trop souvent, d'une manière obsédante. Nous sautons d'un scénario à l'autre, d'une peur à l'autre, d'une émotion à l'autre. Et chaque fois que nos pensées saisissent un nouveau centre d'intérêt, nous repoussons plus loin la réponse dont nous avons besoin.

Le processus est simple, si je veux bien le suivre. Les réponses m'attendent, si je les veux vraiment. Je n'ai qu'à m'asseoir sagement et demander à Dieu de me donner les conseils dont j'ai besoin. Puis je demeurerai immobile encore un peu plus longtemps.

... Pour affronter les problèmes de la vie, il existe deux attitudes totalement opposées. L'une est d'essayer de changer le monde extérieur, l'autre est d'essayer de se changer soi-même.

— *Joanna Field*

Dieu nous donne le courage de changer ce que nous pouvons changer — nous-mêmes. Comme c'est difficile d'abandonner nos luttes pour contrôler et changer quelqu'un d'autre. Il nous arrive si souvent de croire que tout serait parfait si seulement telle personne voulait changer. Tout ce qui doit changer, de fait, c'est une attitude, la nôtre.

Assumer la responsabilité de l'amélioration de notre propre vie est une étape importante vers la santé émotionnelle. Lorsque nous blâmons une autre personne pour les circonstances qui nous affligent, nous nous immobilisons et nous n'avons aucun espoir d'améliorer notre état. Le pouvoir personnel est disponible dans la mesure où nous décidons de l'utiliser. Et il est soutenu par toute la force dont nous aurons besoin. La décision de prendre nos vies en main nous rend euphoriques. La décision, chaque jour, d'être attentives, tournées vers la prière et totalement responsables de tout ce que nous faisons nourrira nos êtres en cours d'épanouissement. Chaque choix responsable nous rapproche un peu de notre intégrité, renforce notre sens de nous-mêmes, notre bien-être.

Aujourd'hui, je ne changerai que ce que je peux changer : moi-même.

Ne refusez jamais un travail parce que vous pensez qu'il est trop insignifiant ; vous ne savez jamais où il peut vous mener.

— *Julia Morgan*

Comme nous manquons de vision lorsqu'il s'agit de ce vers quoi une invitation peut nous mener ! N'importe quelle invitation. Nous pouvons être certaines d'une chose, c'est qu'elle nous offre l'occasion de faire un choix, ce qui signifie assumer la responsabilité des personnes que nous sommes en voie de devenir. Faire des choix fait partie du processus de croissance, parce que cela renforce la conscience que nous avons de notre pouvoir personnel.

Nos vies se déroulent en petites mesures, juste assez petites pour notre confort personnel. C'est peu probable que nous puissions nous charger aujourd'hui de tout ce que l'avenir nous réserve ; cependant, nous nous y serons préparées, mesure par mesure, choix par choix, jour par jour. Nous ne devons pas avoir peur ; ce qui nous est donné dans les invitations qui nous sont faites est pour notre bénéfice. Nous sommes sur le chemin de la bonté.

Le plaisir de faire des choix est nouveau pour un grand nombre d'entre nous lorsque nous adhérons à ce programme. Nous avions opté pour une vie passive, bien trop souvent, et nous avions pris de plus en plus conscience de la privation de pouvoir que nous nous étions imposée, ce qui nous déprimait. Libres enfin ! Nous sommes enfin libres de participer pleinement à notre vie.

Aujourd'hui, je serai reconnaissante des nombreuses occasions d'agir qui m'assailliront. Chaque choix que je fais renforce ma féminité.

L'équilibre entre le rationnel et le spirituel ne me vient pas facilement. L'éternel clivage. Deux entités, parfaitement conscientes et pourtant très peu disposées à coopérer.

— *Mary Casey*

Le programme dirige notre croissance spirituelle, un aspect humain qui s'était atrophié, s'il avait seulement existé, pour la plupart d'entre nous avant l'abstinence. Et le processus d'épanouissement de notre nature spirituelle est pénible. Pour survivre, pendant des mois ou même des années, nous avons vécu d'expédients ou appliquions assidûment l'« analyse de situation ».

Revenir sans cesse aux vieux outils pour obtenir des solutions rapides aux situations sérieuses est pour nous une seconde nature. Il faut de la patience et des efforts continus pour apprendre à nous en remettre à notre conseiller spirituel quant aux solutions et à nous en servir pour aiguiser notre concentration analytique.

C'est au coeur de notre royaume spirituel que nous trouvons notre lien avec Dieu. Nous avons reçu la sagesse ; toute la connaissance dont nous avons besoin se trouve au bout de nos doigts. La confiance nécessaire pour aller de l'avant et offrir notre talent particulier à autrui vient de notre spiritualité. Nous sommes tout ce que nous devons être. Notre raison et notre spiritualité, de concert, peuvent s'attaquer à n'importe quel défi et le surmonter.

Ma raison et ma spiritualité peuvent devenir des entités compatibles avec le développement de ma confiance en chacun. La connaissance et le courage ensemble peuvent déplacer des montagnes. J'ai reçu les deux en partage.

Le caractère contribue à la beauté. Il fortifie une femme tandis que s'efface sa jeunesse.
— *Jacqueline Bisset*

Comme il nous arrive souvent de nous préoccuper de façon exagérée de notre apparence. La culture encourage cette obsession par l'entremise de nos familles, de nos amis, des médias. Nombre d'entre nous étaient tourmentées par leur apparence au cours des années passées, et la douleur provoquée par la jeunesse qui décline en hante encore plus d'une.

Peut-être est-ce le temps pour nous de prendre soigneusement note des femmes que nous admirons pour leurs réalisations. Nous devrions les imiter, les honorer et célébrer leur beauté particulière — une beauté généralement rehaussée par la dignité, la persévérance et le courage.

Nous pouvons cultiver nos goûts particuliers. Ils contribueront à nos réalisations, qui ajouteront de la profondeur à notre âme — foyer de la véritable beauté. Les personnes adultes qui reconnaissent cette véritable beauté sont celles que nous désirons attirer dans nos vies. Comme un beau visage est volage ! Et plus volage encore est la personne qui ne voit pas au-delà.

La jeunesse et sa beauté sont éphémères. Tel n'est pas le cas du caractère qui s'épanouit ; le temps le fortifie. Le programme fait de l'épanouissement du caractère une chose non seulement possible mais simple. Chacune des Douze Étapes, n'importe laquelle de ces étapes, nous offre l'occasion de prendre nos vies en main, dès maintenant.

Je me rappellerai que c'est la personne que je suis à l'intérieur qui compte vraiment dans la vie des autres.

*L'Histoire regorge d'exemples de... femmes dont le
don le plus précieux était de racheter, d'inspirer,
de libérer et de nourrir les dons d'autrui.*
— *Sonya Rudikoff*

Une partie de notre vocation à titre de membre de la
communauté humaine est d'aimer inconditionnellement
et de soutenir les personnes qui nous sont proches sur le
plan des émotions. Nous avons été attirées les unes vers
les autres pour des raisons extraordinaires mais rarement
manifestes d'emblée. Nous avons besoin des dons, de la
compassion et de l'inspiration les unes des autres de façon
à apporter nos contributions individuelles au grand tout.

Non seulement avons-nous besoin de nourrir et d'inspirer les autres, mais notre développement personnel,
émotionnel et spirituel exige que nous nous rendions le
même honneur. L'amour de soi-même et l'acceptation totale de soi sont nécessaires avant de pouvoir donner quoi
que ce soit d'une quelconque valeur à une autre personne.
Nous devons donner aux autres d'une façon désintéressée
si, en effet, notre amour et notre soutien doivent être
utiles ; donner quoi que ce soit avec altruisme, c'est manifester un sain amour de soi-même.

Aimer sans penser à soi libère le donneur et le bénéfi-
ciaire. Quand nous donnons de façon désintéressée, nous
révélons notre satisfaction personnelle et cela signifie que
nous sommes libres de nourrir nos propres dons.

---

*C'est une bonne chose que j'encourage quelqu'un aujour-
d'hui. Je me ferai également le même honneur à moi-
même.*

L'orgueil, nous apprend-on, mes enfants, ne va pas sans danger ; effectivement, l'orgueil était là et le danger n'était pas loin.

— Wilhelmina Kemp Johnstone

Demander de l'aide. Admettre que nous avons tort. Reconnaître notre erreur, dans une petite ou une grosse affaire. Demander une deuxième chance ou l'amour d'autrui. Toutes choses très difficiles à faire et pourtant nécessaires si nous voulons grandir. Le problème, c'est notre orgueil, l'énorme ego. Nous pensons que nous devons toujours avoir raison. Si nous avons tort, alors les autres peuvent avoir une moins bonne opinion de nous, nous regarder de haut, remettre notre valeur en question. « Perfectionnisme » contre « absence totale de valeur ».

Si nous ne sommes pas parfaites (et bien sûr nous ne le sommes jamais), alors nous sommes bonnes à rien. Entre ces deux valeurs dans l'échelle se trouve celle qui a nom « être humaine ». Notre croissance émotionnelle, comme femmes, est proportionnelle à notre acceptation de notre humanité, à notre capacité d'avoir tort. Avec l'humilité vient une douceur qui facilite chacune de nos expériences, chacune de nos relations. L'orgueil nous durcit, nous garde dures, éloigne les autres et nous expose au danger.

Aujourd'hui, je m'accorderai la permission d'être humaine et ma vision de la vie en sera adoucie.

Lorsque des gens vous ennuient de quelque façon, c'est que leurs âmes essaient d'obtenir votre attention divine et votre bénédiction.

— *Catherine Ponder*

Nous sommes en communication constante les unes avec les autres et, dans le domaine spirituel, avec Dieu. Aussi singulier que puisse sembler notre parcours, notre chemin est parallèle à beaucoup d'autres chemins. Et tous les chemins s'entrecroisent lorsque le besoin s'en fait sentir. Le point d'intersection est le moment où une autre âme cherche à attirer notre attention. Leur croissance et la nôtre sont en jeu.

Nous pouvons être reconnaissantes de notre engagement à l'égard d'autres vies. Nous pouvons être attentives au fait que notre grâce particulière est différente de toute autre et que nous avons toutes besoin de l'apport des nombreuses personnes qui ont de l'importance dans nos vies. Notre passage dans la vie ne comporte aucune rencontre insignifiante. Chaque jonction avec une autre personne fait partie de la destinée des deux protagonistes.

Aujourd'hui, je regarderai attentivement et affectueusement les personnes qui m'entourent et les bénirai, toutes sans exception. Elles se trouvent dans ma vie parce qu'elles ont besoin d'y être. Moi aussi, j'ai besoin d'elles.

L'une des conclusions à laquelle je suis parvenue avec l'âge, c'est l'importance de vivre dans le maintenant toujours présent. Dans le passé, je me laissais trop souvent aller à croire que, d'une manière ou d'une autre, demain serait plus radieux ou plus heureux ou plus riche.

— Ruth Casey

Comme nos esprits sautent facilement du présent aux marottes du passé ou à nos peurs face à l'avenir. Comme ils s'arrêtent rarement sur le moment présent, et seulement le moment présent !

Avant d'ouvrir ce livre, où étaient dirigées nos pensées ? Nous devons nous exercer avec diligence à ramener nos esprits à l'expérience qui est à la portée de la main. Nous ne pouvons apporter une réponse réellement créative à une situation qu'au moment où nous lui accordons toute notre attention. Et chaque réponse créative amorce une expérience ultérieure encore plus créative.

Tout ce que nous avons de la vie, tout ce qu'elle peut nous offrir, est ici, maintenant. Si nous fermons nos esprits au présent, ce présent, nous ne ferons que continuer à le faire lorsque le demain dont nous rêvons maintenant deviendra le présent. Il n'y a pas de lendemains.

Je lâcherai prise sur le passé et le futur. Ma seule réalité est ici, maintenant. Les dons de Dieu sont ici, aujourd'hui, dès maintenant.

... Vous ne pouvez choisir la façon dont vous allez mourir. Ni le moment. Vous pouvez seulement décider comment vous allez vivre. Maintenant.

— Joan Baez

Comme c'est excitant de voir que nous pouvons choisir chaque attitude que nous adoptons et chaque geste que nous posons. Nous avons reçu en partage la pleine responsabilité de notre développement. Que tenterons-nous aujourd'hui ? C'est notre choix personnel. Quelle décision prendrons-nous face à telle question ? Nos options ne sont limitées que par notre vision.

Chaque situation dans la vie nous offre une occasion importante de prendre une décision qui, nécessairement, influencera les autres situations auxquelles nous serons confrontées. Tout comme nous sommes interdépendantes, avons besoin les unes des autres et nous influençons les unes les autres dans toutes les occasions qui nous rassemblent, de même nos décisions ne sont jamais immuables. Chacune est individuellement importante ; toutefois, ses répercussions sont multipliées par la variété des autres décisions qui sont déclenchées.

C'est à nous qu'il appartient de vivre pleinement aujourd'hui, de tirer avantage de toutes les occasions qui se présentent. Notre croissance personnelle ainsi que notre développement émotionnel et spirituel sont entre nos mains. Dieu nous fournira les conseils et le programme nous offre les outils. La décision d'agir nous revient entièrement.

J'exercerai mon pouvoir personnel. Mes choix déterminent mon développement.

La force de la poussée détermine celle qui est requise pour la supprimer.

— Mary Jane Sherfey

Nous luttons toutes pour réussir. Et chaque jour de nos vies, nous serons confrontées à des adversités majeures ou mineures qui peuvent très bien entraver notre succès. Il n'est pas nécessaire que les adversités nous nuisent, cependant. Elles peuvent nous fortifier, si nous en faisons des occasions de croissance.

Pour un grand nombre d'entre nous, la capacité de composer avec l'adversité est un phénomène relativement récent. Et nous ne réussissons pas toujours à le faire bien, ni avec facilité. Mais nous en venons à croire qu'une puissance qui nous est supérieure est à notre portée et nous garantira toute la force dont nous aurons besoin. Savoir qu'une action est toujours possible, que l'acceptation passive de toute condition n'est jamais nécessaire, voilà des cadeaux inconditionnels qui découlent de la mise en pratique du programme des Douze Étapes.

Notre chemin en avant est aussi sûr que notre engagement envers lui, que notre croyance dans la force du programme et que notre foi que tout est bien, même lorsque les temps sont durs. Personne ne nous a jamais promis que notre nouveau mode de vie serait toujours facile. On nous a cependant promis que nous arriverions à notre propre destination si nous faisons les démarches demandées et laissons Dieu s'occuper de la navigation.

Le succès est à la portée de la main. J'appliquerai ce que j'apprends et je réussirai.

Les enfants éveillent le sens de votre moi lorsque vous les voyez avoir mal, lutter, essayer ; lorsque vous regardez leurs yeux et écoutez leurs coeurs. Les enfants sont des cadeaux, si nous les acceptons.

— *Kathleen Tierney Crilly*

Les enfants se tournent vers nous et vers leur monde avec des yeux neufs, des attitudes dépourvues de cynisme, des coeurs ouverts. Ils réagissent spontanément aux événements dans leurs vies ; ce qu'ils sentent, c'est ce qu'ils sont.

L'observation attentive des enfants peut nous aider. Voyez comme nous avons rendu nos vies complexes ! Leur honnêteté simple peut nous servir. Regarder à nouveau le monde avec émerveillement est une conséquence secondaire qui nous est offerte lorsque nous vivons selon les principes de ce programme.

Tant de cadeaux nous attendent quand nous acceptons le programme et ses principes. Nous nous passons du bagage du passé. Nous apprenons à vivre cette journée seulement. Et nous en venons à croire qu'il existe une puissance supérieure qui exerce un contrôle sur nous et nos vies. Les enfants font instinctivement confiance à ceux qui prennent soin d'eux. Nous pouvons apprendre à faire confiance, à nouveau, lorsque nous appliquons les Étapes de ce programme à nos vies.

Je regarderai cette journée avec émerveillement et confiance. Tout est bien. Je suis entre les mains d'une puissance qui m'est supérieure.

• 23 octobre •

... les mots sont plus puissants que peut-être personne ne le soupçonne, et une fois qu'ils sont profondément gravés dans l'esprit d'un enfant, ils ne sont pas facilement effaçables.

— May Sarton

Comme nous devenions accablées, en tant que petites filles, par les étiquettes dont nous affublaient nos parents, nos professeurs, même nos compagnes de classe. Nous croyons à notre propos ce que les autres nous apprennent à croire. Les messages ne sont pas toujours explicites, mais même ceux qui sont très subtils sont imprimés dans notre esprit et nous rappellent nos « défauts », même une fois devenues adultes.

Bien que nous fassions tous les efforts possible pour oublier les critiques et les injures, elles demeurent dans nos mémoires et influencent la perception que nous avons de nous-mêmes en tant qu'adultes. Les années qui se sont écoulées entre-temps n'ont pas réussi à effacer les cicatrices émotionnelles que nous avons acquises enfants.

Notre partenariat avec Dieu nous aidera à comprendre que nous sommes des êtres spirituels qui ont un magnifique but dans cette vie. Et nous sommes aussi jolies, aussi capables, aussi heureuses que nous nous percevons. Nos propres pensées et mots, nos propres étiquettes peuvent devenir aussi puissants que ceux de notre enfance. Cela demande un peu de pratique pour croire en nous-mêmes. Mais nous pouvons rejeter l'emprise du passé sur nous.

Ma puissance supérieure m'aidera à connaître ma personnalité véritable. Je suis tout ce que j'ai jamais eu besoin d'être ; je suis spéciale et j'en viendrai à le croire.

L'être humain aspire universellement à quelque chose de permanent, de durable, sans l'ombre d'un changement.

— *Willa Cather*

Le spectre du changement fait vivre la plupart d'entre nous dans la crainte. Nous avons peur de ses effets sur nos vies privées. Nous ne croyons pas que le changement imminent nous sera bénéfique. Seul le temps peut nous en assurer. Et il le fera, tout comme l'a fait chaque changement auquel nous avons survécu jusqu'ici.

Les changements sont des cadeaux, en réalité. Ils sont comme des sceaux de nos réalisations présentes. Ils signifient une croissance réussie et annoncent notre empressement à poursuivre cette croissance. Comme nous luttons pour comprendre cela et comme nous l'oublions vite une fois que nous nous sommes adaptées au changement ! La lutte se répète alors lorsqu'un nouveau changement se présente à nous.

Nous désirons ardemment la permanence, croyant qu'elle nous garantit la sécurité, ne nous rendant pas compte que la seule véritable sécurité qui nous est offerte nous vient de notre confiance en Dieu, de qui tous les changements viennent comme une bénédiction sur la croissance que nous avons atteinte. Si nous devions faire face à l'absence totale de changement, nous trouverions la mort. La vie est défi, changement continu, toujours tolérable et porteuse de croissance. Nous pouvons méditer sur ce qui est passé et avoir confiance en ce qui nous confronte maintenant.

Le changement signifie que je progresse, sur la bonne voie.

*L'amour a cette qualité d'inspirer presque tout —
même notre travail.*

— Sylvia Ashton-Warner

Nous subissons un changement du fait que nous aimons et sommes aimées. Nos attitudes sont influencées de manière profonde et positive par la présence de l'amour dans nos vies. Chaque fois que nous réagissons affectueusement envers une amie, un collègue de travail ou même un étranger, nous influençons fortement la dynamique de l'interaction qui existe entre nous.

Chaque réponse que nous donnons à quelqu'un nous change tout en les inspirant. Lorsque nous traitons autrui avec dédain, nous invitons le dédain en retour. Quand nous ne faisons que critiquer les autres, notre auto-évaluation est également négative. Ce qui fait la beauté d'une attitude affectueuse, c'est qu'elle appelle l'amour en retour. Plus nous donnons d'amour, plus nous en recevons.

N'importe quelle tâche qui se présente à nous est atténuée lorsque nous portons de l'amour dans nos coeurs. L'amour est plus puissant que la peur. L'amour aide à ouvrir la voie de communication vers Dieu, nous assurant de la force, de la compréhension et de la patience dont nous avons besoin pour terminer la tâche qui nous attend.

Je suis aimée sans réserve par Dieu. Et je connaîtrai la réalité de cet amour à mesure que je le donnerai autour de moi. L'amour veut me changer — et il peut le faire.

Ma vie a été une tapisserie faite de teintes riches et magnifiques,
Une vision éternelle de la perspective toujours changeante.

— Carole King

Chaque événement de nos vies ajoute un fil riche à notre tapisserie personnelle. Chacune de nous en tisse une qui lui est unique, mais toutes les tapisseries sont complémentaires. Nous avons besoin des motifs riches des autres pour créer le nôtre.

Nous avons rarement la clairvoyance nécessaire pour comprendre la valeur ultime d'une circonstance donnée au départ, mais une rétrospective nous apporte la clarté. C'est une bonne chose de réfléchir aux nombreuses occasions qui n'ont pas réussi à nous emballer ; dans tous les cas, nous pouvons maintenant voir pourquoi nous en avions besoin. À mesure qu'augmente notre confiance en Dieu et dans la valeur de toutes les expériences, nous répondons plus rapidement avec plaisir quand les situations se présentent. Aucune expérience n'est destinée à nous nuire. Nous en venons à le comprendre, même si, à l'occasion, nous l'oublions.

Si nous mettons en pratique la gratitude, nous apprécierons mieux ce qui nous a été offert. La gratitude influence notre attitude ; elle adoucit notre extérieur rude et élimine la menace de la plupart des situations nouvelles.

Si j'accueille la journée dans la joie d'être vivante, je serai réjouie par toutes les expériences qu'elle me réserve. Chacune apporte une contribution nécessaire à mon intégrité.

Les problèmes ont la taille et l'importance que vous voulez bien leur accorder.

— S.H.

Nous ne serons pas à l'abri de toutes les difficultés, ni aujourd'hui, ni au cours de quelque période de notre vie que ce soit. Mais nous avons le pouvoir d'éliminer la menace, le mordant de tout défi. C'est notre vision des circonstances qui leur donne leur interprétation.

En ce moment, nous définissons notre expérience. Nous étiquetons les événements comme étant bons ou mauvais, précieux ou dénués de sens. Et notre croissance, particulièrement en ce jour, est grandement influencée par les jugements de valeur que nous attachons à nos expériences. À mesure que nous devenons plus fortes sur les plans émotionnel et spirituel, nous apprenons que toutes les difficultés sont en réalité des occasions de croissance exceptionnelle et de conscience accrue quant à la vérité de l'existence. Nous pouvons accepter toutes les expériences sans sourciller si nous avons confiance en la grâce qu'elles comportent.

Nous partageons cette vie, chaque moment de cette vie, avec une puissance qui nous est supérieure. Nous n'avons pas à nous en faire pour quelque situation que ce soit. Toujours, on veille sur nous. Nous n'avons jamais à être seules pour lutter.

Nous pouvons lâcher prise sur nos problèmes. C'est nous-mêmes et l'attitude que nous avons cultivée qui font qu'une situation devient problématique. Nous pouvons la laisser aller et, partant, découvrir la solution.

Je ne ferai pas des montagnes avec les petits riens de ma vie.

La connaissance la plus insaisissable de toutes est la connaissance de soi.

— *Mirra Komarovsky*

Découvrir qui nous sommes, c'est une aventure qui nous trouble et souvent occupe nos réflexions les plus profondes. Notre engagement dans le programme nous fait grandir et changer. Ce processus d'engagement vient rehausser notre conscience de nous-mêmes.

Nous apprenons qui nous sommes en écoutant les autres, en devinant leurs perceptions de nous, en faisant un inventaire honnête et soigneux de notre propre comportement. Les conversations intérieures qui nous hantent lorsque nous sommes en interaction avec autrui sont les lignes directrices passionnantes de la connaissance et définition de soi. Au moment même où nous pensons avoir découvert qui nous sommes et comment composer avec nos défauts, un nouveau défi fait son entrée dans le domaine de nos expériences, bouleversant tous les entendements qui nous avaient jusque-là servi de guides.

Ce n'est pas une mince affaire de découvrir qui nous sommes réellement. C'est encore plus difficile d'aimer et d'accepter la femme que nous découvrons. Mais trop d'années se sont écoulées pendant lesquelles nous avons évité, nié ou, pis encore, dénoncé la seule personne que nous savions être. Le programme nous offre le moyen d'apprendre à connaître et à aimer pleinement la personne au-dedans de nous. Le chemin ne sera pas facile tous les jours, mais nous avons tout le temps de laisser le processus faciliter notre quête.

Aujourd'hui, je serai douce et décidée tout en m'écoutant moi-même et en écoutant les autres.

Laissez venir vos larmes. Laissez-les arroser votre âme.

— Eileen Mayhew

Abaisser notre garde, libérer la tension qui nous garde tendues, voilà souvent une façon d'inviter les larmes qui nous adoucissent, font fondre notre résistance, révèlent notre vulnérabilité, toutes choses qui nous rappellent que nous ne sommes qu'humaines. Nous avons souvent besoin de nous rappeler que nous ne sommes qu'humaines.

Le perfectionnisme peut être le fléau de notre existence, comme c'est le cas pour plusieurs d'entre nous qui sommes inscrites à ce programme. Nous avons appris à pousser, à pousser plus fort, et plus fort encore, non seulement nous-mêmes mais nos proches aussi. Nous devons être meilleures, pensons-nous, et nous resserrons notre prise sur la vie. Le programme peut nous apprendre à lâcher prise si nous lui en donnons la chance. La beauté de la chose, c'est qu'en lâchant prise sur cette journée, cette activité, cette personne, nous sommes soutenues tout doucement et découvrons que ce que nous tentions tant de contrôler se produit sans heurt, tout naturellement. La vie est une suite d'ironies.

Il ne faut pas nous cacher de nos larmes. Nous pouvons être sûres qu'elles ont leur raison d'être, peut-être pour quelqu'un d'autre tout autant que pour nous. Les larmes favorisent la compassion ; notre tâche dans la vie est peut-être, aujourd'hui, d'aider quelqu'un à connaître la compassion.

Mes larmes guériront. Et les blessés sont partout.

L'intuition est une faculté spirituelle ; elle n'explique pas, elle ne fait que montrer le chemin.
— *Florence Scovel Shinn*

Devons-nous poser ce geste ? Devons-nous changer d'emploi ? Devons-nous partager nos sentiments avec les autres ? Nous sommes rarement à court de prières lorsque la peur et l'indécision nous assaillent. Nous sommes, toutefois, à court de réponses. Nos inquiétudes les refoulent.

Toute prière reçoit une réponse, nous en sommes assurées. Par contre, la réponse n'est peut-être pas celle que nous avions espérée. De fait, nous ne la reconnaissons peut-être pas comme la réponse parce que nous attendons quelque chose de tout à fait différent. Il faut un peu de bonne volonté de notre part pour nous libérer de nos préconceptions — nous disposer à accepter les réponses qui se présentent.

Nos réponses arrivent à l'improviste, une rencontre fortuite sur la rue, un passage dans un livre ou un journal, un sentiment tenace dans notre for intérieur. Dieu parle à chacune de nous tout au long de la journée. Nos prières reçoivent des réponses, nos problèmes trouvent des solutions, nos inquiétudes se calment, si seulement nous nous habituons aux messages. Ils sont tout autour de nous.

Aujourd'hui, je serai attentive à tous les signaux de Dieu. Quelle que soit la réponse que je cherche, elle se fraie un chemin vers moi.

C'est une formule toute simple : faites de votre mieux et cela pourrait plaire à quelqu'un.
— Dorothy Baker

Les normes d'autrui ne nous garantissent jamais le succès. Cependant, si nous faisons de notre mieux selon les normes que nous pensons que Dieu a en tête, nous réussirons. Et nous recevrons toujours de Dieu amour inconditionnel et acceptation.

Par le passé, plusieurs d'entre nous étaient hantées par la peur que notre mieux ne soit pas suffisant. Et il arrivait assez souvent que cette peur nuise à notre rendement, validant ainsi nos peurs. Nous pouvons retomber dans ces peurs immobilisantes si nous ne sommes pas assidues, avec vigilance, au programme et à ses suggestions.

Notre puissance supérieure nous aidera à nous acquitter de quelque tâche qui se présente. Et aucune tâche ne nous sera imposée pour laquelle nous ne sommes pas préparées. Tout ce que nous avons à faire, c'est d'aller de l'avant, avec Dieu comme partenaire, et d'entreprendre la tâche en question. Nous ne chancellerons pas si nous nous rappelons où repose notre force, où se trouvent les conseils.

L'estime de soi est une des conséquences d'un travail accompli avec l'aide de Dieu. Une autre conséquence, c'est que nous apprenons plus rapidement à nous en remettre aux conseils et à la force de Dieu la fois suivante, réduisant ainsi le temps que nous accordons à la peur.

Aujourd'hui, je peux réussir tout ce que j'entreprends, si je laisse Dieu diriger mes mouvements.

Novembre

Car être une femme, c'est avoir des goûts et des obligations qui rayonnent dans toutes les directions à partir du coeur central, comme les rayons du moyeu d'une roue.

— *Anne Morrow Lindbergh*

Nous nous laissons parfois trop facilement accabler par nos obligations, oubliant que nos goûts ont leur place dans nos vies, dont ils s'inspirent et découlent. Nos goûts nous complètent ; ils nous poussent au perfectionnement.

Nos obligations ont leur place également. Dans nos carrières, avec nos familles et nos amis, nous avons des responsabilités. Les gens doivent pouvoir compter sur nous pour jouer notre rôle dans leur plan de vie particulier.

Il faut une attention quotidienne pour trouver le bon équilibre entre nos obligations et nos goûts. C'est peut-être là notre plus grande lutte. Les femmes se sentent facilement liées par leurs obligations ; nous nous jouons souvent le tour d'accorder peu de valeur à nos goûts.

Nous devons nous rappeler que nos goûts font ressortir ce qu'il y a de meilleur en nous. Nous devons travailler à la limite de nos possibilités pour devenir tout ce que nous sommes censées être. Nos goûts nous entraînent à répondre aux attentes de Dieu.

Chaque jour, je dois tenir compte de mes goûts comme de mes obligations. Je ne laisserai pas passer une journée sans porter attention à un de mes goûts.

L'amour et l'espoir de le connaître ne sont pas des choses que l'on peut apprendre ; elles font partie de l'héritage de la vie.

— *Maria Montessori*

L'amour est un don que notre Créateur nous a fait. Notre existence même nous assure que nous le méritons. À mesure qu'augmente notre reconnaissance de ce fait, ainsi augmente notre amour de soi et notre capacité d'aimer les autres.

Nous n'avions pas une haute estime de nous-mêmes ni un sens stable de notre valeur avant de trouver ce programme. Nous cherchions ces qualités par des moyens qui ne menaient nulle part. Ces Étapes et nos relations présentes nous apportent la substance et la direction dont nous avons besoin dans nos vies pour découvrir notre caractère noble.

Si nous avions compris que nous étions aimées, pendant toutes les années de notre jeunesse, peut-être n'aurions-nous pas tant lutté dans la douleur de la désaffection. Nous étions toujours à la droite de Dieu, jamais éloignées, toujours aimées et protégées. Mais nous ne reconnaissions pas les signes. Les signes sont présents partout maintenant. Chaque Étape est un rappel constant. Chaque contact humain est un message de Dieu. Tout désir que nous souhaitons rendre manifeste est une invitation de Dieu à la croissance.

Aujourd'hui, je chercherai les signes de mon bienfaiteur. Ils sont présents partout.

C'est le calme après la tempête. Je sens un arc-en-ciel où se trouvaient jadis des nuages et, tandis que ma spiritualité danse de gratitude, ma raison s'interroge sur le prochain désastre. Dualité.
— *Mary Casey*

Notre croissance en tant que femmes dépend de notre capacité de composer avec les dualités, ces contradictions inhérentes à la vie d'une personne, non seulement de composer avec elles mais d'en tirer parti.

On ne nous offre pas une existence sans douleur, mais on nous offre des occasions d'acquérir une perspective à partir des moments pénibles. Et nos perspectives sont atténuées par les principes du programme. Les aspérités de la vie, les tempêtes qui fouettent notre être même, sont des cadeaux déguisés. Nous voyons la vie en neuf lorsque la tempête s'est calmée.

Nous pouvons profiter du calme, si c'est ce qui nous enveloppe aujourd'hui. Nous méritons les périodes de repos. Elles nous donnent la chance de contempler et de faire nôtre ce que la récente tempête nous a si brusquement jeté aux yeux. Nous sommes impuissantes devant l'assaut de la tempête. Mais nous pouvons en tirer profit et être assurées que la tempête trouve tout son sens dans le calme.

Aujourd'hui, je me réjouirai des nuages ou des arcs-en-ciel. Les uns comme les autres visent mon bien. Et sans les uns et les autres, rien n'a de sens.

Les nouveaux départs sont sujets à des zones d'ombre.

— *Rachel Carson*

Lorsque nous entreprenons une nouvelle carrière, ouvrons une porte qui ne nous est pas familière, entreprenons une nouvelle relation affectueuse, nous pouvons rarement voir, ni ne pouvons anticiper, où cette expérience va nous mener. Au mieux, nous pouvons voir seulement ce que cette journée porte en elle. Nous pouvons croire avec certitude que nous serons menées en toute sécurité hors de l'« ombre ».

Pour faire des gains dans cette vie, il faut nous aventurer dans de nouveaux lieux, contacter de nouvelles personnes, risquer de nouvelles expériences. Même si nous avons parfois peur de l'inconnu, nous devons aller de l'avant. C'est rassurant de se rappeler que nous ne faisons aucun pas seules. C'est notre destin de connaître de nombreux nouveaux départs. Et une des dimensions du processus de croissance, c'est d'avoir confiance que chacune de ces expériences va, avec le temps, nous conforter et nous offrir la connaissance que notre moi intérieur attend. Sans les nouveaux départs, nous sommes incapables de satisfaire l'objectif pour lequel nous avons été créées.

Aucun nouveau départ n'est plus difficile que ce que nous sommes en mesure de supporter. Chaque nouveau départ est nécessaire à nos êtres en développement, et nous sommes prêtes pour tout ce qui peut arriver.

Je considérerai avec joie mes nouveaux départs. Ils contribuent de façon spéciale à la croissance à laquelle je suis maintenant prête.

L'instant présent est peut-être votre moment...
— Louise Bogan

Nous recevons aujourd'hui les seules leçons qui importent vraiment dans nos vies en ce moment. Tout comme ce dont nous avions besoin et ce pour quoi nous étions préparées hier est venu hier, demain nous assure la même chose. Lorsque nous nous préoccupons de moments autres que le moment présent, nous nous empêchons de répondre lorsque « le professeur apparaît ».

Autrefois, il nous arrivait de rester accrochées aux problèmes d'hier. Nous luttons peut-être encore aujourd'hui pour nous y accrocher. Ou peut-être essayons-nous de voir trop loin en avant. Or nous apprenons qu'il y a un moment voulu pour toute croissance, un moment voulu pour toute expérience. Et le moment voulu ne correspond peut-être pas à notre échéancier. Ce qui ne nous arrivera pas aujourd'hui viendra lorsque le temps sera venu. Chaque jour nous recevons uniquement ce dont nous avons besoin. Nous n'avons pas à nous inquiéter de l'avenir. Il nous offrira ce qui vient ensuite, à juste titre, mais pas tant que nous n'aurons pas vécu les 24 heures qui sont devant nous.

Chaque jour, il y a de l'émerveillement et de la joie qui m'attendent. La croissance que je connais est parfaite pour ce dont j'avais besoin pour le moment. Je suis une élève et le professeur va apparaître.

Bien sûr, la chance joue un rôle dans les affaires humaines, mais le comportement est en réalité beaucoup plus important.
— *Jeanne Detourbey*

Nous comporter de la façon dont nous croyons honnêtement et sincèrement que Dieu veut que nous nous comportions, voilà qui élimine toute confusion. Lorsque nous contribuons affectueusement aux circonstances de notre vie, nous portons le message de Dieu ; et c'est tout ce qui est attendu de nous dans cette vie.

Ce programme nous a engagées dans les affaires de nombreuses autres personnes. On a besoin de nous pour écouter, pour guider, pour parrainer, pour suggérer. Chaque fois que nous avons l'occasion de faire une forte impression sur quelqu'un, c'est à notre avantage, et au sien aussi, de laisser Dieu diriger notre conduite.

Nos préoccupations égoïstes nous font trop souvent manquer le message de Dieu, mais il n'est jamais trop tard pour commencer à l'écouter. Dieu est toujours à portée de la main, attendant qu'on le reconnaisse. Nous pouvons être attentives au fait que la tranquillité de nos vies est directement proportionnelle à la reconnaissance que nous offrons.

La bonne conduite n'est jamais un mystère pour nous. Nous ne la choisissons peut-être pas toujours, mais nous savons toujours ce qui doit être fait.

J'aurai confiance en ma conscience pour me guider à chaque moment.

... nous serons victorieuses si nous n'avons pas oublié comment apprendre.

— *Rosa Luxemburg*

Pour la plupart d'entre nous, la lutte a été longue, pénible et solitaire pour nous rendre où nous sommes maintenant. Mais nous avons survécu et nous survivrons encore. Nous nous rappelons à peine ces moments où nous pensions que nous ne pourrions pas aller plus loin. Les expériences qui, croyions-nous, allaient nous détruire ont maintenant leur place bien à elles dans le livre de nos souvenirs.

Nous avons survécu, et le programme nous offre les moyens de continuer à survivre. Étape par Étape, nous apprenons à nous occuper de nos problèmes, à construire des relations fondées sur l'honnêteté et à choisir des comportements responsables. La sérénité nous attend au bout du chemin si nous suivons toutes les Étapes.

C'est en oeuvrant avec le programme, en servant de modèle aux autres et en aidant ces femmes qui n'ont pas encore connu la victoire que nous exprimons le mieux notre gratitude pour notre survie. Nous devons donner ce que nous avons appris pour laisser la voie libre à notre nouvelle croissance. Notre avenir renferme de nombreuses victoires, si nous continuons à aller de l'avant, à ouvrir de nouvelles portes et faisons confiance au processus du programme et à ses promesses.

Je suis encore disposée à apprendre, sinon je ne serais pas ici en ce moment. Mon avenir renferme des victoires. Je chercherai une victoire aujourd'hui. Elle accompagnera assurément un geste responsable de ma part.

La douleur ne « dure pas éternellement » dans le monde spirituel, tout comme dans le monde physique.

— Katherine Mansfield

Chacune de nous est aux prises avec la douleur et ses répercussion ; certaines plus que d'autres. À certains moments, la douleur semble sans fin. Parfois nous nous accrochons à la douleur dans nos vies, peut-être parce que nous avons encore plus peur de ce qui se trouve de l'autre côté. L'inconnu nous contrôle si facilement. En ce moment même, chacune de nous peut jeter un regard en arrière sur d'autres moments pénibles et être reconnaissante de ce qu'ils lui ont appris. Le morceau du casse-tête prend une tout autre signification lorsque nous jouissons du don de la perspective. La douleur ressentie à ce moment s'insère, elle aussi, dans le tableau plus global de nos vies. Et elle passera. Elle est en train de passer.

La sagesse du passé nous apprend que la douleur nous enrichit, nous prépare à mieux servir autrui. À travers le désespoir qui nous envahit par moments, nous en venons à savoir qui nous sommes et à connaître le caractère spécial de nos dons. Comme le dit le vieil adage : « Nous ne recevons jamais plus que nous sommes en mesure de supporter. »

Aujourd'hui, ma douleur me rapproche de la femme que je suis destinée à être. À chaque respiration, je me rappellerai cela.

Dans n'importe quel voyage, nous devons trouver où nous sommes avant de pouvoir planifier la première étape.

— Kathy Boevink

Nos vies, sous tous leurs aspects, sont un voyage vers une destination qui correspond à notre objectif, à nos dons spéciaux, à nos besoins particuliers en tant que femmes. Chaque jour contribue à notre voyage, nous rapprochant de notre destination. Toutefois, nous prenons souvent un chemin détourné. Nous sommes souvent coincées ou arrêtées au passage par nos désirs égoïstes, par l'intrusion de notre ego qui veut contrôler.

Nous pouvons réfléchir sur le progrès que nous avons fait vers notre destination, aux étapes que nous avons franchies et qui ont inconsciemment contribué à notre périple. Nos étapes les plus faciles ont été celles que nous avons franchies en collaboration avec Dieu. C'est dans l'esprit de Dieu que notre chemin est bien délimité.

Nous sommes là où nous devons nous trouver aujourd'hui. Les expériences que nous connaissons sont comme des points sur la carte routière de notre voyage. Certaines d'entre elles sont des haltes routières. D'autres ressemblent à des pistes en ligne droite que l'on parcourt à haute vitesse. Le voyage vers notre destination ne se fait pas toujours sans heurts, mais plus nous laissons Dieu être au volant, plus notre trajet sera facile.

Aujourd'hui, je planifierai mon voyage avec l'aide de Dieu et mon trajet sera paisible.

Parce que la société voudrait que nous fassions toujours contre mauvaise fortune bon coeur, les femmes ont été habituées à ne pas manifester de colère.

— *Nancy Friday*

La colère est une émotion, ni mauvaise ni bonne ; elle existe simplement lorsque certaines circonstances de nos vies ne se déroulent pas comme nous l'aurions souhaité.

Nous pouvons nous libérer de notre colère si nous choisissons de prendre les mesures qui s'imposent. La colère peut être un bon déclencheur d'action. Mais lorsqu'on ne prend aucune action, la colère est refoulée, influençant négativement les perceptions que nous avons de toute expérience, de toute interaction humaine.

Nous devons traiter en amies toutes nos émotions. Nous devons croire qu'elles peuvent toutes nous servir lorsque nous nous en faisons des amies, apprenons d'elles et agissons sainement de concert avec elles. Nos émotions révèlent les multiples visages de notre âme et méritent toutes notre respect et notre acceptation. Elles sont toutes représentatives de notre moi intérieur.

Parce que la colère nous est moins familière, elle devient plus puissante. Si nous la nions, elle ne disparaît pas. Elle refait surface dans des circonstances qui n'ont aucun rapport avec la situation présente, compliquant inutilement nos vies. Nous pouvons apprendre à trouver bonne notre colère en célébrant l'action positive qu'elle engendre. Nous pouvons aimer la croissance qui l'accompagne, lorsque nous prenons les mesures qui s'imposent.

Aujourd'hui, je peux manifester ma colère. Elle est porteuse de croissance, si je l'utilise à bon escient.

La vie doit être vécue — c'est tout. À l'âge de 70 ans, je dirais que l'avantage, c'est que vous prenez la vie plus calmement. Vous savez que « cela aussi va passer ! »

— Eleanor Roosevelt

La sagesse vient avec l'âge, mais aussi avec la maturité. C'est savoir que tout est bien au beau milieu d'une tempête. Et à mesure que notre foi grandit, à mesure que nous croyons à l'existence d'une puissance supérieure à nous qui nous aidera à passer au travers, nous pouvons nous détendre, certaines que des jours meilleurs nous attendent.

Nous en viendrons à comprendre le rôle qu'une circonstance pénible a joué dans notre vie. Avec le recul, tout est tellement plus clair. Le mariage brisé, l'emploi perdu, la solitude ont tous contribué à faire de nous la personne que nous devenons. Ce qu'il y a de merveilleux dans la joie de la sagesse que nous sommes en train d'acquérir, c'est que nous prenons du recul plus rapidement. Nous pouvons, à l'occasion, commencer à accepter la contribution d'une situation difficile à notre intégrité, tout en étant aux prises avec l'inquiétude.

Quel chemin nous avons parcouru ! Il arrive si rarement que nous demeurons coincées, vraiment bloquées, dans la peur de la mésentente. La vie doit nous enseigner tout ce que nous avons besoin de savoir. Nous pouvons nous faciliter les choses en étendant notre confiance — en sachant pleinement que la douleur du présent ouvrira la voie à la sérénité de l'avenir.

Je sais que cela aussi va passer.

Les fantasmes sont plus que des substituts d'une réalité désagréable ; ils sont également des répétitions générales, des plans. Tous les actes joués dans le monde commencent dans l'imagination.
— *Barbara Grizzuti Harrison*

Nos esprits façonnent qui nous devenons. Nos pensées ne contribuent pas seulement à nos réalisations, elles déterminent l'état de nos vies. Comme elles sont puissantes ! Heureusement, nous avons le pouvoir d'avoir les pensées que nous choisissons d'avoir, ce qui veut dire que nos vies vont se dérouler pas mal comme nous nous y attendons.

Les graines que nous plantons dans nos esprits indiquent les directions que nous allons explorer dans notre développement. Et nous n'explorerons pas de domaines auxquels nous n'avions jamais porté attention dans nos moments de réflexion. Nous devons oser faire des rêves extravagants et improbables si nous voulons trouver une nouvelle orientation ainsi que les étapes pour y arriver.

Nous n'accomplirons pas, nous ne maîtriserons pas ce qui n'est pas planifié dans le monde de nos rêves. Nous imaginons d'abord, puis nous concevons l'exécution d'un plan. Nos esprits nous préparent au succès. Ils peuvent également nous préparer à l'échec, si nous laissons nos pensées devenir négatives.

Je peux mener à bien mes espoirs les plus chers. Mais je dois toujours croire en mon potentiel de succès. Aujourd'hui, je vais réfléchir au positif.

Ma déclaration d'estime de soi :
Je suis moi. Dans le monde entier, il n'y a personne
exactement comme moi. Il y des personnes qui ont
certaines parties comme moi, mais aucune n'a
pour résultat quelqu'un d'identique à moi. Donc,
tout ce qui vient de moi est authentiquement mien
parce que moi seule le veux bien.

— Virginia Satir

Nous ne sommes pas habituées, nous qui sommes engagées dans ce programme de « recovery »*, à nous sentir spéciales, dignes et uniques dans la contribution que nous faisons à notre entourage. Nous avons peut-être reconnu nos différences par rapport aux autres, mais pas d'une manière positive. Nous avons peut-être découvert que c'était là notre problème. « Si seulement j'étais davantage comme elle... ». Célébrer notre caractère spécial, la contribution unique que nous faisons à chaque situation que nous vivons, voilà un des cadeaux du « recovery »*.

C'est spirituellement émouvant de nous rendre compte de la vérité de notre authenticité, de nous rendre compte qu'aucun autre choix ne sera jamais semblable à notre choix — qu'aucune autre contribution ne sera jamais semblable à la nôtre. Notre don à la vie est nous-mêmes. Le don que la vie nous fait est l'occasion de réaliser notre valeur.

Aujourd'hui, je serai consciente de mes dons, je les offrirai et les recevrai avec gratitude.

---

* Voir la « Note de l'éditeur français » au début du livre.

La douleur est inévitable. La souffrance est facul-
tative.

— *Kathleen Casey Theisen*

Comme notre pouvoir personnel est étonnant, qui nous permet de choisir nos attitudes et nos réactions à toute situation, à chaque situation. Nous n'éprouvons que les sentiments que nous choisissons d'éprouver, quelle que soit la circonstance. Le bonheur est une option aussi disponible que le chagrin.

Percevoir nos défis comme des occasions de croissance positive plutôt que comme des pierres d'achoppement sur le chemin du succès, voilà un choix qui s'offre aisément à nous. Ce qui est inévitable — une question sur laquelle nous n'exerçons aucun choix — c'est que nous allons vivre des moments difficiles, des expériences pénibles. Nous pouvons toutefois les accueillir comme des invités bienvenus, célébrant leurs bénédictions sur nous et la croissance personnelle qu'ils inspirent.

Aucune circonstance n'exige la souffrance. À quelque chose malheur est bon. Dans une situation, on peut choisir d'éprouver de l'apitoiement sur soi ; dans l'autre, de la joie.

Nous ne sommes pas toujours sûres de nos choix, même quand nous en acceptons la responsabilité. Comme nous sommes chanceuses que le programme nous offre une solution ! La prière et la méditation, les conseils provenant de notre puissance supérieure peuvent nous aider à faire le bon choix à chaque fois.

Je savourerai ma liberté de choisir, de sentir, d'agir. Je peux me l'enlever, mais je suis la seule à pouvoir le faire.

Le zèle est la faculté qui enflamme les autres pouvoirs de l'esprit, les menant au plein feu de l'activité.

— *Sylvia Stitt Edwards*

Lorsque l'enthousiasme est absent de nos vies, aucune activité ne semble invitante. De fait, la plupart des situations engendrent la peur. Nous connaissons tellement bien la peur. Le programme dans lequel nous sommes engagées nous libère de toute peur, lorsque nous nous y consacrons. Il nous offre en outre l'enthousiasme qui assurera à nos efforts des résultats positifs, lorsque nous nous en remettons à notre puissance supérieure pour nous dicter la bonne attitude.

Une relation ouverte, confiante et sincère avec notre puissance supérieure est synonyme d'enthousiasme à l'égard de la vie. Mais cette relation nous demande des efforts. Lorsque nous avons fait nos devoirs, nous découvrons qu'aucune leçon ne nous prend au dépourvu. La prière et la méditation rendent toutes choses compréhensibles et nous assurent que nous « subirons avec succès » le cours sur la vie.

Je débuterai cette journée, et chaque journée, en me tournant vers Dieu pour obtenir le don du zèle, le zèle de vivre pleinement chaque moment, de donner pleinement ce que j'ai à donner et de savourer pleinement tout ce que je reçois. Ma gratitude augmentera mon bonheur au centuple. J'accueillerai cette journée avec zèle.

C'est lorsque l'amour et la compassion font de nous des êtres humains tolérants que nous parvenons le plus souvent à éviter d'être rigides.
— *Kaethe S. Crawford*

Regarder vers l'extérieur avec amour, offrir l'amour librement à nos amis et à notre famille, cela rend notre existence fluide, changeante et fertile. Chaque expression d'amour engendre encore plus d'amour, gardant tendres nos liens les unes avec les autres, favorisant d'autres liens.

Plus nos vies sont flexibles, plus facilement nous sommes attirées vers une occasion inattendue. Et la flexibilité est favorisée par une attitude affectueuse. Comme nous abordons le monde, ainsi il nous accueille. Nous ne sommes pas de simples récipients des épreuves de la vie. Nous trouvons ce que nos yeux veulent voir. Lorsque notre centre d'intérêt est rigide et étroit, ainsi le sont nos possibilités.

Les Étapes nous conduisent à être plus libérales dans notre amour, plus tolérantes dans nos attentes. Le degré de notre compassion, pleinement sentie et pleinement exprimée, est la mesure de notre santé émotionnelle. Les attitudes rigides, les comportements rigides, les attentes rigides des autres disparaissent à mesure qu'augmente notre niveau de santé émotionnelle. Notre approche de la vie change tout comme le font les résultats que nous atteignons.

J'aimerai les autres. C'est ma seule tâche dans la vie, et elle m'assure la sécurité dont j'ai tant besoin.

Je pense que le bonheur est comme l'effet produit sur les spectateurs (lorsque vous faites du théâtre) : si vous y pensez sans cesse, vous n'y arrivez pas, vous devez vous plonger dans votre rôle, vous absorber dans vos objectifs et laisser l'effet être le critère de votre succès.

— Joanna Field

Le bonheur est un cadeau qui accompagne chaque circonstance de nos vies si nous approchons chaque situation avec gratitude, sachant que ce qui nous est offert est approprié à nos besoins particuliers. Les expériences que nous connaissons jour après jour aiguisent notre esprit, adoucissent nos aspérités. Pour ces expériences, nous devons manifester de la gratitude.

Le cadeau, c'est notre bien-être. Décider ce qui nous rendra heureuses, plutôt ce que nous devons avoir pour être heureuses, nous empêche de saisir le plaisir inattendu que nous procurent les événements « fortuits » du moment. Lorsque nous cherchons avec une vive attention ce dont nous pensons avoir besoin, nous pouvons très bien passer à côté d'occasions plus bénéfiques que Dieu a choisies pour nous.

Notre égocentrisme entrave chacune de nos respirations. Il porte préjudice à chacune de nos rencontres. Il étouffe notre potentiel créateur. Qui plus est, il bloque toute chance d'une réaction spontanée qui correspond au moment. La spontanéité est la pépinière de la vie créative. Et le bonheur en est la conséquence.

Mon bonheur relève de moi, à chaque moment.

Ne vous comparez pas aux autres, car vous êtes une création unique et merveilleuse. Laissez vous-mêmes vos belles empreintes dans la neige.
— Barbara Kimball

Lorsque nous établissons des comparaisons entre nous et d'autres femmes, nous détruisons beaucoup plus que nos esprits conscients ne le croient. Nous placer ou placer une autre femme sur le « piédestal bien-aimé » empêche l'égalité de la solidarité féminine qui offre à chaque femme la liberté d'être uniquement elle-même.

Les comparaisons qui font de nous des perdantes obscurcissent le moment présent, nous coupent des rythmes réels de ce moment. Les conséquences peuvent être sérieuses. Tout moment peut renfermer l'occasion que nous attendions, l'occasion de réaliser un certain rêve. Nous ne devons pas rater nos occasions.

Chaque vie est symbolisée par un ensemble particulier d'empreintes dans la neige. Comme c'est merveilleux et libérateur de savoir que chacune de nous offre quelque chose qui lui est unique. Nous n'aurons plus jamais à rivaliser pour être remarquées. Chacune de nous est assurée de la reconnaissance pour ce qu'elle contribue, parce qu'elle seule l'offre.

L'envie nous ronge ; elle s'immisce dans toutes nos interactions. Elle s'empare de toutes nos pensées, nous emprisonnant, nous privant de la liberté d'atteindre ce qui peut être nôtre.

Je regarderai mes soeurs avec amour. Je les libérerai en même temps que moi afin que nous soyons ce que nous sommes capables de devenir.

L'expérience est bon professeur, mais elle envoie des factures astronomiques.

— Minna Antrim

Ce n'est pas par hasard mais à dessein que les chagrins que nous connaissons dans nos vies sont contrebalancés par des portions égales de joie. Les uns compensent les autres et nous sommes fortifiées par la combinaison des deux.

Notre désir ardent de ne profiter que des joies de la vie est humain — mais c'est aussi folie. La joie deviendrait insipide si c'était notre régime quotidien. Les moments joyeux nous servent de répit par rapport aux situations pénibles qui stimulent notre croissance et notre développement de femmes.

Le rire adoucit souvent le tranchant des leçons que nous cherchons ou qui nous mettent au pied du mur. Il offre une perspective lorsque l'horizon semble morne. Et celles d'entre nous qui sont en processus de changement avaient l'habitude de se complaire dans les moments tristes. Mais c'est fini. La réalité est telle que chaque jour présente à la fois des occasions d'angoisse et d'autres qui invitent facilement au rire. Les deux sont précieuses et aucune ne doit dominer.

La joie et le chagrin sont semblables au flux et au reflux de la marée. Ce sont des rythmes naturels. Et nous sommes adoucies par leur présence lorsque nous les acceptons comme étant nécessaires à notre existence même.

Aujourd'hui, toute douleur m'assure une quantité égale de plaisir, si je les accepte volontiers l'une comme l'autre.

L'effort continu — non pas la force ni l'intelligence
— est la clé qui donne accès à notre potentiel.
                                        — Liane Cordes

La persévérance peut très bien s'avérer notre meilleur atout. À mesure que nous menons un projet à terme, il perd de son pouvoir sur nous. Notre confiance en nous et nos habiletés s'accroissent, de concert avec notre progrès par rapport au projet, ce qui nous prépare aussi à nous attaquer au projet suivant.

Nous avons quelque chose de spécial, quelque chose qui n'appartient qu'à nous, à offrir dans cette vie. Et nous avons aussi le potentiel de l'offrir avec succès. Cependant, nous ne réalisons pas toujours notre potentiel. Plusieurs d'entre nous avons réprimé notre développement par la crainte de l'échec, une faible estime de nous-même, des insuffisances présumées. Le passé ne doit plus nous hanter.

Il y a de l'aide à notre portée pour nous permettre de découvrir nos capacités de succès. Nos habiletés ne demandent qu'à être exploitées, nos buts et nos projets attendent seulement que nous y donnions suite. Tout engagement que nous prenons à l'égard d'une tâche qui nous intéresse réellement sera renforcé par l'engagement de Dieu envers nos efforts. Nous avons un partenaire. Tout effort que nous faisons — mais faisons réellement — est en réalité doublé.

Aujourd'hui, je ne reculerai pas devant un projet. Je vais persévérer et mener mon projet à terme. Je me sentirai complète.

... à mesure qu'augmente la conscience, le besoin de discrétion personnelle diminue presque proportionnellement.

— Charlotte Painter

Nous nous accrochons à des secrets lorsque nous manquons de confiance en nous et dans le rôle qui nous a été attribué — secrets au sujet de nos pensées intimes, de nos rêves et de nos aspirations ainsi que des incompétences que nous croyons avoir.

Parce que nous tendons vers la perfection, supposons qu'on peut l'atteindre et n'acceptons rien de moins dans nos activités ; nous sommes hantées par nos peurs secrètes de ne pas être à la hauteur. Plus nous nous engageons envers ce programme, plus nous comprenons à quel point ce raisonnement est erroné. Et à mesure qu'augmente notre conscience, plus nous acceptons notre fragilité humaine et moins nous avons besoin de la cacher. Notre santé mentale se mesure à l'ouverture que nous offrons au monde. Les secrets démentent la bonne santé et dressent des barrières à son atteinte.

Les quatrième et cinquième Étapes sont les antidotes de l'enlisement dans un état d'esprit malsain. Elles nous incitent à lâcher prise sur nos secrets, nous libérant ainsi de leur emprise. La mise en application des principes du programme nous offre le recours dont nous avons besoin pour atteindre le bonheur que nous méritons.

Aujourd'hui, je partagerai un secret et je me libérerai de son emprise sur ma vie.

Tous les fantasmes de votre vie n'égaleront jamais ceux que j'ai jadis tenté de réaliser. Avec l'âge, je constate maintenant que c'est plus important de viser des buts plus réalistes et de les voir se réaliser.

— *Deidra Sarault*

Le simple fait de savoir que nous sommes des créatures importantes de l'univers offre trop peu de sécurité pour la plupart d'entre nous. Nous avons effectivement un rôle à jouer ; chacune de nous a des talents particuliers et uniques. Si nous les utilisons de manière bien planifiée, nous en bénéficierons sur les plans émotionnel et spirituel. D'autres profiteront également de nos talents.

Les fantasmes ont leur place dans nos vies, aussi. Ils nous poussent parfois vers des sommets plus hauts. Nous ne pouvons pas toujours saisir nos fantasmes, mais nous pouvons prendre les mesures nécessaires pour réaliser les buts auxquels nos fantasmes ont donné naissance.

Le processus de transformation que nous avons entrepris nous permet d'atteindre ces buts dont nous n'avions que rêvé ou auxquels nous avions peut-être craint de nous attaquer dans le passé. Les défauts derrière lesquels nous nous dissimulions auparavant sont en train de faire place, avec de la patience, à des comportements positifs. Nous pouvons réaliser nos désirs les plus chers. Nous n'aurons plus jamais à laisser la peur de l'échec nous immobiliser, comme cela a été le cas pour beaucoup d'entre nous pendant si longtemps.

J'établirai mes visées bien haut et j'aurai confiance que le programme encadrera mon progrès. Mes buts sont accessibles. Je n'ai qu'à faire un petit pas à la fois.

Lorsque vous répandez de l'amour véritable, vous recevez en retour de l'amour véritable.
— *Florence Scovel Shinn*

L'amour véritable est un amour désintéressé. Il n'attend rien en retour. Il n'est pas conditionnel. Il ne marque pas les points. Il est donné trop rarement. Il y en a beaucoup parmi nous qui, lorsque nous nous sommes inscrites au programme, étions blessées, ne nous sentions pas aimées, cherchions désespérément de l'amour, étions incapables d'aimer de façon désintéressée. Mais nous apprenons.

Nous gravissons toutes la même montagne. Nos chemins particuliers vont croiser les chemins de bien d'autres personnes avant d'atteindre le sommet, où nous trouverons toute la lumière. Et tout chemin que nous croisons a une contribution spéciale à apporter à notre propre évolution. Nous pouvons être reconnaissantes de tous les chemins qui s'entrecroisent, aussi contraires qu'ils puissent paraître à certains moments. Nous pouvons offrir à nos compagnes de voyage de l'amour véritable et notre propre voyage en bénéficiera au centuple.

Nous n'avons pas à avoir honte de notre désir d'amour, ni de nos attentes face à l'amour. Mais nous devons comprendre que la sorte d'amour que nous cherchons ne peut être obtenu qu'une fois que nous aurons cessé de le chercher et l'offrirons tout simplement à toutes les personnes qui nous entourent.

Aujourd'hui, je vais regarder dans les coeurs de toutes les personnes que je rencontrerai et leur offrirai de l'amour. Je recevrai ce que je donnerai.

Les « si seulement » sont porteurs de solitude.
— *Morgan Jennings*

Les circonstances de nos vies sont rarement à la hauteur de nos attentes ou de nos désirs. Cependant, chaque circonstance nous offre une occasion de croissance ou de changement, une chance de mieux comprendre les hauts et les bas de la vie. Chaque fois que nous choisissons de regretter ce qui n'est pas, nous fermons la porte à l'invitation à une existence meilleure.

Nous ne savons tout simplement pas ce qui est meilleur pour nous. Notre vision est limitée. Moins aujourd'hui qu'hier, mais limitée tout de même. Les expériences qui nous sont offertes ne réussiront pas à combler nos attentes parce que nous attendons tellement moins que ce que Dieu a prévu pour nous dans les jours à venir.

Nous obtenons ce dont nous avons besoin, en ce qui concerne les relations, les aventures, les joies et les peines, aujourd'hui et chaque jour. Célébrer ce que nous avons et savoir qu'il y a du bon dans cela, voilà qui facilite toute épreuve que nous traversons. On prend soin de nous, en ce moment. Nous n'avons pas à nous lamenter sur ce dont nous pensons avoir besoin. Ce que nous avons correspond à nos besoins. Nous obtiendrons toujours ce dont nous avons besoin, au moment où nous en avons besoin.

Je respirerai profondément et me détendrai. En ce moment, chacun de mes besoins est comblé. Ma vie se déroule exactement comme il se doit.

Des changements se produisent lorsqu'une personne devient qui elle est, non quand elle essaie de devenir qui elle n'est pas.

— *Ruth P. Freedman*

Apprendre l'acceptation de soi, puis aimer les personnes que nous sommes constituent sans doute les deux plus grands obstacles à l'atteinte de la santé émotionnelle et spirituelle. Heureusement, ce ne sont pas des obstacles insurmontables. Le programme offre une assistance toujours disponible.

Des femmes, partout, font de grands pas vers l'amour et l'acceptation de soi. Nous apprenons l'amour de soi. Et nous changeons. Le soutien que nous pouvons accorder à nos soeurs et celui que nous recevons multiplient bien des fois l'énergie saine qui est créée — une énergie saine qui nous touche toutes.

La santé émotionnelle et spirituelle sont des cadeaux que nous promet le programme, lorsque nous nous y consacrons vraiment. Nous devons dépasser notre perfectionnisme et savourer notre humanité ; les Étapes nous en offrent le moyen. Nous devons apprendre l'humilité et développer la foi ; les Étapes nous en offrent le moyen. Le fait d'apprendre à nous aimer entièrement, les qualités que nous aimons comme les traits de caractère qui s'accrochent désespérément à nous, nous procure une liberté nouvelle. Une liberté qui invite au changement. Une liberté qui sauvegarde le bien-être émotionnel et spirituel auquel nous aspirons tant.

La confiance viendra avec ma saine acceptation de moi.

Nous tenons en place par la pression de la foule autour de nous. Nous devons toutes nous appuyer les unes sur les autres. Faisons en sorte de nous appuyer avec grâce et sans contrainte, et de reconnaître le soutien des autres.

— Margaret Collier Graham

Nous ne sommes pas venues au monde seules. Et notre voyage à travers cette vie se fait de concert avec un grand nombre de personnes : certaines qui nous aident directement, tandis que d'autres semblent nuire à nos trajets. Nous n'avons pas toute la connaissance, toutefois. Nous ne pouvons déterminer les multiples façons dont nous sommes aidées à franchir les bonnes étapes, même par les personnes qui bloquent notre chemin pour le moment.

De même, notre présence aide à paver la voie pour les amis et les étrangers que nous allons rencontrer aujourd'hui, au travail, sur la rue, à la réunion peut-être. Nous avons toutes été chargées, dans cette vie, d'une responsabilité identique — celle de nous aider les unes les autres à réaliser nos destinées. Notre impatience réciproque, nos partages d'affection et d'acceptation qui faiblissent, à certains moments notre désaveu de nos frères et soeurs, tout cela se produit parce que nous ne réussissons pas à comprendre le rôle essentiel que nous jouons toutes dans le drame de la vie les unes des autres.

Aujourd'hui, dans mon drame personnel, je partage la scène avec toutes les personnes que je rencontre. J'ai besoin de partenaires. Et j'ai besoin d'applaudissements. Je les distribuerai libéralement aujourd'hui.

Les attentes limitées ne produisent que des résultats limités.

— *Susan Laurson Willig*

Les écoliers donnent le rendement que leurs professeurs attendent d'eux. De même, ce que nous réalisons en tant que femmes dépend grandement de ce que nous croyons au sujet de nous-mêmes, et beaucoup trop d'entre nous croyons trop peu en nous-mêmes. Peut-être avons-nous grandi dans un foyer négatif ou avons-nous eu un mariage qui n'était pas d'un grand soutien. Mais nous avons contribué aussi à notre auto-évaluation négative. La bonne nouvelle, c'est qu'elle n'a plus à nous contrôler.

Nous pouvons stimuler notre propre rendement en rehaussant nos propres attentes, même en l'absence du soutien d'autrui. Ce ne sera peut-être pas facile, mais chacune de nous est capable de changer une image de soi négative en une image positive. Il faut de l'engagement envers le programme, une relation sérieuse avec notre puissance supérieure et le développement de relations positives et saines avec autrui.

C'est vrai que nous ne pouvons pas contrôler les gens qui nous entourent, ni contrôler l'issue de toute situation particulière. Mais nous pouvons contrôler nos propres attitudes. Fait intéressant, quand nous commençons à nous voir comme des personnes compétentes et capables, plutôt qu'inadéquates, nous trouvons que les autres personnes et les autres situations deviennent plus conformes à nos désirs, elles aussi.

Je serai juste envers moi-même. Aujourd'hui, je peux faire ce que j'ai besoin de faire, où que je sois. Je suis la seule personne à pouvoir me maintenir en place.

L'idée de Dieu est différente pour chaque personne.
La joie de mon cheminement dans le « recovery »*
a été de trouver Dieu en moi.

— *Angela L. Wozniak*

Le programme promet la paix. Jour après jour, étape par étape, nous nous en rapprochons. Chaque fois que nous sommes clairement touchées par quelqu'un d'autre et chaque fois que nous touchons une autre personne, nous commençons à constater la présence de Dieu dans autrui, en nous et dans toutes les expériences. La recherche de Dieu est terminée, aussitôt que nous nous rendons compte que l'Esprit est aussi proche de nous que nos pensées, que notre souffle. En venir à croire en une puissance supérieure apporte un tel soulagement dans nos luttes quotidiennes. Et, à l'occasion, nous luttons encore pour avoir le contrôle de nos êtres tout-puissants, pour constater que nous avons élevé nous-mêmes les barrières auxquelles nous sommes confrontées. Nous sommes en terrain connu une fois que nous laissons Dieu nous guider dans toutes nos décisions, grandes et petites.

Le plus beau cadeau que nous fait le programme est de nous soulager de l'anxiété qui nous a si souvent tournées vers la boisson ou les pilules ou les sucreries. Nous ressentons le soulagement chaque fois que nous lâchons prise sur le problème qui nous a immobilisées pour attendre le réconfort et les conseils que Dieu nous promet.

L'aide de Dieu est à ma disposition aussi rapidement que je sais la saisir pleinement. Je lâcherai prise sur les problèmes d'aujourd'hui.

---

* Voir la « Note de l'éditeur français » au début du livre.

La foi est comme l'air dans un ballon. Si vous l'avez, vous êtes remplie. Si vous ne l'avez pas, vous êtes vide.

— *Peggy Cahn*

Il faut des efforts pour être rempli de foi, un peu comme pour devenir un bon écrivain, joueur de tennis ou pianiste. La foi grandit dans nos coeurs, mais nous devons consacrer du temps à favoriser cette croissance. Des discussions quotidiennes avec Dieu sont essentielles, des moments calmes pour écouter les messages de Dieu — tout comme la pratique, de frapper des balles sur le court de tennis ou de s'asseoir pendant de longues périodes à la machine à écrire ou au piano, est nécessaire pour atteindre ces autres buts.

Les difficultés de la vie s'estompent lorsque nous avons la foi. La situation la plus effrayante, une entrevue d'emploi, une évaluation avec notre patron, une épreuve de force avec une amie, peut être traitée avec confiance lorsque nous laissons notre foi travailler en notre faveur. Or nous devons d'abord y consacrer des efforts, travailler pour l'atteindre et, ensuite, pour la conserver. Comme toute aptitude, elle se rouille si on ne l'utilise pas.

Aujourd'hui, je vais veiller à ajouter à mes réserves. On ne sait jamais quand nous aurons besoin de laisser notre foi diriger chacune de nos actions. Je me ferai une amie de ma puissance supérieure et ce partenariat m'aidera à traverser les moments difficiles.

Le doute auquel on cède devient rapidement un doute actualisé.

— *Frances Ridley Havergal*

Nous sommes impuissantes devant nos addictions, que ce soit à l'alcool, aux comprimés, aux gens ou à la nourriture. Nous sommes impuissantes devant l'issue de tous les événements qui nous touchent. Et nous sommes impuissantes devant la vie de nos amis et des membres de notre famille. Nous ne sommes pas impuissantes, toutefois, devant nos propres attitudes, notre propre comportement, notre propre image de soi, notre propre détermination, notre propre engagement envers la vie et ce simple programme.

Du pouvoir, nous en avons amplement, mais nous devons l'exercer de manière à comprendre son ampleur. Nous trouvons toutes les activités, les interactions et les plans de la journée décidément plus excitants lorsque nous exerçons un contrôle sur nos réactions. Nous ne sommes pas obligées de sentir ou de réagir sauf de la façon qui nous plaît. Nous avons un contrôle total et nous trouverons cette réalisation grisante.

Notre cheminement est renforcé chaque fois que nous déterminons notre propre comportement, choisissons une action avec laquelle nous sommes à l'aise, prenons la responsabilité qui nous revient. Les avantages nous étonneront et nous apporteront de la joie.

Aujourd'hui, je prendrai ma vie en main.

Décembre

Et ce n'est pas ce que vous accomplissez, ma chère,
C'est ce que vous n'accomplissez pas
Qui vous donne un petit serrement de coeur
À l'heure où le soleil se couche.

— Margaret Sangster

Une caractéristique que nous partageons toutes, une caractéristique très humaine, est le fait d'exiger de nous-mêmes la perfection, d'exiger l'impossible dans toutes les tâches que nous effectuons. Nous devons nous réjouir du bien que nous faisons. Chaque fois que nous nous complimentons pour un travail bien fait, notre confiance augmente un peu plus. C'est à notre santé émotionnelle et spirituelle que notre cheminement se mesure le mieux et il s'exprime par notre confiance manifeste dans « le processus ».

Nous avons besoin de reconnaître et de célébrer nos points forts et ils gagneront en force. De même, nous devons pratiquer la prière et l'écoute des conseils pour d'abord développer nos liens avec Dieu, mais qui plus est, pour être capables de reconnaître l'aide lorsqu'elle est à notre portée. Nous pouvons faire tout ce que nous devons faire avec l'aide de Dieu.

Se fixer des buts mais leur conserver un certain réalisme, pour la journée ou pour l'année, est un signe de santé émotionnelle. Ne pas s'arrêter sur ceux qui ne peuvent être réalisés en ce moment est un autre signe. Tout ce dont la plupart d'entre nous avons besoin pour aller d'où nous sommes à un lieu meilleur sur le plan émotionnel, c'est un changement d'attitude.

Il n'y aura jamais un meilleur temps que maintenant pour me réjouir de ce que j'ai accompli.

• 2 décembre •

*La vieille femme que je vais devenir sera très diffé-
rente de la femme que je suis maintenant. Un
autre moi commence...*

— George Sand

Le changement est constant. Et nous sommes toujours en devenir. Chaque chance, chaque sentiment, chaque
responsabilité à laquelle nous nous engageons ajoute à la
richesse de notre féminité. Nous ne sommes pas aujour-
d'hui la femme que nous étions hier. Nos nouvelles prises
de conscience nous ont amenées à la dépasser. Et nous ne
pouvons revenir en arrière sans savoir, de quelque manière, qu'elle ne répond plus aux besoins d'aujourd'hui.

Nous pouvons nous réjouir à l'avance de nos changements, de la femme plus âgée que nous devenons. Elle
aura la sagesse dont nous sommes encore dépourvues.
Elle aura appris à vivre et à laisser vivre. Elle aura
acquis, grâce à des années d'expériences, une perspective
qui prête du bon sens à toute situation.

Les leçons que nous apprenons aujourd'hui, la douleur qui nous envahit de temps à autre, nourrissent la
femme en développement qui se trouve en chacune de
nous. Si seulement nous pouvions accepter les leçons et
les maîtriser. Si seulement nous pouvions faire confiance
au don du changement qui accompagne la douleur.

---

*Je suis en devenir. Et avec le devenir vient la paix. Je peux
le sentir aujourd'hui. Je sais où je me trouvais hier.*

Parfois, des soeurs portent en elles le même péri-
ple. L'une peut aider l'autre ou la trahir. Vont-elles
effectuer la traversée ? Le navire prendra-t-il la
mer sans elles ?

— Louise Bernikow

D'autres femmes partagent notre lutte. Lorsque nous traitons nos amies comme des soeurs et des copèlerines, nous trouvons une grande joie dans notre aide mutuelle. Nous prions pour avoir la sagesse de lâcher prise sur nos sentiments d'insécurité et de rivalité avec d'autres femmes.

La rivalité n'est pas bonne pour nous. Elle nous conduit à oublier nos propres qualités uniques. Chacune de nous est la meilleure personne au monde pour une chose : être nous-mêmes. Lorsque nous rivalisons, nous devons conserver une perspective équilibrée et penser du bien de nous-mêmes, que nous gagnions ou perdions. Nous donnons le meilleur de nous-mêmes dans la course ; alors, ne considérons pas les autres femmes comme des rivales. Elles sont nos soeurs et elles aussi font de leur mieux.

Aujourd'hui, je prierai pour obtenir la sérénité de voir lorsque mes soeurs portent dans leurs coeurs le même périple que moi.

Je veux sentir que je fais partie des choses, du grand mouvement, du tourbillon de la vie ; et non isolée, manquant des choses, comme lorsque, enfant, on est envoyée au lit tôt.

— *Joanna Field*

Sentir qu'on n'est pas dans le coup et se contenter de regarder, vouloir de l'attention et, pourtant, avoir peur d'être remarquée, voilà sans doute des souvenirs familiers à la plupart d'entre nous. Nous éprouvons peut-être encore des problèmes avec notre perception de soi, mais nous pouvons célébrer le fait que nous ne noyons plus nos humeurs. Entrer en communication avec les personnes de notre entourage, même si c'est difficile, n'est désormais plus impossible avec l'appui du programme.

Il y a un moyen d'être dans le coup, un moyen qui ne rate jamais. Cela ne demande qu'un petit effort, en réalité. Nous pouvons simplement regarder avec amour une personne près de nous aujourd'hui et ouvrir attentivement nos coeurs, en toute honnêteté. Lorsque nous faisons en sorte qu'une autre personne se sente spéciale, nous devenons spéciales nous aussi.

Le processus de changement que nous avons entrepris peut aider chacune de nous à aller au-delà des limites de notre propre ego. Lorsque nous croyons que nos vies sont entre les mains aimantes de Dieu, quelle que soit la façon dont nous comprenons Dieu, nous nous libérons du besoin d'égocentrisme. Nous pouvons lâcher prise sur nous-mêmes maintenant que Dieu commande, et nous découvrirons que nous avons rejoint le peloton.

J'ouvrirai mon coeur et me joindrai à tout ce qui se passe autour de moi.

C'est un long baptême dans les mers de l'humanité, ma fille. Plutôt l'immersion que de vivre insensible.

— *Tillie Olsen*

Nous avons toutes connu des jours où nous préférions nous cacher sous les couvertures, évitant à tout prix de faire face à la vie. Autrefois, nous faisions exactement cela, parfois trop souvent. Ce que nous ne savions pas toujours, et ce que nous oublions encore parfois, c'est que nous avons un partenaire consentant qui est toujours prêt à se joindre à nous dans chacune de nos poursuites.

Plus nous nous engageons à fond les unes envers les autres et envers toute expérience, plus nous nous rapprochons de la grande sérénité à laquelle nous aspirons. La sérénité accompagne notre compréhension grandissante des nombreux mystères de la vie. C'est facile de nous priver nous-mêmes des prix que nous offre n'importe quelle journée. La peur engendre l'inertie, nous laissant séparées, seules, encore plus apeurées. Mais nous avons rendez-vous avec la vie. Et notre rendez-vous nous conduira au lieu de la compréhension totale, ce lieu où nous pouvons être assurées, pour toujours, que tout est bien et que la vie est belle.

Les rendez-vous d'aujourd'hui s'insèrent dans le plan global de ma vie. J'y ferai face, en profiterai et récolterai leurs récompenses.

Chaque jour apporte ses propres cadeaux.
— *Ruth P. Freedman*

Nous sommes assurées de vivre des expériences qui nous conviennent parfaitement aujourd'hui. Nous progressons selon les prévisions. Même quand nos espoirs personnels ne se réalisent pas, on nous donne les occasions nécessaires pour atteindre les buts qui complètent nos destinées uniques.

Aujourd'hui est rempli de surprises et nous serons les bénéficiaires de celles qui nous sont envoyées pour notre croissance — de toutes les façons qui sont nécessaires à notre cheminement continu dans le processus de changement. Nous ne considérons peut-être pas chaque expérience comme un présent en ce moment. Mais avec le recul, nous aurons la clarté dont nous manquons maintenant, comme cela s'est produit à plusieurs reprises auparavant.

On ne nous offre qu'une partie de notre drame personnel chaque jour. Or nous pouvons être sûres que nos vies auront beaucoup de scènes, plusieurs actes, des points culminants et une conclusion. La vie de chacune de nous raconte une histoire, une histoire différente de toutes les autres histoires et, pourtant, essentielle au récit de plusieurs autres histoires aussi. Les jours qui viennent vont nous aider à raconter notre histoire. Nos interactions avec les autres influenceront nos résultats et les leurs. Nous pouvons avoir confiance dans le drame et nous consacrer pleinement à nos rôles.

Chaque jour est un échange de cadeaux. Je donne et je recevrai.

*Les promesses que vous vous faites à vous-mêmes
sont souvent comme le prunier japonais — elles ne
portent aucun fruit.*

— Frances Marion

Notre détermination, envers nous-mêmes et envers
les autres, à remplir nos engagements peut laisser à désirer jusqu'à ce que nous apprenions à nous reposer sur la
sagesse et la force que nous offre notre puissance supérieure — la force qui nous rendra confiantes, quelle que
soit la situation, la sagesse qui garantira nos bonnes actions. Ce qui est difficile à faire lorsqu'on est seule est
toujours plus facile en association.

Nous nous promettons des changements de comportement, de nouvelles habitudes, peut-être, ou une attitude
positive. Puis nous nous concentrons sur nos handicaps,
leur donnant encore plus de pouvoir, une plus grande
emprise sur nous. Nous pouvons mettre nos atouts en
pratique et ils engendreront les promesses que nous voulons garder.

Nous n'avons plus besoin d'avoir honte de nos promesses non remplies. Quels que soient nos désirs, quels
que soient nos engagements, s'ils sont destinés au bien
d'autrui et au nôtre, ils porteront fruit. Nous pouvons
demander une orientation. Nous pouvons demander d'a-
voir de la détermination ; chaque espoir louable et chaque
promesse non réalisée deviendront alors réalité.

---

*Mes atouts, lorsqu'ils sont renforcés par l'usage, pavent la
voie à l'aide de Dieu. Toute promesse peut porter fruit
lorsque je la fais en association avec Dieu.*

J'ai découvert que le fait de s'asseoir à une place à laquelle on ne ne s'est jamais assise auparavant peut être source d'inspiration.

— *Dodie Smith*

À maintes reprises, aujourd'hui et chaque jour, nous nous trouverons plongées dans de nouvelles situations, de nouveaux décors avec de vieux amis, et des décors anciens et des situations anciennes avec de nouveaux amis. Chaque occasion est neuve, contrairement à toutes les autres fois. Et l'inspiration peut accompagner chaque moment, si nous en reconnaissons le caractère spécial.

« Nous ne repasserons jamais par ici » dit la chanson, ce qui rehausse la signification de chaque rencontre, de chaque expérience. Le fait de reconnaître que quelque chose peut sortir de chaque étape du chemin sollicite l'inspiration.

L'inspiration nous mène vers de nouveaux sommets. Nous serons appelées à dépasser nos limites présentes. Peut-être aujourd'hui. Lorsque l'inspiration attire notre attention, nous pouvons faire confiance à son invitation ; nous sommes prêtes pour le défi qu'elle présente.

Je dois être prête à laisser tout mon être s'émouvoir, être inspiré. Je dois être prête à laisser chaque moment que je vis être le seul moment qui attire mon attention.

*Ne rien faire est un échec. Essayer, et ce faisant,
faire quelques erreurs, puis apporter des changements positifs à la suite de ces erreurs, c'est apprendre, grandir et s'épanouir.*
— Darlene Larson Jenks

La vie est un processus, un processus qui est en
constante évolution. Et avec chaque changement, nous
recevons des occasions inattendues de croissance. Le
changement est ce qui stimule notre développement en
tant que femmes. Il nous encourage à risquer de nouveaux
comportements et peut même résulter en quelques erreurs. Heureusement, aucune erreur ne peut nous nuire
sérieusement. De fait, la plupart de erreurs nous fournissent une occasion de plus d'apprendre.

Notre position aujourd'hui est bien éloignée de celle
que nous avions l'an dernier, ou même la semaine dernière. Chaque moment nous apporte une nouvelle contribution qui influence toute décision à compter de ce
moment. Le processus auquel nous participons garantit
notre croissance tant que nous demeurons conscientes de
nos possibilités et que nous y répondons volontiers. Nous
pouvons nous réjouir de ce que le processus de la vie n'est,
en réalité, jamais statique, mais toujours en mouvement,
nous invitant toujours à participer pleinement.

*J'aurai le courage de faire une erreur aujourd'hui. C'est
une promesse de croissance.*

L'état d'esprit indulgent est un pouvoir magnétique qui attire le bien. On ne peut refuser aucune bonne chose à l'état d'esprit indulgent.

— Catherine Ponder

Le pardon engendre l'humilité, qui incite à la gratitude. Et la gratitude nous bénit ; elle rend manifeste un plus grand bonheur. Plus nous sommes reconnaissantes de tous les aspects de nos vies, plus grandes seront nos récompenses. Nous ne reconnaissons pas la bonté de nos vies tant que nous ne pratiquons pas la gratitude. Et la gratitude vient plus naturellement lorsque nous avons un état d'esprit indulgent.

Le pardon devrait être un processus continu. Si nous y portons attention tous les jours, il facilitera nos relations avec les autres et stimulera un plus grand amour de soi. Nous devons être les premières sur notre liste de pardon. Chaque jour, nous nous accablons de récriminations. Notre absence d'amour de soi nuit à notre capacité d'aimer autrui, ce qui, à son tour, influe sur la façon dont nous les traitons. Nous avons bouclé la boucle — et le pardon est de mise. Il peut nous libérer. Il changera notre vision des événements de la vie et il nous promet un bonheur plus grand.

Le coeur qui pardonne est magique. Ma vie toute entière connaîtra un changement dynamique lorsque j'aurai un coeur clément.

L'occupation est essentielle.

— *Virginia Woolf*

Avoir des désirs, se fixer des buts et les réaliser sont des éléments nécessaires à notre épanouissement. Nos vies ont un but, même quand nous ne pouvons pas voir clairement notre direction, même quand le doute sur nos capacités de contribuer nous assaille. Continuons de réagir à nos possibilités.

Un grand nombre d'entre nous avons fait l'expérience des brumes de l'inaction à d'autres moments... attendant, attendant, attendant, espérant que les circonstances changeraient, priant même pour qu'elles changent, mais ne prenant aucune responsabilité pour changer ce qui était en notre pouvoir. L'inaction nous a emprisonnées, elle nous a privées de tout pouvoir, la vie n'ayant peu ou pas de signification. Cependant, on nous a donné une autre chance. Le programme a changé nos vies. Nous avons une raison de vivre, chaque jour, même les jours où nous nous sentons désespérées et sans valeur.

Peut-être sommes-nous sans but en ce moment. Les conseils ne captent peut-être pas notre attention. Nous pouvons devenir calmes avec nous-mêmes et laisser nos rêves éveillés agir comme indicateurs. Nous avons quelque chose d'essentiel à faire et nous avons toutes les chances dont nous avons besoin pour réaliser notre but. Nous pouvons avoir confiance dans notre valeur, notre nécessité pour les autres.

Je me rappellerai que le programme est venu à moi. Je dois avoir un rôle à jouer. Je serai attentive et serai à l'écoute de mes chances aujourd'hui.

Si l'on se rappelle de moi, j'espère que ce sera pour l'honnêteté que j'essaie de manifester, la patience avec laquelle je tente de vivre et la compassion que j'éprouve pour les autres.

— JoAnn Reed

Nous espérons toutes faire une impression durable et positive sur les personnes auxquelles nous donnons notre amitié et peut-être même sur celles que nous croisons par hasard. Que les autres parlent de nous en bien nous motive à continuer d'avancer lorsque les difficultés surgissent. Ce que nous oublions parfois, c'est que nous sommes responsables de l'impression durable que nous laissons, quelle qu'elle soit. Notre comportement influence ce qu'une autre personne emporte avec elle de notre expérience mutuelle.

Nous avons peut-être fait des impressions défavorables pendant nos jours d'intoxication. À l'occasion, nous le faisons encore. Cependant, c'est le progrès, non la perfection, que nous cherchons. Et chaque jour nous recommençons à neuf, nous repartons sur une bonne base et avec des occasions nouvelles de répandre du courage, de traiter les autres avec amour et respect, d'attaquer de front et avec une grande honnêteté toutes les situations qui sollicitent notre attention et notre participation.

Comme je tourne les yeux vers les heures à venir, je me souviendrai que je contrôle mes actions envers les autres. Si je veux qu'on se souvienne de moi affectueusement, je dois traiter chaque personne avec affection.

À travers les champs, je peux voir l'éclat de votre sourire et je sais dans mon coeur que vous êtes là. Mais l'angoisse que je ressens rend la distance tellement longue à parcourir.

— Deidra Sarault

Lorsque nous examinons le couloir de nos vies, nous devinons plusieurs coins obscurs. Et ils sont là. Mais de l'obscurité vient la facilité de la compréhension. Nous découvrons que la sécurité que nous souhaitons si ardemment était nôtre depuis longtemps. Tout ce qu'il nous fallait faire, c'était d'aller vers ce coin — avec confiance.

Quand nous sommes confrontées à un problème, à une nouvelle tâche, à un environnement peu familier, la crainte peut nous envahir. Nous nous tenons là, seules. Mais le choix qui s'offre à nous maintenant et toujours est celui d'inviter l'esprit de Dieu à partager l'espace que nous occupons. De concert avec l'esprit de Dieu, aucun problème et aucune tâche ne peuvent être supérieurs à nos capacités combinées d'y faire face.

Nos vies seront facilitées en proportion directe de notre foi que Dieu est là, qu'Il s'occupe de chacune de nos préoccupations, qu'Il met sur notre route les expériences dont nous avons besoin pour grandir. Nous pouvons lâcher prise sur notre angoisse, nos doutes et nos peurs. Le triomphe éternel nous appartient, il suffit de le prendre.

Aujourd'hui, les visages souriants que je vais rencontrer — je les laisserai m'assurer que tout est bien.

Un thème peut sembler avoir été mis de côté, mais il persiste à revenir — la même chose modulée, quelque peu changée dans sa forme.

— Muriel Rukeyser

Aucune de nos luttes n'est vraiment nouvelle. C'est une autre nuance de la lutte qui nous a accablées la semaine dernière ou peut-être l'année dernière. Et nous trébucherons à maintes reprises jusqu'à ce que nous ayons appris à cesser de lutter. Les situations pénibles au travail, le genre de personnalité qui nous irrite existeront toujours. Mais quand nous en viendrons à accepter comme étant bonnes et porteuses de croissance toutes les situations et toutes les personnes, nous sentirons l'absence subtile de toute lutte. Nous nous rendrons compte que la personne que nous ne pouvions tolérer est devenue une amie. La situation que nous ne pouvions affronter est résolue, pour toujours.

Les leçons que nous devons apprendre continuent de se présenter à nous, jusqu'à ce que nous ayons fini nos devoirs. Si nous sentons une lutte aujourd'hui, nous pouvons la considérer comme une tâche destinée à notre croissance. Rappelons-nous que nos luttes représentent nos occasions de croissance. Heureusement, le programme nous a donné un tuteur. Nous avons un professeur qui consent à nous aider. Il nous faut aller de l'avant, être ouvertes à d'autres tâches. Aucun problème n'est trop difficile pour qu'on s'y attaque.

Aujourd'hui, je jouirai de mon rôle d'élève. Je serai reconnaissante de toutes les occasions de croissance. Elles rendent possible ma contribution très spéciale à cette vie.

Le bonheur est une forme de liberté et je suis la personne qui doit être la plus libre de toutes. J'ai mérité ce bonheur et cette liberté.

— Angela L. Wozniak

La vie est un processus et nous progressons magnifiquement. Nous n'abusons plus de nos corps et de nos esprits au moyen de drogues. Nous prenons un peu de temps, chaque jour, pour demander conseil. Nous franchissons les Étapes du programme, de mieux en mieux à mesure que les jours d'abstinence s'additionnent. Nous nous sommes libérées des comportements antérieurs et nous pouvons nous libérer également de nos attitudes négatives.

Le fait de prendre la décision de chercher ce qu'il y a de bon dans nos expériences ainsi que dans nos amis et nos connaissances nous libère de tant de frustration. Il permet au bonheur d'entrer, non seulement pour nous mais pour les autres que nous traitons agréablement. Lorsqu'on mène une bonne vie, le bonheur va de soi.

Nous pouvons prendre un moment aujourd'hui, chaque fois qu'il faut agir, pour examiner le geste que nous allons poser. Celui qui cadre avec notre moi intérieur et avec lequel nous nous sentons à l'aise est effectivement le bon. Le bonheur l'accompagnera.

Le bonheur est toujours en mon pouvoir. Mon attitude tient la barre.

> *Le fait d'avoir quelqu'un qui fait ressortir les couleurs de la vie et dont la présence offre la tranquillité et le contentement enrichit mon être et me rend reconnaissante de l'occasion que j'ai de partager.*
> — *Kathleen Tierney Crilly*

La solitude et l'isolement sont des états familiers à la plupart d'entre nous. Nous protégions souvent nos insécurités en nous cachant, croyant que nous survivrions si les autres ne savaient pas qui nous étions réellement. Mais nous avons découvert que nos insécurités se sont multipliées. Le remède, c'est autrui — parler à des gens, leur exposer nos insécurités, prendre le risque, toujours et encore.

Le partage de nos vulnérabilités mutuelles nous aide à voir combien nous sommes tout à fait semblables. Notre défaut le plus détesté n'est pas unique, quel soulagement ! C'est tellement facile de se sentir totalement honteuses dans l'isolement. Le fait d'entendre une autre femme dire : « Je comprends. Je lutte contre la jalousie moi aussi. » élimine la honte, la crainte, le fardeau du silence. Le programme nous a appris que les secrets nous rendent malades et plus nous les protégeons longtemps, plus grandes sont nos luttes.

Le programme nous promet l'épanouissement, la sérénité, l'accomplissement quand nous partageons volontiers nos vies. Chaque jour, nous pouvons alléger nos fardeaux et en aider une autre à alléger le sien aussi.

Aujourd'hui je serai attentive aux besoins d'autrui. Je prendrai le risque de partager. Je serai pourvoyeuse de tranquillité.

Donnez au monde ce que vous avez de meilleur et le meilleur vous sera donné en retour.
— Madeline Bridge

Nous récoltons, quelle que soit la mesure, quel que soit le moment, ce que nous semons. Notre respect des autres nous sera rendu. L'amour que nous exprimons nous sera rendu au centuple. L'amabilité avec laquelle nous accueillons les autres facilitera nos relations avec eux. Nous recevons d'autrui ce que nous leur donnons, et si ce n'est ici et maintenant, ce sera ailleurs et dans un autre temps. Nous pouvons être sûres que nos plus grands efforts à l'égard d'autrui ne passent pas inaperçus. Ce qui nous est dû peut se mesurer à ce que nous donnons.

Un élément majeur de notre processus de cheminement est l'attention que nous accordons à notre comportement, le sérieux avec lequel nous entreprenons nos inventaires. Nous pouvons nous examiner nous-mêmes ainsi que la façon dont nous allons vers les autres et agissons envers eux ; nous sommes loin d'où nous étions avant d'adhérer à ce programme. La plupart d'entre nous étions obsédées par « ce qu'il m'a fait » ou « ce qu'elle a dit ». Et nous leur rendions leurs gestes en nature.

Comme c'est excitant de savoir que nous pouvons attirer les comportements affectueux en les adoptant nous-mêmes ! Nous exerçons un grand contrôle sur le flux et le reflux de nos vies. Quelle que soit la circonstance, nous pouvons contrôler notre comportement. Nous ne devons donc jamais être étonnées des conditions de nos vies.

Nous sommes toujours payées de retour. Je chercherai les occasions d'être aimable et j'en sentirai les résultats.

Destruction. Des réalités percutantes qui explosent en des atterrissages imparfaits. Aïe ! C'est mon coeur qui se brise, car c'était là mes fantasmes et mon monde.

— *Mary Casey*

Il nous arrive fréquemment de ne pas recevoir ce que nous voulons — qu'il s'agisse d'un emploi donné, d'une certaine relation, d'un talent particulier. Mais nous recevons toujours exactement ce dont nous avons besoin pour le moment. Aucune de nous ne sait ce que l'avenir lui réserve et nos fantasmes sont toujours liés à un moment futur. Ils correspondent rarement aux conditions réelles qui sont nécessaires à notre croissance spirituelle continue.

Les fantasmes remplissent un objectif. Ils nous donnent des buts vers lesquels tendre, des orientations à suivre. Ils ne sont jamais aussi clairvoyants que les buts que notre puissance supérieure a en réserve pour nous, néanmoins. Nous avons des dons beaucoup plus grands que nous n'en sommes conscientes et nous sommes incitées à les développer au moment même où nous avons l'impression que notre monde s'écroule.

Nous pouvons chérir nos fantasmes — mais les laisser aller. Notre véritable but dans la vie dépasse de beaucoup nos rêves les plus chers. Les Étapes nous ont donné les moyens nécessaires pour faire du plan de Dieu pour nous une réalité.

Comme ma vision et mes rêves sont limités ! Si l'un d'eux est anéanti aujourd'hui, j'aurai la garantie qu'un autre encore meilleur se présentera, si seulement je lui en laisse la chance.

Mon chant est très thérapeutique. Pendant trois heures je n'ai aucun problème — je sais comment tout va se passer.

— *Beverly Sills*

Avons-nous trouvé chacune une activité qui nous fait sortir de nous-mêmes ? Une activité qui nous donne ce sur quoi faire porter notre attention ? L'égocentrisme et la concentration sur soi-même accompagne la maladie dont nous tentons de nous réhabiliter. La décision de cesser de nous préoccuper de nous-mêmes, de nos propres luttes avec la vie, n'est pas facile à maintenir. Mais lorsque nous avons une activité qui nous excite, sur laquelle nous concentrons périodiquement notre attention, nous sommes fortifiées. Et plus nous sortons de nous-mêmes, plus nous devenons conscientes que tout est bien.

Il semble que nos luttes sont plus intenses du fait que nous sommes des femmes. Nous sommes si souvent confrontées, seules, à des situations difficiles, au travail et avec les enfants. Nos problèmes nous préoccupent à un point tel que nous les exagérons de ce fait. Et le cercle vicieux nous tient prisonnières. Cependant, nous ne sommes pas obligées de demeurer prisonnières. Nous pouvons avoir un passe-temps. Nous pouvons suivre un cours, devenir membre d'un club de santé. Nous pouvons oser combler notre désir le plus cher — essayer quelque chose de nouveau. Nous devons nous libérer de l'émoi intérieur de manière à savoir que nous méritons encore plus de liberté.

La santé émotionnelle est pour demain. Je tournerai mon attention vers le monde à l'extérieur de moi.

Quelque part au cours de notre développement, nous découvrons ce que nous sommes en réalité, puis nous prenons notre véritable décision dont nous sommes responsables. Prenez cette décision principalement pour vous-mêmes, parce que vous ne pouvez pas vraiment vivre la vie de quelqu'un d'autre, même pas celle de votre propre enfant. L'influence que vous exercez provient de votre propre vie et de ce que vous devenez vous-mêmes.

— Eleanor Roosevelt

Assumer la pleine responsabilité de qui nous sommes, choisir des amis, dresser des plans d'épanouissement personnel, décider consciemment, jour après jour, ce que nous voulons faire de nos vies, voilà qui marque le début d'une aventure telle que nous n'en avons jamais connue. Pour un grand nombre d'entre nous, des mois et des années ont été perdus tandis que nous nous cachions passivement de la vie dans l'alcool, les drogues, la nourriture ou d'autres personnes. Mais nous respirons une nouvelle vie aujourd'hui.

Le processus de transformation que nous avons entrepris nous offre, chaque jour, l'occasion de participer à l'aventure de la vie. Il nous offre l'occasion de partager nos talents, nos dons spéciaux avec les personnes avec lesquelles nous partageons des moments.

Nous sommes en devenir, à chaque instant, comme le sont nos amies. Cela vaut la peine de célébrer la découverte de qui et de ce que nous sommes, seules et les unes avec les autres au sein de nos expériences.

Aujourd'hui, je me féliciterai et féliciterai les autres.

Chaque personne est responsable de tout le bien qui se trouve à la mesure de ses capacités, et rien de plus...

— Gail Hamilton

Nous avons reçu le don de la vie. Notre cheminement vers une réhabilitation prouve la justesse de ce fait. C'est par la plénitude avec laquelle nous accueillons et vivons la vie que nous exprimons le mieux notre plaisir à l'égard de ce don. Nous n'avons pas besoin de refuser les invitations que nos expériences nous présentent. Chacune d'elle nous donne la chance, légèrement différente de toutes les autres chances, de réaliser une partie de nos objectifs dans la vie d'autrui.

Il a été dit que la vie la plus pieuse est celle qui est vécue la plus activement. Affronter pleinement chaque moment est une façon de manifester notre confiance dans le maintenant et, partant, dans notre puissance supérieure. Lorsque nous craignons ce qui peut survenir ou nous inquiétons de ce qui s'est passé, nous ne faisons pas confiance à Dieu. La croissance au sein du programme nous aidera à nous le rappeler, et ainsi à participer plus activement aux circonstances spéciales de nos vies.

Lorsque nous regardons autour de nous aujourd'hui, nous savons que les personnes de notre entourage ont besoin de ce qu'il y a de meilleur en nous et elles ne sont pas là par hasard, mais par nomination divine. Nous pouvons leur offrir ce que nous avons de meilleur — l'acceptation, l'amour, le soutien, nos prières, et nous savons que c'est là le plan de Dieu pour nos vies et les leurs.

Aujourd'hui, je célébrerai mes occasions de bonté. Elles me béniront en retour.

Lorsque l'action devient peu profitable, recueillez de l'information ; lorsque l'information devient peu profitable, dormez.
— Ursula K. LeGuin

Nous éprouvons parfois le besoin de nous détourner de ce qui nous inquiète. Confiez-le à Dieu, dit la troisième Étape. S'accrocher à une situation pour laquelle aucune solution ne semble immédiatement évidente ne fait que rendre plus aiguë la situation. On dit souvent que la solution de tout problème se trouve en lui-même. Toutefois, le fait de ressasser interminablement le problème fait porter notre attention sur l'apparence extérieure, non sur la solution intérieure.

Le repos, la méditation, l'attention tranquille dirigée vers d'autres questions, d'autres personnes, tout cela ouvre la voie à Dieu pour nous révéler la solution. Chaque problème peut être résolu. Et aucune réponse n'est jamais différée longtemps. Il faut cependant y être ouvertes. Nous devons nous écarter de notre ego, sortir du problème, puis écouter attentivement les mots de nos amies, les mots qui montent de nos propres coeurs. Penser sans arrêt, analyser sans cesse, ne font que laisser au problème son statut de problème.

Je me reposerai de mes pensées. J'accorderai toute mon attention au présent. De là surgira la solution lorsque je m'y attendrai le moins.

... Le présent enchâsse le passé.

— *Simone de Beauvoir*

Chacune de nos vies est une multitude de pièces reliées les unes aux autres, un peu comme une mosaïque. Ce qui s'est passé auparavant et ce qui viendra aujourd'hui sont immédiatement et pour toujours entrelacés. Le passé a fait sa part, qui ne sera jamais effacée. Le présent est toujours un composite.

Au cours des mois et des années passés, peut-être voyions-nous venir les jours avec effroi. Craignant le pire, souvent nous le trouvions ; nous trouvons généralement ce que nous craignons. Mais nous pouvons influencer la mosaïque que créent nos expériences. La contribution qu'aujourd'hui apporte à notre mosaïque peut en pâlir la teinte, peut en rehausser le contraste, peut en faire ressortir le motif.

Qu'est-ce qui nous attend aujourd'hui ? Un travail que nous aimons ou un que nous craignons ? Les douleurs de croissance des enfants ? La solitude ? Notre façon de nous mouvoir à travers les minutes et les heures influence notre perception des minutes et des heures à venir.

Aucun moment n'est totalement neutre. Chaque moment fait partie du tout que nous créons. Nous sommes des artistes. Nous créons notre présent à partir des influences de notre passé.

Aujourd'hui, j'irai de l'avant ; je savourerai à l'avance la bonté. Je créerai la sorte de moments qui ajouteront de la beauté à ma mosaïque.

Suivez votre rêve...
si vous trébuchez, n'arrêtez pas
et ne perdez pas de vue votre objectif,
continuez vers le sommet.
Car ce n'est qu'au sommet
Qu'on peut avoir une vue d'ensemble...
— *Amanda Bradley*

Aujourd'hui, chacune de nous peut penser à sa vie et avoir un aperçu de la raison pour laquelle une chose s'est produite et de la façon dont elle s'insérait dans la mosaïque plus vaste de sa vie. Et cela continuera d'être vrai pour nous. Nous avons trébuché. Nous trébucherons encore. Et nous apprenons à nous connaître, nous apprenons à connaître ce qui nous fait trébucher ainsi que les moyens pour nous relever.

La vie est un processus, un processus d'apprentissage qui a besoin de ces faux pas pour augmenter notre conscience des étapes que nous devons franchir pour atteindre notre rêve au sommet. Aucune de nous ne pouvait se rendre compte du rôle que jouaient nos faux pas dans le passé. Mais maintenant nous voyons. Lorsque nous tombons, nous devons croire que, comme auparavant, nos chutes se produisent « en montant », non « en descendant ».

Je verrai toute la vue en temps et lieu. J'en vois une partie chaque jour. Ma mosaïque est correcte et bonne, et elle a besoin de mes faux pas.

Ce que nous souffrons, ce que nous endurons...
nous est infligé par nous-mêmes, en tant qu'indivi-
dus, dans l'intimité.

— *Louise Bogan*

Nous pouvons donner de l'empathie. Nous pouvons trouver de l'empathie, et c'est réconfortant. Mais notre douleur, la profondeur de notre douleur, ne peut jamais être pleinement partagée, totalement comprise et effectivement réalisée par une autre que par nous-mêmes. Seule, chacune de nous accepte son chagrin, son désespoir, sa culpabilité même.

Le fait de savoir que nous ne sommes pas seules dans nos souffrances allège de beaucoup les difficultés auxquelles chacune de nous doit faire face. Nous n'avons pas été désignées, de cela nous sommes certaines. Lorsque nous nous rappelons que les défis nous présentent les leçons dont nous avons besoin à l'école de la vie, ces défis deviennent plus acceptables. Avec le temps, à mesure que progresse notre cheminement, nous attendrons nos défis avec impatience, comme les véritables occasions excitantes pour lesquelles nous avons été créées.

La souffrance stimule les changements nécessaires à la croissance spirituelle. Elle nous pousse comme aucune autre expérience vers Dieu — pour la compréhension, le soulagement, la sécurité inébranlable. Ce n'est pas facile de voir la souffrance comme un cadeau. Et il n'est pas nécessaire de la comprendre pleinement; toutefois, avec le temps, sa valeur dans nos vies deviendra claire.

Aujourd'hui, je ne me méfierai pas des défis. Je célébrerai le rôle qu'ils jouent dans ma croissance.

Ce n'est qu'une fois encadrée dans l'espace que la beauté éclot ; seulement dans l'espace que les événements, les objets et les gens sont uniques et significatifs, donc magnifiques.

— *Anne Morrow Lindbergh*

Nous devons regarder de près, nous concentrer avec soin sur les objets de notre attention. C'est au sein de ces objets que se trouve l'explication des mystères de la vie. Observer quelque chose de près signifie qu'il nous faut l'attirer vers nous avec nos esprits, le caresser peut-être. Nous devons laisser la richesse de l'objet, de la personne ou de l'événement nous balayer et savourer son souvenir.

Un grand nombre d'entre nous sommes maintenant capables de regarder autour de nous lentement, avec soin, remarquant les détails, la couleur brillante de la vie. Chaque jour est une occasion d'observer et d'absorber la beauté pendant qu'elle s'épanouit.

Aujourd'hui, je chercherai la beauté en moi et dans une amie, et je la trouverai.

On a besoin de croire en quelque chose, quelque chose pour lequel on peut éprouver un enthousiasme sans réserve.

— *Hannah Senesh*

La vie offre peu, si nous demeurons passivement assises au milieu de l'activité. La participation est une condition préalable si nous voulons grandir. Pour les buts de nos vies, il nous faut l'enthousiasme ; nous avons besoin d'enthousiasme pour pouvoir accueillir la journée dans l'expectative. Lorsque nous attendons la journée avec impatience, nous sommes ouvertes à toutes les possibilités d'agir.

Nous devons répondre à nos possibilités si nous voulons acquérir une maturité émotionnelle et nous réhabiliter spirituellement. L'observation de la vie dans les coulisses ne nous garantit aucun développement au-delà de notre présent niveau. Nous pouvons commencer à changer une fois que nous commençons à vivre en fonction de notre engagement au programme, de ses possibilités et de notre but, et c'est ce changement, jour après jour, qui nous mène au-delà de la perspective négative et passive des jours d'antan.

Le programme nous a offert quelque chose en quoi croire. Nous ne sommes plus les femmes que nous étions. Nous sommes devenues beaucoup plus ! Chaque journée de « recovery »* nous rapproche de plus en plus de notre but dans la vie.

Je crois dans le « recovery », le mien ; lorsque je croirai au succès, je le trouverai. Il y a de la magie à croire.

---

* Voir la « Note de l'éditeur français » au début du livre.

Le coeur humain n'ose pas rester trop longtemps à l'écart de ce qui l'a le plus blessé. Il y a un voyage de retour vers l'angoisse que peu d'entre nous sont exemptées de faire.

— Lillian Smith

Comme nous posons sans arrêt notre langue sur une dent douloureuse, ainsi notre esprit revient sans cesse sur les rejets, les affronts et les critiques pénibles, tant passés que présents. Nous faisons la cour à l'apitoiement sur soi, aimant et détestant à la fois ce sentiment. Or nous pouvons changer ce schème de pensée. Nous devons avant tout décider que nous sommes prêtes à le faire. Le programme nous dit que nous devons devenir « entièrement prêtes ». Puis nous devons demander que ce défaut disparaisse.

Le désir de nous appesantir sur les injustices de nos vies devient une habitude. Il prend des heures de notre temps. Il influence les perceptions que nous avons de toute autre expérience. Nous devons être disposées à remplacer cette activité qui prend du temps par une autre qui est bonne et saine.

Nous devons être prêtes à ce que toute notre vie change. L'apitoiement sur soi qui nous domine a tellement terni nos perceptions que nous n'avons peut-être jamais perçu toutes les bonnes choses que la vie nous offre chaque jour. Comme nous voyons souvent le verre à demi vide plutôt qu'à demi plein !

Aujourd'hui, une nouvelle série d'expériences m'attend. Et je peux les percevoir comme étant libres des souvenirs d'un passé pénible. L'apitoiement sur soi ne doit pas m'emprisonner aujourd'hui.

La bonté et l'intelligence ne nous protègent pas toujours des embûches et des pièges. Il n'y a aucun moyen d'éliminer le danger dans les relations humaines.

— *Barbara Grizzuti Harrison*

Les relations avec autrui sont nécessaires pour échapper à la solitude ; toutefois, elles ne nous garantissent pas de nous exempter de la douleur. Il faut de la patience, même si nous n'en avons pas, pour nourrir une relation significative avec un autre être humain. Il faut de la tolérance, même si nous ne la sentons pas. Il faut du désintéressement, aux moments mêmes où notre ego réclame notre attention.

Pourtant, nous avons besoin de relations avec autrui ; elles nous inspirent. Nous apprenons qui nous sommes et qui nous pouvons devenir au moyen des relations que nous entretenons. Elles précipitent nos accomplissements. Notre créativité est stimulée par elles, de même que notre développement émotionnel et spirituel.

Nous pouvons jeter un coup d'oeil autour de nous, attentivement. Nous pouvons nous sentir bénies, même lorsque la situation est négative. Chaque situation est capable de nous inspirer un pas en avant. Chaque situation vise notre bien.

Les relations humaines comportent des risques et elles s'accompagnent souvent de douleur. Mais elles sont porteuses de croissance et je trouverai le bonheur que je cherche. Je tendrai la main à quelqu'un aujourd'hui.

*Et quelle joie c'est de se lier d'amitié avec une
personne que vous avez méprisée !*

— *Colette*

Qu'est-ce que cela signifie quand on dit que nous « méprisons » quelqu'un ? Habituellement, cela veut dire que
nous avons consacré beaucoup d'énergie à des sentiments
négatifs ; cela veut dire que nous nous sommes permis
d'éprouver des sentiments profonds à l'égard d'une personne. Nous ne dirions jamais que nous « méprisons » une
personne qui n'est pas importante à nos yeux. Pourquoi
avons-nous choisi de laisser des sentiments négatifs occuper une si grande place dans nos coeurs ?

Parfois, dans le passé, cette énergie négative est devenue presqu'une obsession, dévorant notre temps, gru-
geant notre estime de soi. Mais dans le « recovery »*, il
vient un moment de changement fulgurant, un moment
de libération des liens de l'obsession. L'autre personne
est, après tout, simplement une autre personne — une
personne qui cherche, comme nous. Et si nous y tenions
assez pour consacrer notre temps et notre énergie à avoir
de l'aversion pour elle, il s'agit probablement de quelqu'un
qu'il vaudrait la peine de connaître.

Le « recovery »* nous a donné l'occasion de modifier
bien des changements négatifs, de découvrir que « ami »
et « ennemi » peuvent être deux aspects d'une même personne.

---

*Aujourd'hui, je chercherai dans mon coeur pour voir si je
m'accroche à des préoccupations obsédantes à propos d'autres personnes. Je déciderai de lâcher prise.*

---

* Voir la « Note de l'éditeur français » au début du livre.

Dans le processus de croissance vers la maturité spirituelle, nous passons toutes par des stades adolescents.

— *Miki L. Bowen*

Le progrès, non la perfection, est notre but dans ce programme. Il y aura bien des jours où nous serons hantées par le sentiment que nous avons régressé. Nous adopterons d'anciens comportements. Nous nous sentirons incapables de changer, de poursuivre, de faire des gains encore une fois. Mais ces moments vont passer et bientôt, le progrès sera à nouveau évident.

Nous devons nous méfier de notre besoin de perfection. C'est ce besoin qui fait paraître insuffisant le progrès normal. Et pourtant, c'est tout ce dont nous sommes capables — et tout ce dont nous aurons jamais besoin d'être capables. Le programme, ses Étapes et les promesses qu'elles renferment nous fournissent les moyens qui nous ont manqué, mais qu'il nous faut utiliser de manière à nous accepter dans notre plénitude et notre imperfection.

Une attention quotidienne à notre côté spirituel engendrera la santé spirituelle et émotionnelle à laquelle nous aspirons. La prière et la méditation, combinées à un honnête inventaire, peuvent nous montrer le progrès personnel nécessaire, le progrès personnel accompli. Cependant, nous chancellerons à l'occasion. Nous négligerons notre programme certains jours. Mais il ne sera jamais hors de notre portée. Et chaque jour est un nouveau départ.

Aujourd'hui est devant moi et je peux faire des progrès. Je commencerai par une prière silencieuse et un moment de méditation.

Les Douze Étapes
des Alcooliques anonymes *

1. Nous avons admis que nous étions impuissants devant l'alcool — que nous avions perdu la maîtrise de nos vies.

2. Nous en sommes venus à croire qu'une puissance supérieure à nous-mêmes pouvait nous rendre la raison.

3. Nous avons décidé de confier notre volonté et nos vies aux soins de Dieu tel que nous Le concevions.

4. Nous avons courageusement procédé à un inventaire moral, minutieux de nous-mêmes.

5. Nous avons avoué à Dieu, à nous-mêmes et à un autre être humain la nature exacte de nos torts.

6. Nous avons pleinement consenti à ce que Dieu élimine tous ces défauts de caractère.

7. Nous Lui avons humblement demandé de faire disparaître nos déficiences.

8. Nous avons dressé une liste de toutes les personnes que nous avions lésées et consenti à leur faire amende honorable.

9. Nous avons réparé nos torts directement envers ces personnes partout où c'était possible, sauf lorsqu'en ce faisant, nous pouvions leur nuire ou faire tort à d'autres.

10. Nous avons poursuivi notre inventaire personnel et promptement admis nos torts dès que nous nous en sommes aperçus.

11. Nous avons cherché par la prière et la méditation à améliorer notre contact conscient avec Dieu tel que nous Le concevions, Lui demandant seulement de connaître Sa volonté à notre égard et de nous donner la force de l'exécuter.

12. Ayant connu un réveil spirituel comme résultat de ces étapes, nous avons alors essayé de transmettre ce message à d'autres alcooliques et de mettre en pratique ces principes dans tous les domaines de notre vie.

---

* Les Douze Étapes des AA sont extraites de *Les Alcooliques Anonymes*, troisième édition (en langue française, 1989), publié par A.A. World Services, Inc., New York, N.Y., 59-60, reproduites avec la permission de A.A. World Services, Inc.

Index

CROISSANCE — 20 janvier, 31 janvier, 15 avril,
6 août, 31 août, 15 septembre,
9 décembre

• D •

DÉFENSES — 14 août
DÉFI — 4 avril, 21 août
DÉPARTS — 4 novembre
DÉPRESSION — 28 février, 18 mars, 11 septembre,
19 septembre
DÉSIR — 6 mars, 27 mai, 17 septembre
DÉTENDRE L'ATMOSPHÈRE — 27 avril
DEVENIR — 7 avril, 4 septembre, 2 décembre,
20 décembre
DIRECTION SPIRITUELLE — 18 février, 12 mai,
27 juin, 11 octobre,
6 novembre

DISTORSION — 4 février
DIVINITÉ — 2 septembre
DOULEUR — 26 avril, 7 mai, 8 novembre,
14 novembre, 19 novembre

• E •

ÉCHEC — 3 février, 22 juin, 24 juillet
ÉMERVEILLEMENT — 25 avril
ÉMOTIONS — 22 septembre, 5 octobre
ENFANTS — 22 octobre
ENTHOUSIASME — 15 novembre
ENVIE — 18 novembre
ESPRIT — 14 octobre
ESTIME DE SOI — 10 mars, 29 mars, 2 mai, 6 juin,
22 juillet, 23 septembre, 16 octobre,
2 novembre, 13 novembre,
25 novembre

ÉTIQUETTES — 23 octobre
EXEMPLE — 3 mars, 24 septembre
EXPRESSION DE SOI — 26 août

• F •

FAIRE « COMME SI » — 8 janvier, 26 janvier, 17 mai,
13 juin, 1 juillet
FOI — 9 février, 1 mai, 29 novembre
FORCE — 6 mai, 18 mai, 16 septembre

• G •

GOÛTS — 1 novembre
GRATITUDE — 8 juin, 26 octobre
GUÉRISON — 23 juin, 15 juillet

• H •

HABITUDES — 20 avril
HARMONIE — 29 juillet, 28 août
HONTE — 20 mars

• I •

IMAGINATION — 11 août, 27 septembre
IMPUISSANCE — 30 novembre
INDÉPENDANCE — 23 janvier
INFÉRIORITÉ — 10 juillet
INQUIÉTUDE — 27 mars
INSPIRATION — 11 mars, 8 décembre
INTÉGRALITÉ — 12 janvier, 7 février, 14 mars,
17 juillet, 28 juillet
INTÉGRITÉ — 5 février, 18 février
INTIMITÉ — 16 mars

INTIMITÉ AVEC DIEU — 10 février, 12 avril, 5 juin,
21 juin, 27 juillet,
20 septembre, 8 octobre,
23 octobre, 9 novembre,
28 novembre, 13 décembre

• J •

JOIE — 13 mars, 12 juin, 28 juin, 3 septembre

• L •

LÂCHER PRISE — 20 janvier, 21 février, 24 mars,
3 avril, 13 avril, 18 avril, 12 juillet,
2 août, 9 août, 26 septembre,
27 octobre, 30 décembre
LARMES — 29 octobre
LIBERTÉ — 14 janvier
LIEN ÉTROIT — 1 mars, 15 juin, 18 octobre,
4 décembre
LUTTE — 19 juillet, 14 décembre

• M •

MOTIF — 1 mars, 14 septembre

• N •

NON-RÉSISTANCE — 10 octobre

• O •

OBSTACLES — 16 avril, 10 septembre
OCCASION — 23 février, 3 novembre
OFFRANDE À DIEU — 19 août, 22 décembre

• P •

PAIX — 2 avril, 6 juillet
PARDON — 10 décembre
PARTAGE — 19 janvier, 17 février, 23 avril, 24 mai,
           20 juin, 26 novembre, 16 décembre
PARTENARIAT AVEC DIEU — 23 mai, 26 juillet,
                         7 décembre
PATIENCE — 24 avril
PERFECTIONNISME — 8 mai, 21 mai, 17 octobre,
                   31 décembre
PERSÉVÉRANCE — 20 novembre
PEUR — 11 janvier, 26 mars, 17 avril, 30 mai, 2 juin,
        15 novembre
PLAN DE DIEU — 9 avril, 20 juillet, 8 août, 13 août,
                8 septembre, 14 septembre,
                7 octobre, 24 novembre, 18 décembre,
                24 décembre
PRÉOCCUPATION — 11 février, 19 décembre
PRIÈRE — 30 octobre
PRINCIPES — 28 septembre
PROCRASTINATION — 7 juin
PROGRÈS — 29 février, 21 avril

• R •

RACINES — 2 octobre
RÉACTION — 8 février
RÉALITÉ — 31 mai
RÉCIPROCITÉ — 19 juin, 17 décembre
RÉCONFORT — 24 janvier, 18 mars
« RECOVERY » — 18 janvier, 27 février, 9 mars,
                28 mars, 11 avril, 19 avril, 14 mai,
                22 juin, 26 juin, 6 septembre
RELATIONS — 30 mars, 24 juin, 23 août, 29 décembre
RENONCEMENT — 9 janvier

RESPECT — 28 mai
RESPONSABILITÉ — 6 janvier, 29 janvier, 7 mars,
5 août
RÊVES — 9 février, 16 février, 3 juin, 24 août,
9 septembre, 12 novembre, 18 décembre
RIRE — 10 janvier, 3 février, 24 février, 2 juillet,
19 novembre

• S •

SACRIFICE — 13 février
SAGESSE — 22 janvier, 11 novembre
SAISIR LE MOMENT — 10 mai
SATISFACTION — 19 mai
SECRETS — 10 avril, 20 juin, 30 juin, 22 août,
21 novembre
SÉCURITÉ — 3 juillet
SÉRÉNITÉ — 1 août, 11 septembre
SIMPLICITÉ — 25 juin
SOLITUDE — 21 janvier, 29 mai
SOUFFRANCE — 28 avril, 14 novembre, 25 décembre
SOUVENIR — 7 septembre
SPONTANÉITÉ — 14 juillet, 17 novembre
SUCCÈS — 11 avril, 5 mai, 24 juillet, 1 septembre,
21 octobre, 31 octobre
SURVIE — 27 janvier, 7 novembre

• T •

TALENTS — 2 mars, 4 mai, 14 juin, 9 septembre
TEMPÊTES — 16 mai
TOLÉRANCE — 22 février

• U •

UN JOUR À LA FOIS — 5 janvier

• V •

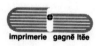

imprimerie gagné ltée

IMPRIMÉ AU CANADA